本书献礼新中国成立70周年

不忘初心，立德树人

U0832856

如何教创业：双创教师成长画布

RUHE JIAOCHUANGYE：SHUANGCHUANGJIAOSHI CHENGZHANGHUABU

李海东　吴　昊　编著

中国财经出版传媒集团

中国财政经济出版社

图书在版编目（CIP）数据

如何教创业：双创教师成长画布／李海东，吴昊编著．—北京：中国财政经济出版社，2019.8

ISBN 978－7－5095－9169－7

Ⅰ．①如…　Ⅱ．①李…　②吴…　Ⅲ．①创业－高等学校－教学参考资料　Ⅳ．①F241.4

中国版本图书馆 CIP 数据核字（2019）第 171393 号

责任编辑：田明晖　　　　责任校对：李　丽

封面设计：孙俪铭

中国财政经济出版社出版

URL：http：//www.cfeph.cn

E－mail：jiaoyu@cfeph.cn

社址：北京市海淀区阜成路甲 28 号　邮政编码：100142

营销中心电话：010－88191537

北京时捷印刷有限公司印刷　各地新华书店经销

787×1092 毫米　16 开　22.75 印张　395 000 字

2019 年 8 月第 1 版　2019 年 8 月北京第 1 次印刷

定价：118.00 元

ISBN 978－7－5095－9169－7

（图书出现印装问题，本社负责调换）

本社质量投诉电话：010－88190744

打击盗版举报热线：010－88191661　QQ：2242791300

《“创课”系列丛书》编写委员会

主审：严明

丛书主编：刘文勇

丛书副主编：刘玉峰

编委会成员：李海东　吴　昊　葛遵峰　郑远见　吕兴群
徐　霄　何孟原　张楷卉　闫　隽

《“创课”系列丛书——如何教创业：双创教师成长画布》编写组

编著：李海东　吴　昊

成员：郑远见　黄　林　徐　霄　葛遵峰　吕兴群

没有走心的努力，只是看起来很努力。

成于匠心，毁于浮躁。唯有匠心，不负岁月。

推荐语

来自教育部创新创业教育指导委员会

我们正在亲证转型——巨大的和广泛的变化。我们必须心怀社会变化不可逆转之态度，重新设计符合21世纪需求的课程，培养学生的适应能力和多样化才能。每一个双创教育者都应该阅读这本《如何教创业》。

副主任委员　方益权

双创教育需要从上至下进行基础性变革。《如何教创业》从教学技能到理论教学，再到实践指导，在思想的每个层面，为这种变革的需要提供了系统性、合理性、开放性的启发，犹如在迷雾中打开一条航道。

秘书长　周斌

本书是一本深度洞察的著作，通过系统化、动态性、结构化的思考框架让你对双创教学产生全新的认识，能够有效帮助双创教师形成或建立新的教学思想，进而提高执教能力和双创实践指导能力。

委员　谢火木

双创《如何教创业》关注的不仅是双创课程的教学，更是将无法想象的节点中潜藏着新事物的爆发力连接在一起。好的双创教学能够培养出更有能力和更具幸福感的学生，建设更加和平与可持续发展的社会。

委员　刘文勇

来自教学经验丰富的双创教师

本书另辟蹊径，提出了独到新颖的教学策略，探索了创新创业教育教学的系统边界，启发教师不仅要在现有教育教学的边界里耕耘，还必须学会跳出边界，由此构建起更具有价值并有序推进的双创教学格局。

中国青年政治学院　李家华

本书的创新之处不仅是提供了双创基础课程的通用内容清单，更是清晰地给予了一个学习的弹性空间，供课程设计者、创业者和政策制定者自由遨游，能够基于未来情绪和自我资源，建立双创课程教学的应然内容。

上海财经大学　刘志阳

本书能够帮助双创教师在不同的教育阶段进行教学决策。既有理论高度性，又有工具实操性，还有详实的案例佐证和教学示范，非常适合双创项目教育者、指导者和培育者阅读，可以有效的提升适应力、发展力和竞争力。

人气在线精品课程《创践》主讲人　薛　艺

本书是全景式双创教师时空战略地图，定位高、但又简单、实用并具有普适性，让教师站在一定的高度视角下，认清教学画布，明确教学路线，对比决策坐标。作为一个双创“老兵”，现将本书郑重推荐给战友们。

全国创业培训工作指导委员会特聘专家　赵　伟

来自刚刚步入双创教师生涯的青年教师

《如何教创业》这本书图文并茂，逻辑清晰，全面系统地阐释了教师该如何做好双创课程教学，清晰地介绍了如何教、教给谁和怎么教的问题，以及如何指导项目，可操作性强，能够让双创新师少走弯路，快速成长。真诚推荐。

哈尔滨工业大学　姜　琪

这本《如何教创业》是双创“课赛一体化”的教师参考用书，全面具体地指导教师如何教创业，如何提升教学质量。让即将站在讲台上的双创新师不再忐忑，就像一座灯塔照亮我们前行的路。

上海对外经贸大学　丁　扬

这本《如何教创业》用一种唯美的方式展现了编者丰厚的教学经验，内容精彩，兼具实践指导意义和美好的阅读体验。作为双创教育的新兵，我要由衷的感谢黑龙江大学双创教学团队的宝贵分享，让我看清了前进的方向，明确了努力的目标。

沈阳音乐学院　韩　琳

《如何教创业》在理论教学与实践指导之间建起一条光明大道，架通两个领域，为我们提供了充满智慧和切实可行的教学经验，指导我们如何培养学生的创新精神、创业意识和创业能力。

桂林旅游学院　熊玲玲

来自双创竞赛金奖项目的指导教师

本书是双创教师的一本行动指南，通过教学技能、理论教学、实践指导的三篇系统训练，既能让你站在高处，鸟瞰双创教育全局，又能帮你着眼小处，打磨创业项目细节。

北京邮电大学　高　鹏

本书将传统的教育理论和复杂多变的教学情景进行完美的融合，详实阐述不同阶段、不同要素相互影响下如何设计合适的教学路径，最终实现双创教师发展目标，是一本能够启发实践者的好书。

宁波大学　俞金波

本书将复杂的教学过程梳理成简洁易懂的使用工具，是双创教育者的必读佳作。在领略其中教学实践的生动、丰富以及理论的洞见、缜密时，我不断思考讲台上和指导项目时我可以怎样做得更好。

哈尔滨工程大学　史　波

《如何教创业》具有较强的针对性、指导性和创新性，能让教师课堂教学游刃有余，竞赛指导有条不紊。对于双创教师来说，课程教学和竞赛指导两方面都具有很好的参考价值，是双创教师的好帮手。

湖南大学　汪　忠

序

岁月不居，天道酬勤。黑龙江大学创新创业教育同仁们共同编著的《如何教创业——双创教师成长画布》即将付梓。这是黑龙江大学近二十年创新创业教育教学经验的集中总结，也是一项基于实践成效的教学研究成果，具有重要的现实指导意义和实践参考价值。

党的十八大以来，在习近平新时代中国特色社会主义思想指引下，深化高校创新创业教育改革，成为国家实施创新驱动发展战略、促进经济提质增效升级的重要行动，成为推进高等教育综合改革、促进高校毕业生更高质量创业就业的重要举措。伴随着全国大众创业、万众创新的高潮掀起，特别是2015年5月国务院办公厅印发《关于深化高等学校创新创业教育改革的实施意见》以来，全国高校坚持以立德树人为根本，以创新人才培养机制为重点，以完善条件和政策保障为支撑，以创新引领创业、创业带动就业为主线，全面深化创新创业教育改革，把创新创业教育融入人才培养全过程，取得了历史性进展和重要成果，有力提高了高等教育质量、促进学生全面发展、推动毕业生高质量创业就业，促进高等教育与科技、经济、社会紧密结合，更好服务国家战略和经济社会发展。

黑龙江大学是开展创新创业教育较早的高校之一，在近二十年的探索实践中，积极推动"融入式"创新创业教育，形成了以"面向全体学生、基于专业教育、实施分类培养、强化实践环节"为主要特征的"课、项、赛、孵、转"全价值链育人体系，使广大学生的创新精神、创业意识和创新创业创造能力明显增强，持续提升了人才培养质量和毕业生就业竞争力，投身创业实践的学生也明显倍增，学校取得了创新创业教育的丰硕成果，荣获国家级教学成果奖，成为教育部创业教育人才培养模式创新实验区、教育部深化创新创业教育改革示范高校、教育部创新创业实践育人基地，这些都为本书的编著提供了丰厚的理论研究和实践工作素材。

本书由教学技能篇、理论教学篇、实践指导篇组成，共十一章。教学技能篇着眼双创教师的全流程、立体化培养，把握双创教师成长的规律，对标双创教师的能力构成，系统介绍了教学原理、教学方法、教学工具、教学技巧等内容，为双创教师提供了运用历史思维、辩证思维、系统思维和创新思维开展教学活动的方法论，促进双创教师增强应对复杂教学环境的能力。理论教学篇紧密围绕双创教育理论教学的核心知识点，全面演示教学流程和教学内容，包括鲜明的教学逻辑、具体的辅助视频和精彩图例等，为双创教师提供了一套较为详细的理论教学框架及规划设计。实践指导篇以国创计划、双创竞赛、模拟训练等为切入点，精心诠释双创教育实践教学的主要实现途径，把复杂的项目培育和操作指导凝练成图谱，为双创教师提供了一系列开阔思路、开展动态实践指导、提升双创实践技能的决策视域。

本书对双创教师的教育教学能力进行了重新定义，将双创教师的成长路线绘制成具有可选性的画布、图谱等，通过大量教学演绎示范，为高校双创教师把握教学规律，并按规律开展多维度、立体式、有针对性的理论教学和实践指导，提供了成功经验和有效做法。本书不仅是高校创新创业教育教学者得以分享教学经验与做法的“工具书”，更是能够引发创新创业教育教学研究与实践的同仁们深入思考、产生新思路的“参考书”。

2019年8月15日

“敲黑板”

昨日东流似水，今朝万象更新。弹指一挥间，中国双创教育已走过 20 余年的风雨历程。方兴未艾，硕果累累。以时代命题、当代作答、实践检验的创新创业试卷正在徐徐展开，一批具有家国情怀、责任担当精神与意识的创新创业生力军正在成长。而高校，正是人才培养的主渠道。多年来，黑龙江大学始终将创新创业教育作为学校重要的办学特色，多点发力形成了卓有成效的“课、项、赛、孵、转”创新创业教育全价值链育人体系，本书是体系构建的始点——课程的建设成果集结。作为双创教育教学改革的亲历者、见证者和执行者，黑龙江大学双创教育教学团队将 16 年的教学经历进行了集中复盘与总结经验。

双创教育能否培养出创业素养？

我们的双创教育能培养出马云、马化腾这样的创业者身上所具备的素养吗？很多专家学者都曾坚信，创业者是“与生俱来，不是后天养成”的，但众多的事实铁证让他们逐渐改变观点。**创业素养，是可以传授、培养的，是可以被任何有学习意愿的人不断练习并精进的。**每一个创业者的无畏勇气、坚定信念、知行合一、远大格局，都是历经实践、不断培养，锻造而来的。正如“创业教育之父”杰弗里·蒂蒙斯（Jeffry Timmons）教授所说的：

即使创业者天生就具备了特定的才智、创造力和充沛的精力，这些品质本身也不过是未被塑性的泥巴和未经涂抹的画布。创业者是通过多年积累相关技术、技能、精力和关系网才被塑造出来的，这当中包含着许多自我发展历程。

双创教育教学怎么做？

一个世纪以前，教师可以期待教给学生的东西足以让他们受益终身。今天，发展趋势以我们无法预计和不可估量的方式持续发生交互和演化，双创教育必须有效帮助学生做好面临挑战的准备，迎接未来。因此，**我们的教学目的早已不是让学生对内容知识复制，而是将所学知识外化和应用，倾向于创造力、批判性思维、交流与合作、利用新技术的技能、个人素养等**。时下，越来越发挥作用的不是专才，也不是通才，而是多面手，能够将深度技能应用到不断发展变化的情景中，逐步拓展经验和活动视野，获取新的素养，建立关系，承担新任务；能够在快速变化的世界中自我定位和调整定位。**我们的教学要基于传统知识和现代知识有意义的融合，以及这种融合与技能、个人素养、自我导向学习等的相互渗透和引领，进行调整，甚至转向。**

谁来做培养双创人才的主力军？

2015 年 5 月 4 日，国务院办公厅印发《关于深化高等学校创新创业教育改革的实施意见》，旨在显著提升创新创业人才培养质量。《实施意见》中明确指出，要加强教师创新创业教育教学能力建设，配齐创新创业教育专职教师队伍，并提出一系列实施要求。这说明，**创新创业人才培养需要由一支高水准、强素质的教师队伍担任主力军，全面竭力突破人才培养质量提升的瓶颈。而这支主力军，就是“双创教师”。**

如何界定双创教师的角色？

如果给双创教师画一幅画像，将如何下笔？创新创业是极具挑战性的社会实践活动，是对智慧、能力、气魄、胆识等全方位的考验。所以，双创教师绝不是“教书匠”，而是**“双创知识+把握方向+教学技能”的一线教师，又是“指导实践+解决问题+汇聚资源”的引导师，是内容专家和过程专家的结合体。**这要求我们具备好奇心和开放思维，要求我们熟悉和接受其他领域知识，将貌似不相关的观点连接在一起，要求我们硬实力、软实力、巧实力“三力”兼备。

本书能为双创教师提供什么？

理论是灰色的，实践之树是长青的。最后，我们认真地以需求为导向思考了“用”的问题，即本书能为双创教师提供什么？用一句话概括，那就是——**实用清晰的双创教师教学指南。**《双创教师成长画布——如何教创业》分为教学技能篇、理论教学篇、实践指导篇，图文并茂地呈现了双创教师在教学中所需的教法工具、业务流程、核心重点，具有极大的操作性和可读性。书中以拼图、地图为指引，以导图、画布为工具，以扫码、链接为扩展，围绕着双创教育教学全过程系统阐述了每个环节的理论要点和实践经验。

我们努力平复策划筹备、提笔写作时的躁动心情；我们努力回忆一路走来、不断探索的朴实经历；我们努力总结日益积累、反复打磨的真切果实……所有的努力聚焦一个初心——写出一本能够让双创教师站在我们肩膀上提升自己的书籍。

战友们，创新创业的大潮已再次兴起，让我们陪伴学生一起释放青春的能量，点燃创新创业的梦想！让我们携手前行，一路相伴！

黑龙江大学双创教育教学团队

2019 年 7 月

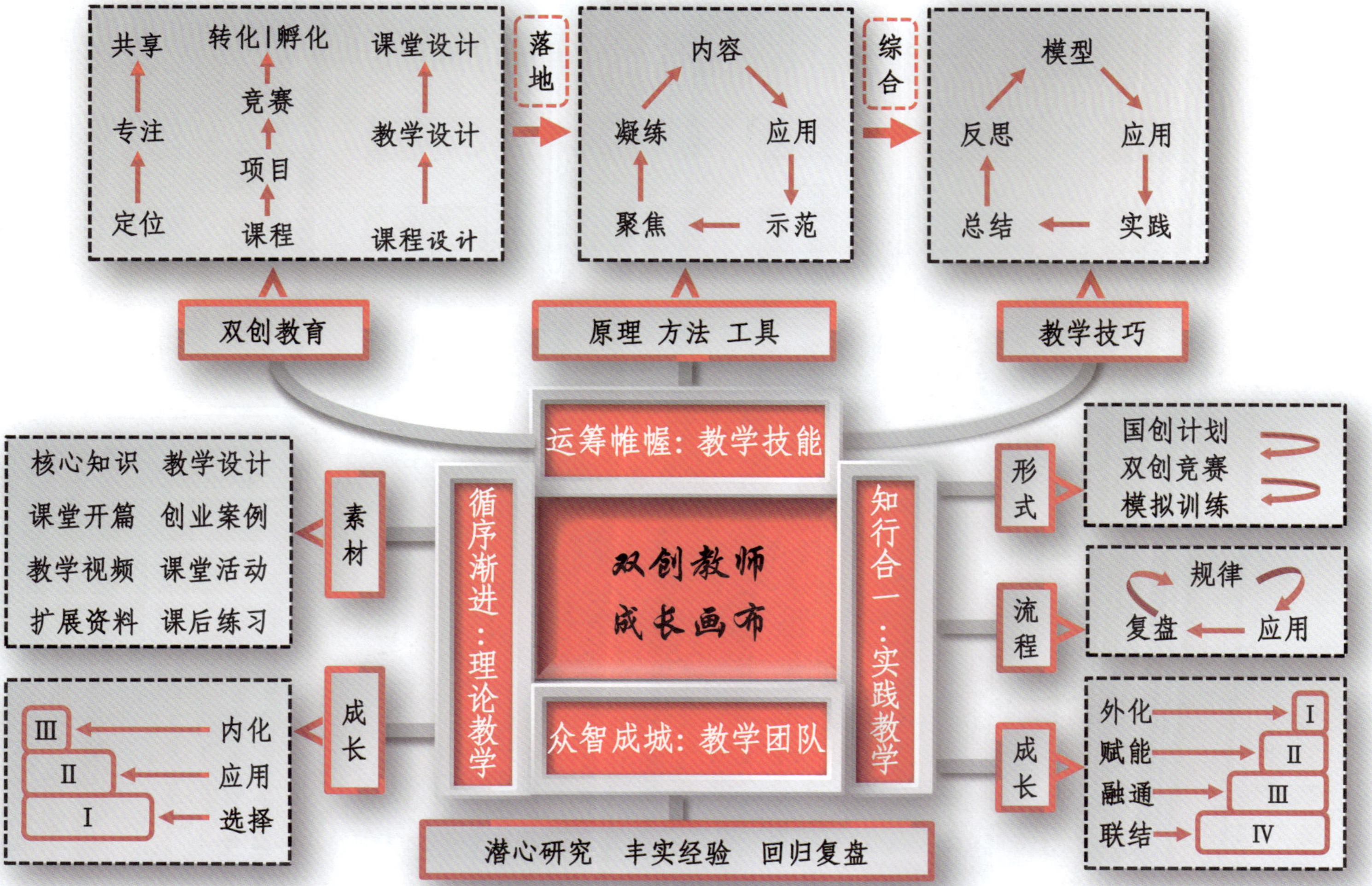

共享
转化|孵化
课堂设计
专注
竞赛
教学设计
项目
定位
课程
课程设计
落地
内容
凝练
应用
聚焦
示范
综合
模型
反思
应用
总结
实践
双创教育
原理 方法 工具
教学技巧
运筹帷幄：教学技能
双创教师
成长画布
循序渐进：理论教学
知行合一：实践教学
众智成城：教学团队
潜心研究 丰实经验 回归复盘
素材
核心知识 教学设计
课堂开篇 创业案例
教学视频 课堂活动
扩展资料 课后练习
成长
Ⅲ 内化
Ⅱ 应用
Ⅰ 选择
形式
国创计划
双创竞赛
模拟训练
流程
规律
复盘
应用
成长
外化 Ⅰ
赋能 Ⅱ
融通 Ⅲ
联结 Ⅳ

目录

教学技能篇

教学技能篇

第 1 章　逐步打造双创金课

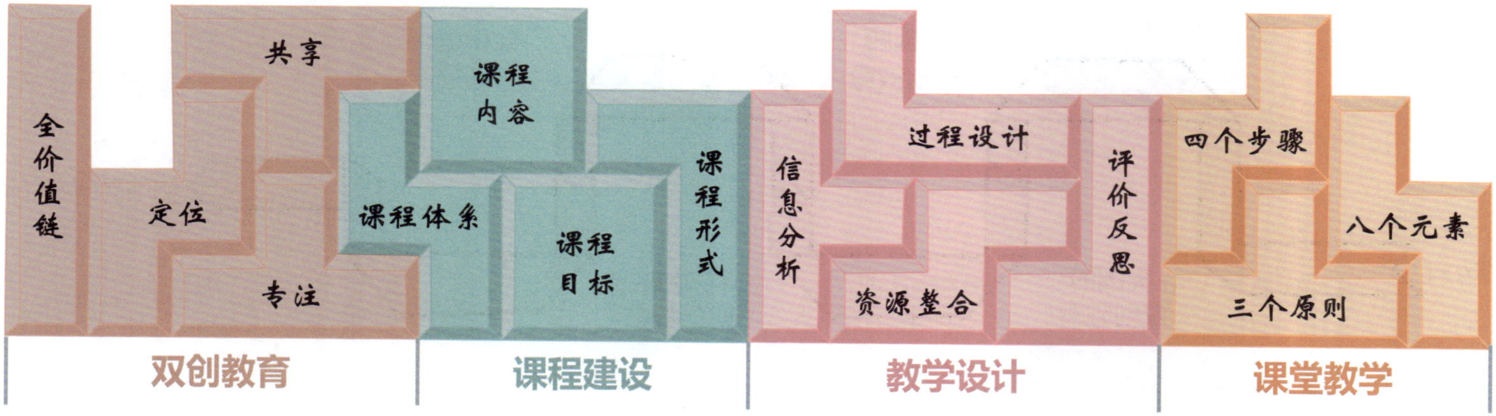

第 1 节 双创教育

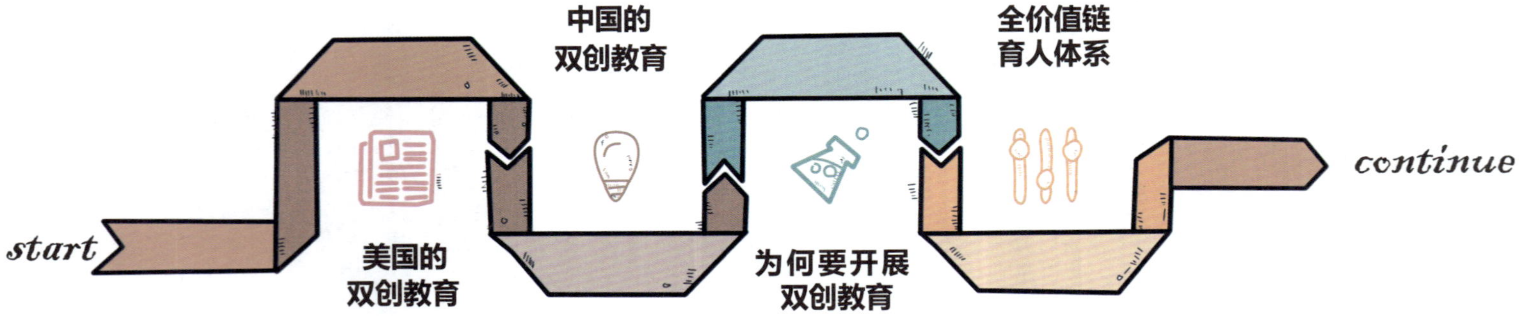

美国的双创教育

美国是全球双创教育的起源国。从 1947 年迈尔斯·梅斯（Myles Mace）教授率先在哈佛大学开设《新创企业管理》课程至今，美国的双创教育可以说是“静悄悄的大变革”。

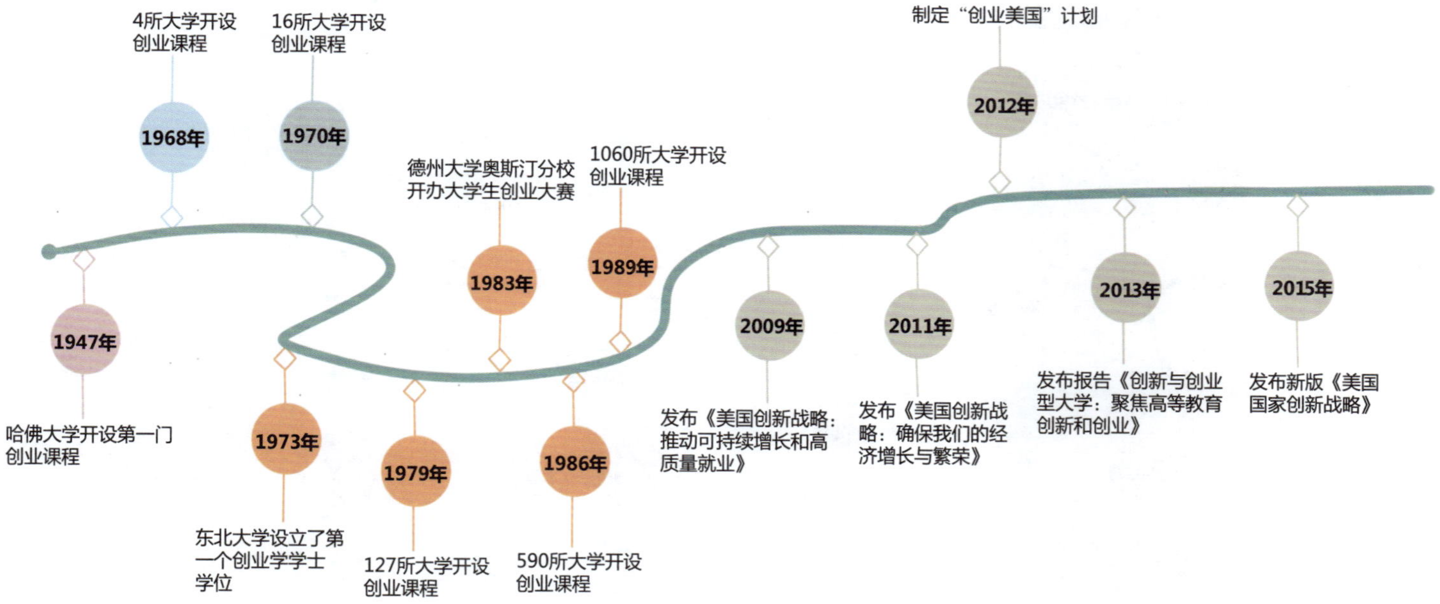

（注：双创教育的起源　大工业时代，双创教育难觅土壤　经济逐渐减缓，双创教育日益受到重视
双创教育快速发展　双创教育逐渐走向成熟）

中国的双创教育

中国双创教育始于 1998 年，清华大学发起并主办了首届“创业计划大赛”，并率先为 MBA 设立了“创新与创业管理”方向，为全校本科生开设了《高新技术创业管理》课程。经过 20 余年的积淀与发展，中国双创教育已形成了从“跟跑”到“并跑”再到“领跑”的新局面，跑出了双创教育的“中国加速度”，为世界高等教育做出了新的贡献。

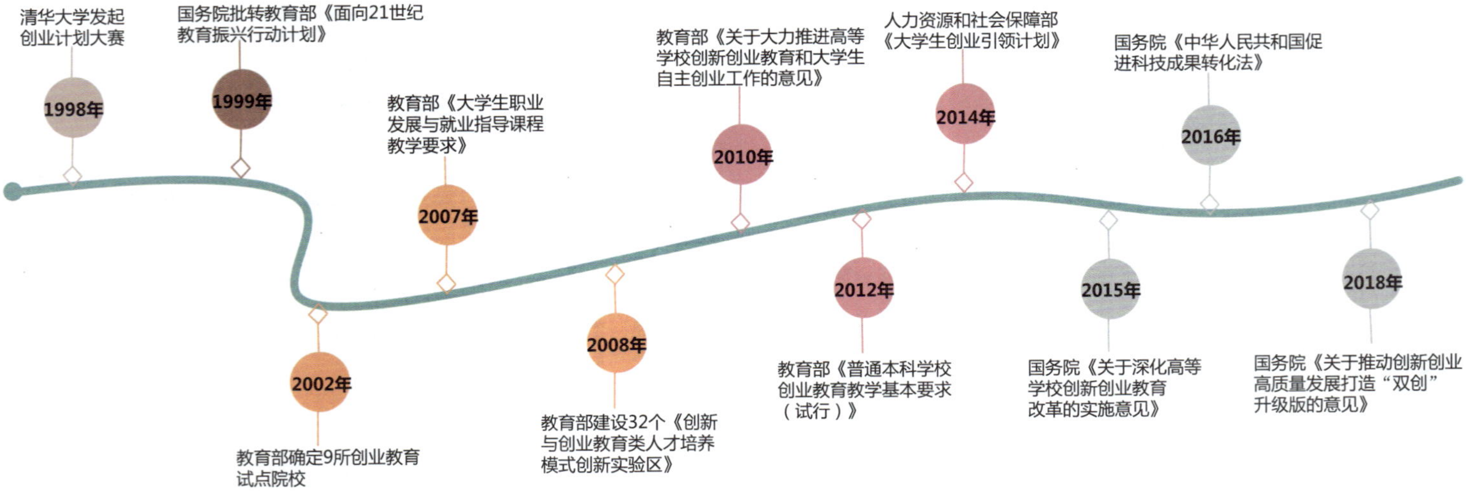

（注：开启了中国的双创教育之路　将创业教育纳入国家发展战略　双创教育探索
双创教育成长　双创教育高速发展）

为什么开展双创教育？

双创教育是高等教育现代化的重要组成，是高等教育综合改革的突破口，是高等教育转型发展的新动能，能够助力并强化新时期高校人才培养、科学研究、服务社会、文化传承创新四大基本职能。

专创融合

增强学生创新精神与实践能力
以提高创新人才水平

思创融合

创新和发扬中国传统优秀文化
以提高软实力和文化影响力

提升师生科研能力
以提高高校科技成果转化率

科创融合

强化产业与教育的深度合作
以提高人才培养质量

产教融合

创新创业教育全价值链育人体系

高校作为一种社会组织，与其他组织一样，都有管理学特点。实践证明，管理学中一些经典的理论框架与分析手段也同样适用于高等学校。1985 年，哈佛大学商学院教授、“管理大师”迈克尔·波特（Michael E. Porter）提出了“价值链”这一概念，他认为，“每一个企业都是在设计、生产、销售、发送和辅助其产品的过程中进行种种活动的集合体，所有这些活动可以用一个价值链来表明。”这个概念阐述了价值的形成、增值和循环。如果我们把高校比作一个生产组织，把学生比作产品，那么波特的价值链体系分析也同样可用于高等学校的发展战略分析。

我国双创教育工作经过多年的探索与发展，所形成的“价值”是人的创新精神、创新能力、创业意识、创业精神与创业能力，而高校、企业、政府与社会不同主体的协同与融合形成了双创教育的育人环境。高校作为主要的知识创造主体，具有基础性作用和核心地位。

我们提出——

> 高校创新创业人才培养应坚持**“面向全体、基于专业、分类培养、强化实践、贯穿人才培养全过程”**的教育理念，构建创新创业教育全价值链育人体系，即构建以**“课程教学—项目研究—竞赛实训—成果转化与创业孵化”**为阶段的创新创业教育育人环节，打造多方资源共建共享的育人新生态。

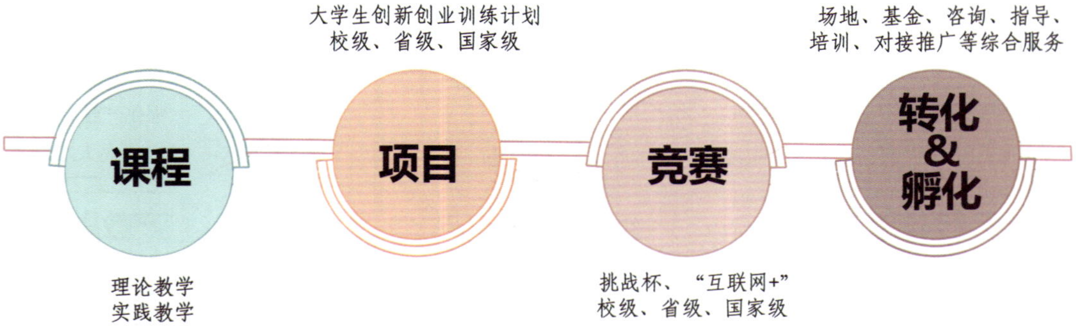

四阶段创新创业教育育人环节

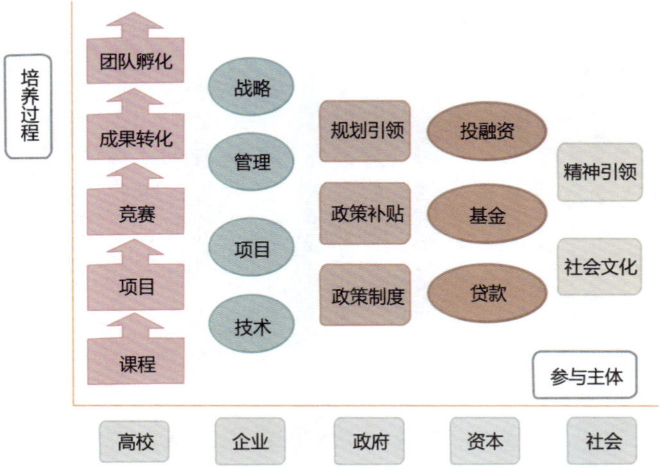

创新创业教育全价值链育人体系纵截面

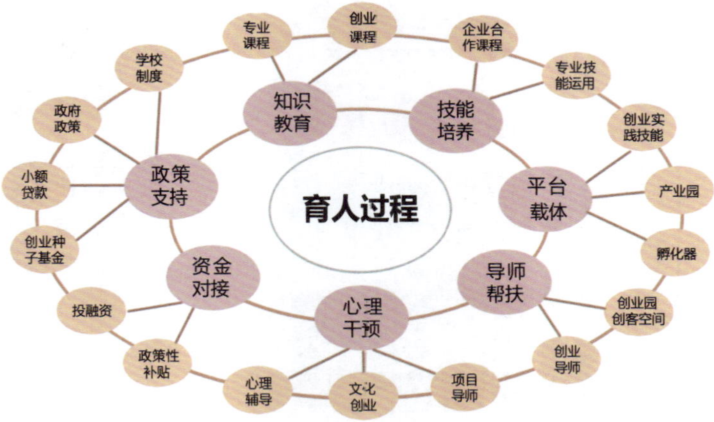

创新创业教育全价值链育人体系横截面

在创新创业教育全价值链育人体系纵截面中，形成高校、企业、政府、资本、社会的多元参与主体，充分发挥参与主体的优势，有效整合资源培育学生。

在创新创业教育全价值链育人体系横截面中，形成知识教育、技能培养、载体搭建、导师帮扶、资金对接、心理干预和政策支持七个维度，提高育人的效果和质量。

在具体实施过程中，每一阶段都要认真思考三个关键词：

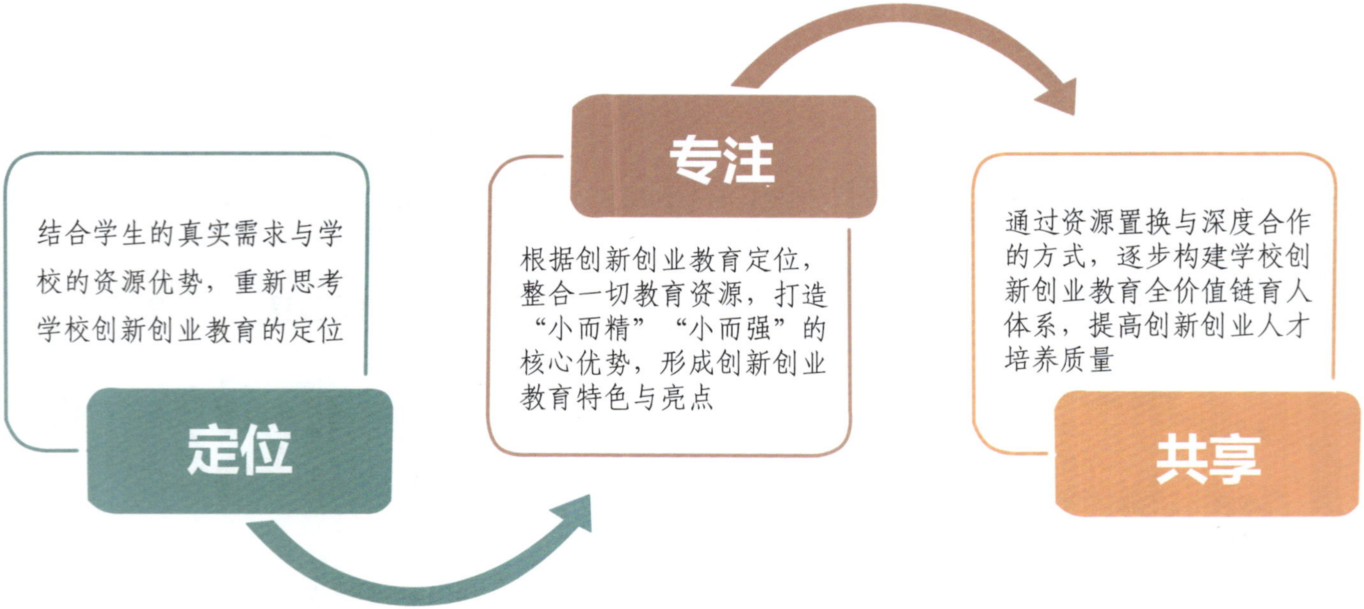

创新创业人才培养是多元主体的**共同使命**

高等学校是创新创业人才培养的**教育主体**

课程教学是高校创新创业教育的**起步基石**

第 2 节　课程建设

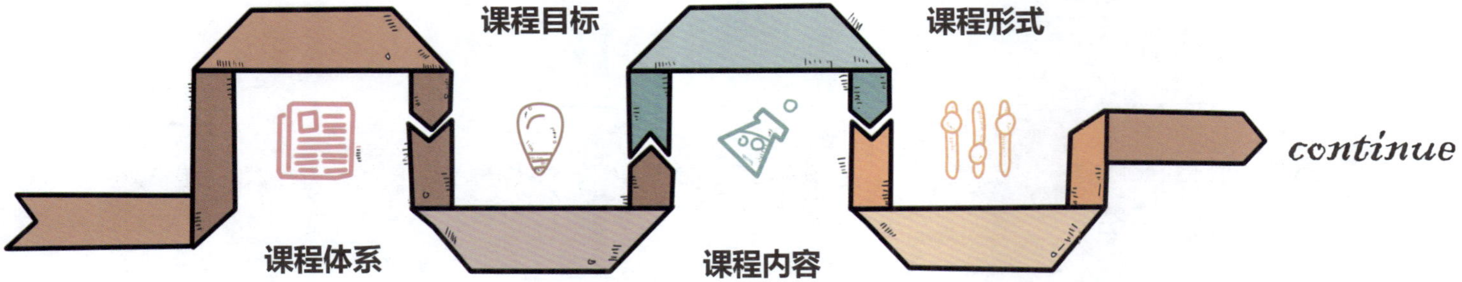

课程体系

课程教学是创新创业教育全价值链中的基础环节，构建双创教育与素质教育、专业教育、就业教育、思想政治教育深度融合的课程体系，对于实现高等教育科学发展，深化教育教学改革，提升人才培养质量有着重大的现实意义和深远的历史意义。

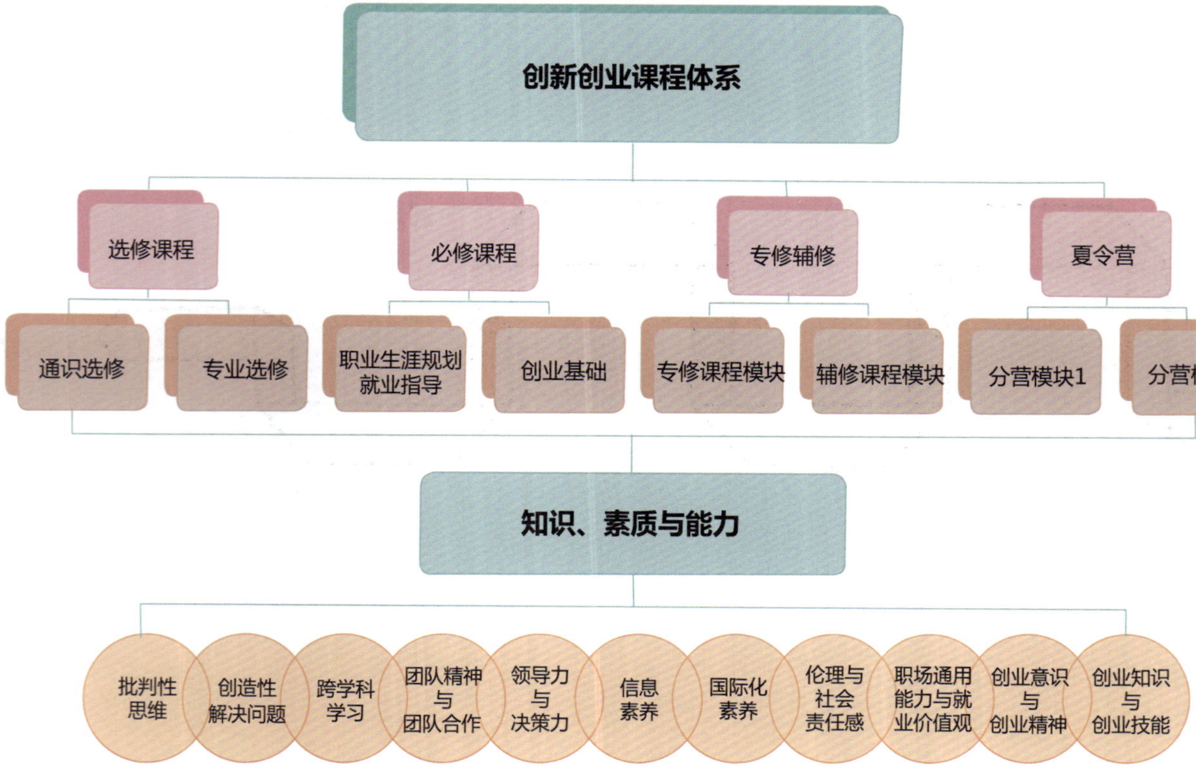

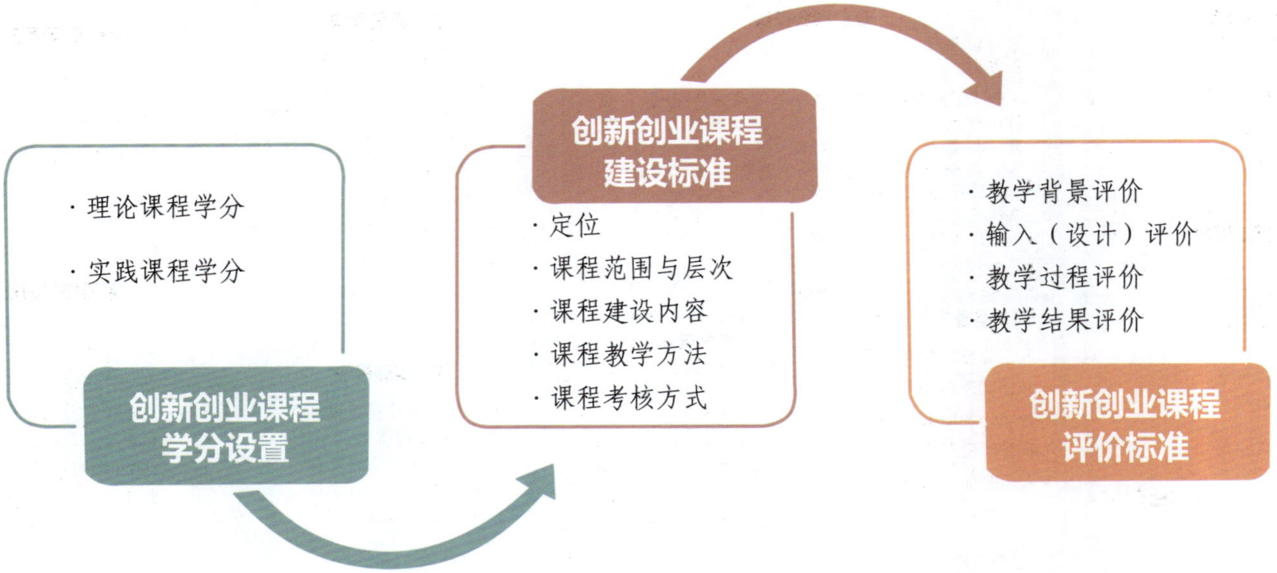
· 理论课程学分
· 实践课程学分
创新创业课程学分设置
创新创业课程建设标准
· 定位
· 课程范围与层次
· 课程建设内容
· 课程教学方法
· 课程考核方式
· 教学背景评价
· 输入（设计）评价
· 教学过程评价
· 教学结果评价
创新创业课程评价标准

课程体系建设流程

基础类课程群

先导模块

- 创新创业导论
- 商务导论
- 区域资源禀赋概述
- 互联网时代创新
- 供给侧改革与商机
- 创业基础

……

基础模块

- 创新方法论
- 工程创新方法
- TRIZ创新方法
- 创新思维训练
- 管理学
- 消费者行为学
- 市场营销学
- 会计学
- 人力资源管理
- 统计学
- 企业家精神与创业心理学
- 创业法律常识

……

专业类课程群

专业融合模块

结合新业态、新模式、新领域、新工科设计专业新方向。

·例如：大数据应用、云平台（云库）建设、3D打印技术应用、新材料应用、人工智能、智能穿戴、机器人、互联网媒体、视觉传达、智能社区、展会经济、跨境贸易、跨国资讯、同声传译、跨国技术转移、智慧农业、生态旅游、新型农机设备制造、现代种植（养殖）、文化创意等新方向设计专业融合课程，约4-6门课程

样例

人工智能方向模块

- 人工智能时代与应用
- python基础编程
- python和Linux高级编程
- 项目开发与训练
- 人工智能应用设计
- 知识产权保护与应用

……

跨境电商（对俄）方向模块

- 俄语系国家政治、文化、经济、法律环境概况
- 对俄跨境贸易概述
- 俄语系国家消费市场探析
- 对俄消费产品选项与设计
- 对俄电子商务平台架构
- 对俄电子商务事务

……

扩展类课程群

项目管理模块

- 项目选择与市场评估
- 商业模式设计与优化
- 项目团队组建与领导力开发
- 创业计划书写作与项目路演
- 项目营销实务
- 项目财务管理
- 股权设计与融资计划
- 品牌与客户管理
- 企业战略规划与管理

……

顶石实训模块

- 创新创业项目实战模拟训练
- ERP项目管理实训
- 创新创业项目申报实训
- 创新创业项目竞赛实训
- 成果展示与路演实训

……

职场类课程群

基础素质模块

- 职业生涯规划
- 就业指导
- 菜根谭与职场智慧

……

素质提升模块

- 办公软件使用实训
- 公文写作
- 办公礼仪培训
- 商务谈判与沟通技巧
- 企业文化与CIS形象设计
- ISO9000管理质量体系
- 职业规范与职业操守

……

创新创业教育四类课程群

➲ 课程群与课程模块需结合学校的双创教育工作的具体情况及双创人才培养目标进行合理选择。

FOCUS

课程目标

明确课程目标是课程建设的首要任务。“创业教育之父”杰弗里·蒂蒙斯（Jeffry A. Timmons）提出：“创业教育的真正目标是使受教育者具有创新意识、创业的个性和创业能力，以适应社会的变革。”2012 年 8 月 1 日，教育部办公厅制定并印发了《普通本科学校创业教育教学基本要求（试行）》（下文简称《教学基本要求》），文件中指出：“通过创业教育教学，使学生掌握创业的基础知识和基本理论，熟悉创业的基本流程和基本方法，了解创业的法律法规和相关政策，激发学生的创业意识，提高学生的社会责任感、创新精神和创业能力，促进学生创业就业和全面发展。”那么，我们的课程目标也要遵循双创教育的整体目标和《教学基本要求》去设置。

根据“面向全体、基于专业、分类培养、强化实践、贯穿人才培养全过程”的创新创业教育理念，结合大量文献梳理，我们认为，双创课程的总体目标分为三个层次：

面对全体学生——培养创新精神和创业意识；

面对部分有创业志向的学生——提供创业方法和创业流程；

面对少数已开展实践的学生——塑造创业精神和创业能力。

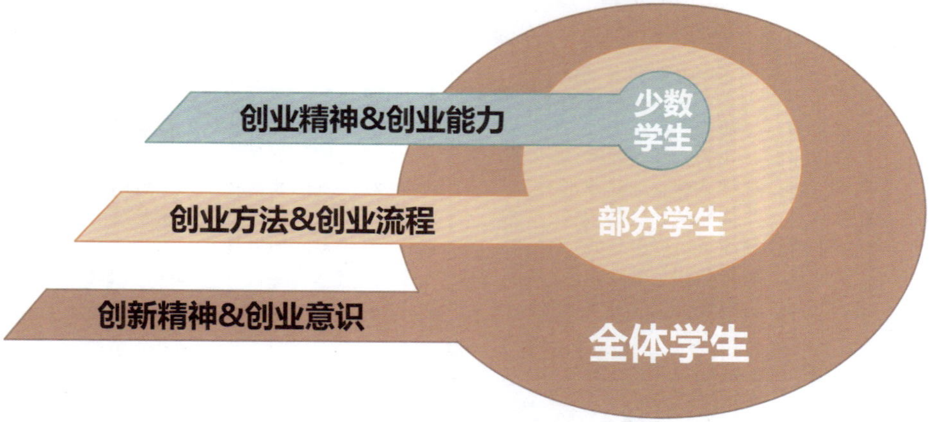

课程内容

自 2002 年教育部确定了 9 所创业教育试点院校以来，各高校陆续开设了创新创业类课程，并编写了相关教材。这里，梳理了部分具有代表性的通识类创新创业基础课程教学大纲及相关教材。

教学大纲

《SYB》（创办你的企业）

第一步：将你作为创业者来评价
第二步：为自己建立一个好的企业构思
第三步：评估你的市场
第四步：企业的人员组织
第五步：选择一种企业法律形态
第六步：法律环境和你的责任
第七步：预测启动资金需求
第八步：制定利润计划
第九步：判断你的企业能否生存
第十步：开办企业

十个步骤
侧重于培养学生
掌握创业方法与创业流程

《KAB》（大学生创业基础）

模块一：什么是企业
模块二：为什么要发扬创业精神
模块三：什么样的人能成为创业者
模块四：如何成为一个创业者
模块五：如何找到一个好的企业想法
模块六：如何组建一家企业
模块七：如何经营一家企业
模块八：如何准备商业计划书

八个模块
侧重于培养学生
创新精神与创业意识

教育部《创业基础》

（一）创业、创业精神与人生发展
（二）创业者与团队
（三）创业机会与创业风险
（四）创业资源
（五）创业计划
（六）新企业的开办

六个部分
侧重于培养学生
掌握创业理论知识

相关教材

国家示范性教材　创业基础
李家华等

——严格遵循教育部《教学基本要求》进行编写，培养学生掌握创业所必需的基础知识、基本理论、基本流程和基本方法。

省级示范性教材　大学生创新创业导论
宋要武等

——深度融合创新创业普遍规律、一般方法和地方特色，特别在创业机会、创业政策、创业案例选择方面具有较强的区域性。

校本教材　创课：大学生创新创业基础
吴昊等

——在依循教育部《教学基本要求》的基础上，扩展了创新思维、创业政策、商业模式、市场调研、创新创业训练等内容模块。

通过对部分课程及教材的教学内容归纳和总结后，我们认为双创教育课程内容必须紧密围绕课程目标进行选取，也要分为三个层次：

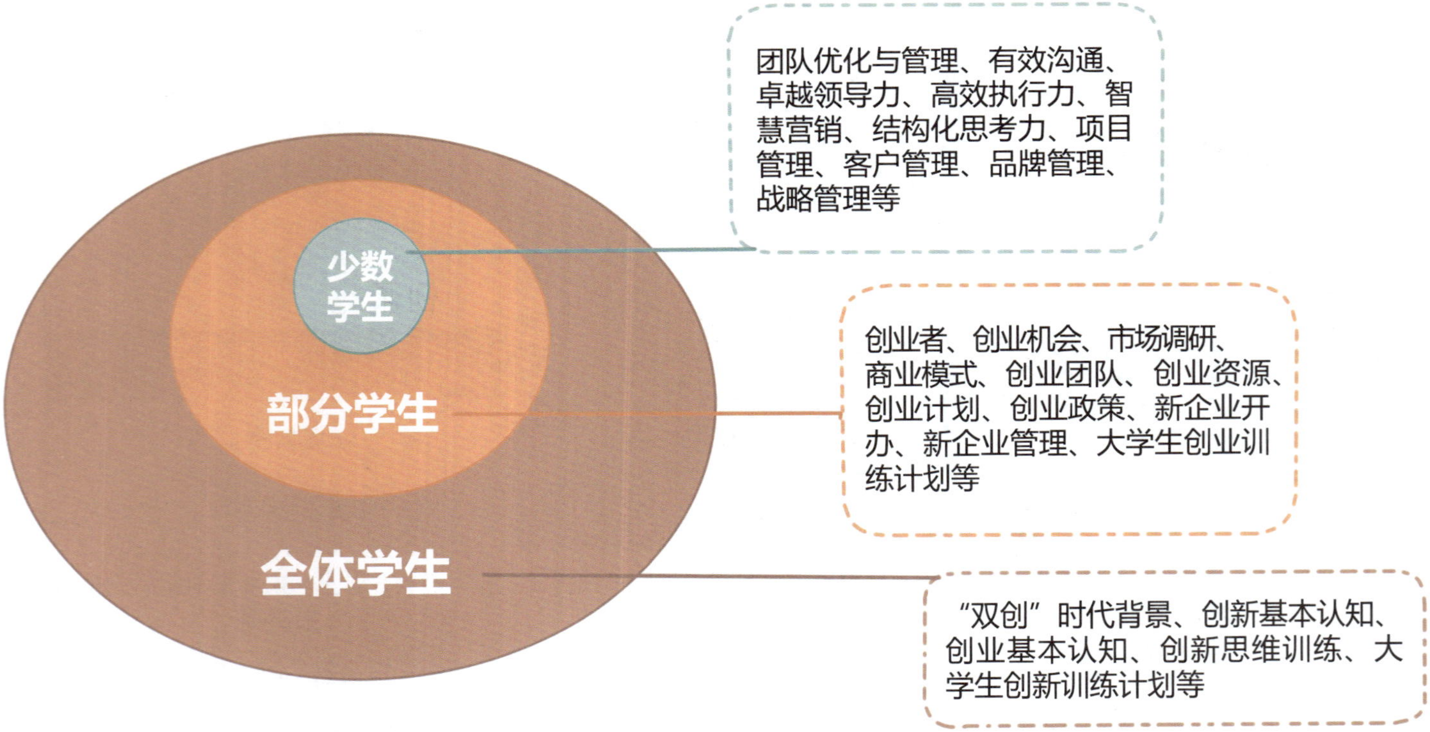

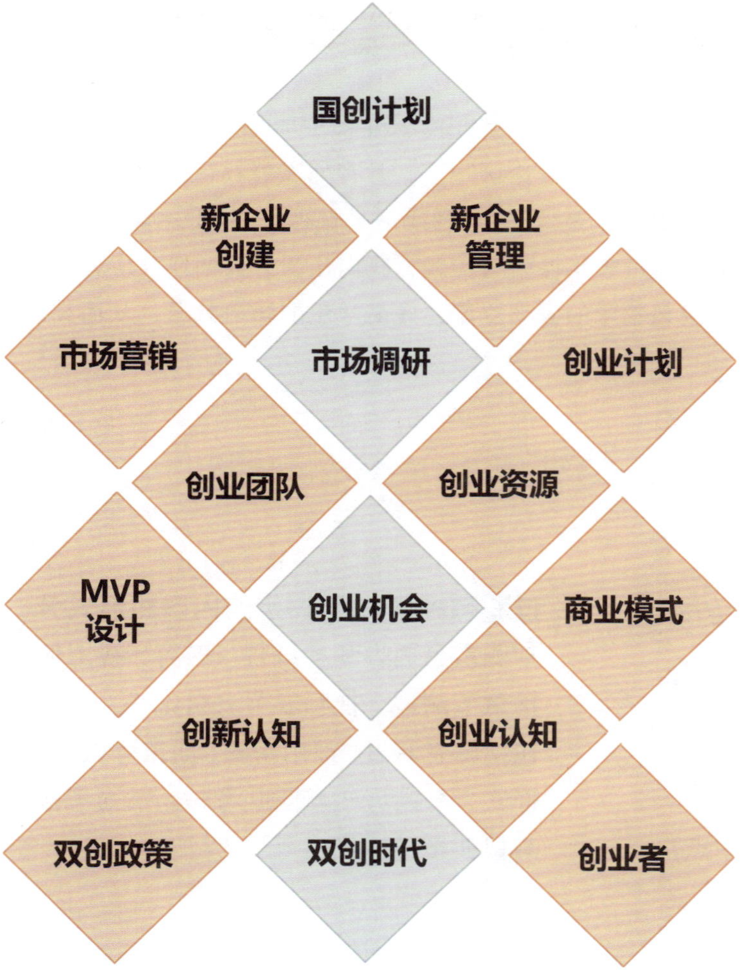

大学生创新创业基础课程核心知识点（仅供参考）

- 课程内容的选择可根据课程目标的要求进行相关模块的组合。
- 课程内容的选择须结合多数学生需求进行调整与优化。
- 课程内容的选择还需考虑教学形式、学时数量、学生人数等因素。
- 将课程内容细化或深化能够独立成为单独一门课程；系列的课程内容细化或深化可构建课程群或课程模块。

FOCUS

课程形式

现代信息技术的教育应用，已逐渐从边缘化的教师教学内容展示工具转变为促进教学和学习方式改革创新、推动教育质量提升的核心要素之一。2018 年 11 月 24 日，在第十一届“中国大学教学论坛”上，教育部高等教育司司长吴岩在题为“建设中国金课”的报告中提出，“我们要下大力气建设五大类型‘金课’，包括线下‘金课’、线上‘金课’、线上线下混合式‘金课’、虚拟仿真‘金课’和社会实践‘金课’。”经过多年探索与实践，我们认为，双创课程应朝着线上线下混合式“金课”的目标努力。**混合式教学模式，可以促进双创教学的互动交流，提高学生的学习效果，从而突破教学的时空限制，实现教育资源的充分共享。**

混合式教学的三个关键点

线上有资源——资源的建设侧重创新创业知识的传授（包括教学视频、教学直播、阅读材料、创业案例、网页链接等）

线下有活动——活动的设计侧重对线上知识的拓展与内化（通过高度参与式的教学方法复盘、检验、巩固、提升创新创业教学知识点）

过程有评价——评价的内容和形式分别侧重全面性和多样性（内容：线上包括章节测试、视频学习、讨论等，线下包括随堂测试、期中考核、期末考试等；形式：个人考核与团队考核、书面考核与口头考核相结合等）

混合式教学的实施流程

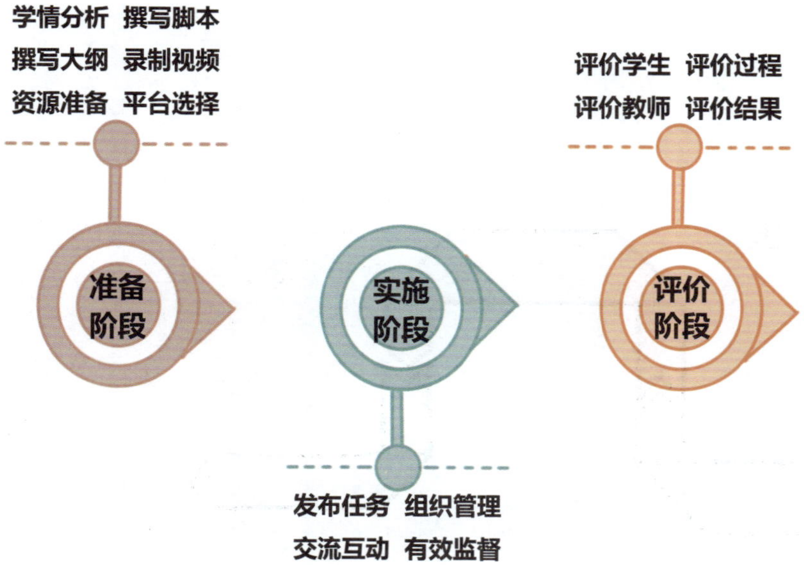

相关学习平台推荐

爱课程（中国大学 MOOC）：https：//www.icourse163.org

学堂在线：http：//www.xuetangx.com

优课在线：http：//www.uooconline.com

智慧树：https：//www.zhihuishu.com

创业课程混合式教学模式样例

国家精品在线开放课程：

创课——大学生创新创业基础

李海东等

第 3 节 教学设计

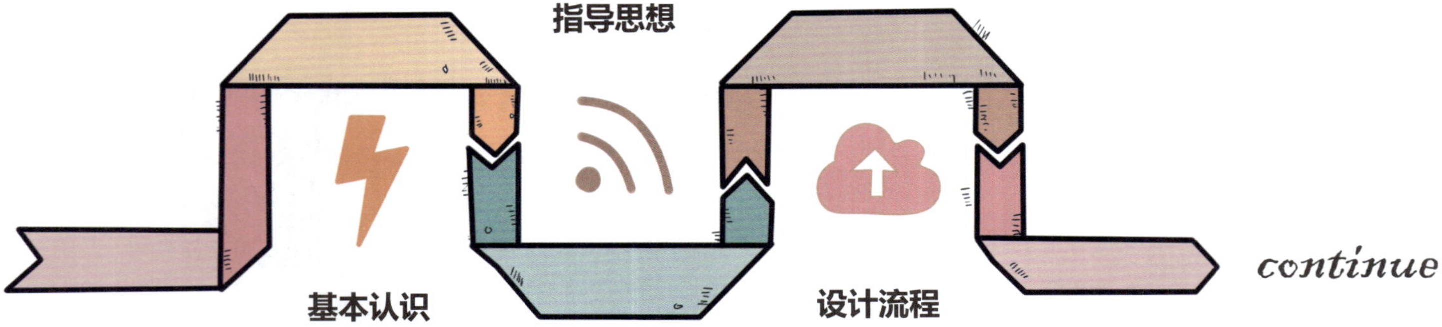

基本认识

教学是师生之间、学生之间交往互动与共同发展的过程。教学设计的研究，与自然科学和人文科学研究同等重要，深入研究教学过程、精心设计教学活动是教师专业技能成长和教学能力提升的必由之路。

那么，双创课程的教学设计到底是什么？教学设计对于课程教学到底意味着什么？这些问题可以从教学设计的概念中得到初步诠释：

双创课程的教学设计就是在双创教育理念指导下，关于“教什么”和“怎么教”的设想和计划。它是教师根据教学目标的要求，运用系统的方法，对参与教学活动的诸多要素所进行的一种行之有效的分析和策划。

指导思想

正确的教育理念——教育是什么

双创教育不是简单的创新创业知识的堆积，其关键在于培养学生正确的价值观和勤于学习、善于思考、勇于实践与敢于改变的人生态度。美国著名心理学家伯尔赫斯·弗雷德里克·斯金纳（Burrhus Frederic Skinner）用简洁且极富哲理的语言深刻地揭示了教育的内涵，他认为，“教育就是将学过的东西忘得一干二净时，最后剩下来的东西。”那么，所谓“剩下的东西”究竟是什么？“剩下的东西”就是双创教育的本质和精髓，就是“独立的人格、探索的精神、创新的思维、践行的能力”。

凝练的教学内容——教什么

教师要精心凝练自己的教学内容，应该将创新创业知识融会贯通，“基于教材，高于教材”，讲授自己数年乃至数十年科学研究所获得的感悟，自己对创新创业的认识过程和实践体验，自己在领悟创新创业内涵过程中走过的“弯路”，自己对创新创业体系认识和感悟之“精华”。让学生站在你的肩膀上认识创新创业。

有效的教学方法——怎么教

教学过程是教与学双边互动的过程，教学是教与学的统一，教为学而存在，学要靠教来引导，二者相互依存，相互作用。创新创业是一项高强度的实践活动，所以创新创业教学不能拘泥于传统的教学形式，要根据具体的教学内容选择适当、合理、有效的高度参与的教学方式与方法。

设计流程

如何设计出生动有趣的高质量的教学呢？要达到这一目标，我们必须打破以教师的“教”为主的教学，转变为以学生的“学”为主的教学，真正地站在学习者的角度来思考问题，强化知识的无形渗透，让学习者充分体验知识的形成过程，激发学习者的创造性思维和求知欲望，这样才能使学习者“知其然，知其所以然”，从而达到提高教学质量、培养创新创业人才的目的。

教学设计要经历基础信息分析、教学资源整合、教学过程设计、教学评价反思四个环节的精心安排。

1. 基础信息分析

- 质量标准分析
- 结构体系分析
- 学情分析
- 教学目标分析
- 教学重点及难点分析

2. 教学资源整合

- 凝练教学内容
- 准备教学资源

3. 教学过程设计

- 教学知识点设计
- 教学时间安排
- 教学方法与方式选择
- 教学用具使用

4. 教学评价反思

- 学习效果评价
- 教学效果评价
- 教育教学改革

教学设计表

教学设计表是教学过程整体规划的书面表达，一般包括教学内容、教学目标、教学重点、教学难点、教学活动、道具准备、时间分配等内容。（下表供参考）

教学主题				
教学目标				
教学内容				
教学重点				
教学难点				
教学过程设计				
教学过程	教学内容	教学活动	教学准备	时间（分）
开篇	课程导入 明确目标			
主体	核心知识点 1：			
	核心知识点 2：			
	……			
结尾	课程小结 布置作业			

第 4 节　课堂教学

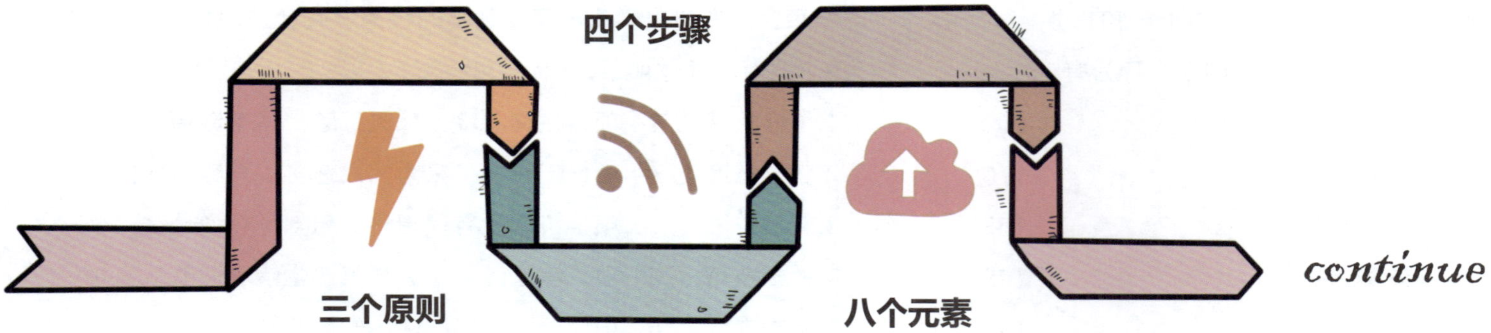

从课程建设到教学设计再到课堂教学，是一个从顶层架构迈向具体实施的过程。设计好每一节精彩课堂才能构建出双创教育“金课”，进而实现“定位、专注、共享”的创新创业教育成长与发展理念。

三个原则

课堂教学的两个核心是教师与学生，教学的过程就是教师与学生之间的有效互动。为了设计精彩的课堂，我们先来看一下什么是最糟糕的课堂。

我们通过问卷星对创新创业教育一线教师展开调研，回收有效问卷 401 份，数据指出教师不喜欢学生的 10 个行为有：

1.注意力不集中	200
2.玩手机，听音乐	170
3.上课睡觉	165
4.吃零食	148
5.看课外材料	135
6.上课迟到	130
7.上课讲话	104
8.接打电话	66
9.课堂活动不参与	47
10.上课走动，串座位	30

35名学生利用一周时间通过百度贴吧、新浪微博、腾讯qq等网络平台，调研出学生不喜欢教师的行为，共计370项，大致可归为9个方面，具体如下：

1.个性特征	24 项：	性格清冷、整天板脸、没有激情……
2.教学态度	44 项：	不积极、只为完成任务、自顾自地讲……
3.教学方法	93 项：	讲课没有逻辑性，想到什么说什么……
4.教学技巧	41 项：	满堂灌、不会根据课堂情况调节气氛……
5.教学内容	57 项：	乏味枯燥的课本知识和理论……
6.教学设计	23 项：	没有设计感、平铺直叙……
7.教育创新	10 项：	缺少多元创新的教学方式引导学生、教学内容陈旧……
8.教师素质	18 项：	只看颜值、推销自己不良教材……
9.表达能力	60 项：	表达过于啰嗦、口语太多……

我们希望的课堂教学场景是这样的：

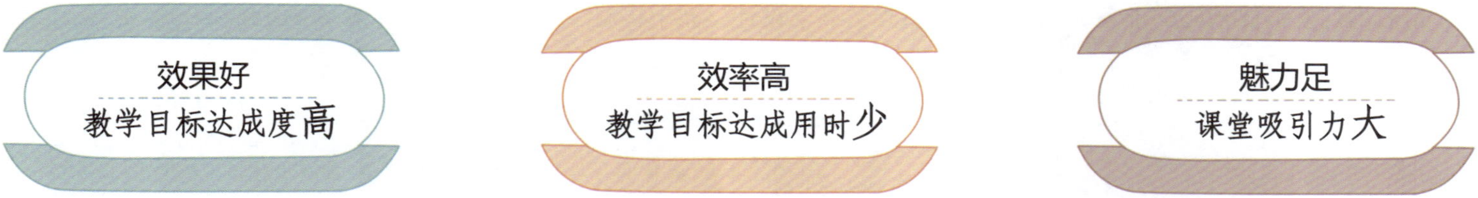

为了实现理想的课程教学场景，课堂设计要把握三个原则：

四个步骤

精彩的课堂需要精心的准备，要经历资料整理、教学设计、教学实施、复盘精进四个步骤。

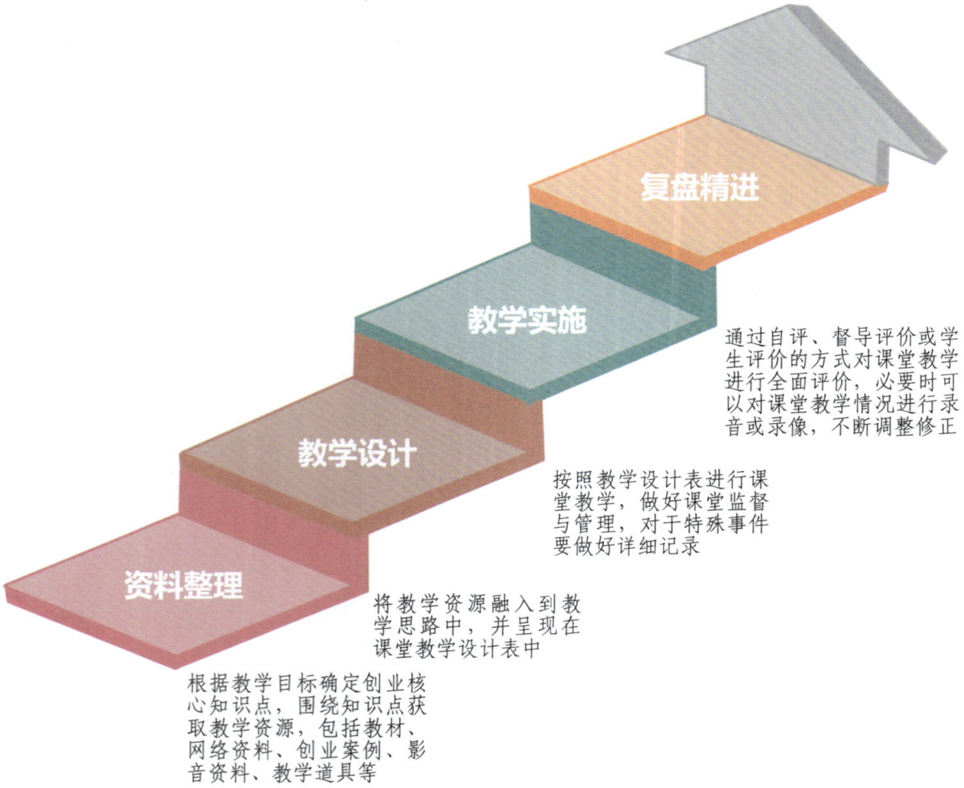

- **除了传统的教材外，我们还可以通过互联网获取相关教学资源。**
- **值得关注的微信公众号：** 笔记侠、创事记、创新工场、36氪、i黑马、创业邦、虎嗅网、罗辑思维、钛媒体、KAB创业俱乐部、创投界、世界科技创新论坛、大数据实验室、开放式创新研习社、创业最前线等。

FOCUS

八个元素

在明确了三个原则、四个步骤后，我们还需认真思考支撑精彩课堂的八个重要元素。

以学生为中心

把学生的真实需求作为课堂教学的出发点，给予学生权利，让学生充分参与到课堂的教学中

明确教学目标

教学目标既是课堂教学的出发点，也是教学活动的归宿，教学目标要细化、明确、可检测性

教学效果评价

通过“教”与“学”两方面的评价，促进学生成长、教师专业发展和课堂教学优化

教学有效引导

通过开篇导入、问题引导的方式，激发学生兴趣，启发学生思维，内化教学内容

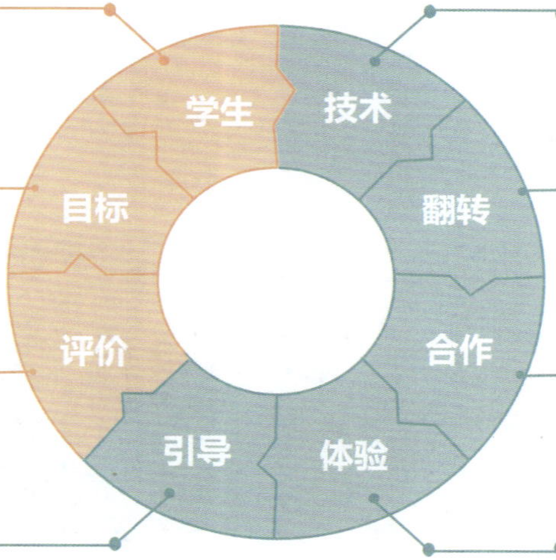

现代信息技术

发挥现代信息技术的教学辅助作用，提升课堂教学与课堂管理效率，提高课堂教学质量

实施翻转课堂

通过布置前置问题或课后思考，让学生带着问题进课堂，促进学生自主学习

强化合作学习

组建若干工作小组，通过竞争或合作的方式完成小组任务，提高教学效率与教学效果

注重体验学习

通过角色扮演、模拟训练、实践操作等体验创新创业过程，促使学生的知识、技能和态度的转变

➲ 在这八个元素中，学生、目标、评价是核心元素，缺一不可，也可视为课堂设计的必备要素；引导、体验、合作、翻转、技术这五个元素需要结合教学目标与教学内容进行选择与构思。

FOCUS

第2章　综合运用教学原理

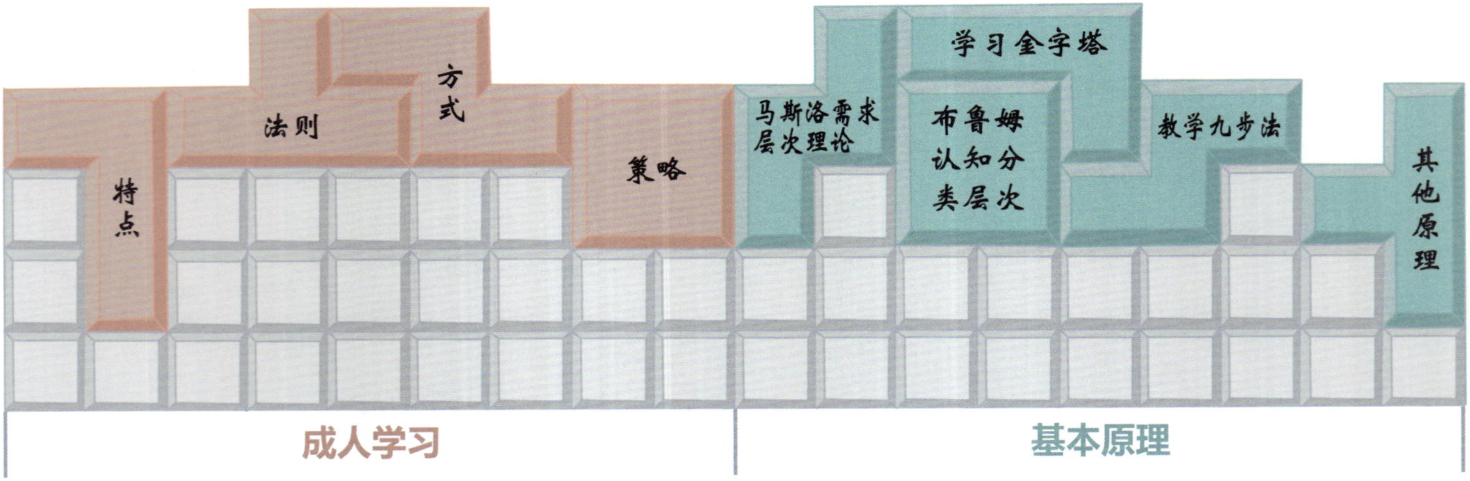

第 1 节　成人学习

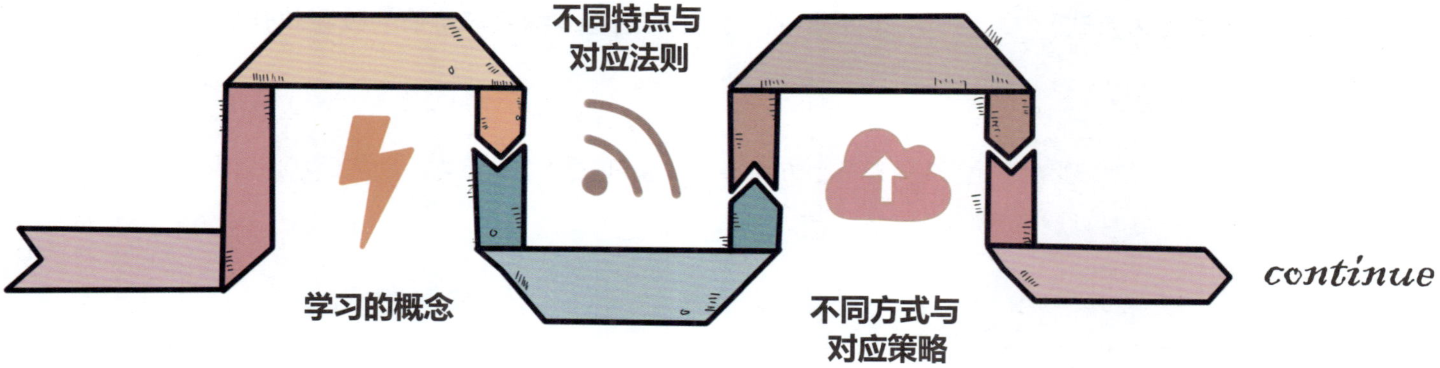

学习的概念

教学是教师的“教”和学生的“学”所组成的一种人类特有的人才培养活动。要想做好“教”，先要熟知“学”。人从出生到死亡，学习从未间断，从呱呱学语开始慢慢通过学习了解这个世界。那么，什么是学习呢？

广义：是人在生活过程中，通过获得经验而产生的行为或行为潜能的相对持久的行为方式。

狭义：通过阅读、听讲、研究、观察、理解、探索、实验、实践等手段获得知识或技能的过程，是一种使个体可以得到持续变化（知识和技能，方法与过程，情感与价值的改善和升华）的行为方式。

通过对学习概念的梳理，理解学习需要注意三个方面：一是学习方式是多元的；二是学习是知识、技能或经验积累的过程；三是学习结果导向是行为方式的改变。

➲ 教师的关注点应在通过教育技术手段正确引导学生，积累知识、技能或经验，改变行为方式。

FOCUS

一般来说，学习者可分为成人学习者与儿童学习者。由于年龄、心理、生理、环境等方面的差异，成人具有与儿童不同的学习特点。

成人学习者	儿童学习者
自主决定学习的内容	别人决定学习的内容
对知识提出质疑，需要进一步验证	容易接受所学的知识
期望所学知识现在能运用	期待所学知识将来能运用
一张被各种知识和经验涂满了的纸	一张白纸，很少或没有任何经验
在某一或多个领域具有显著能力	缺少显著能力的呈现特征
以流程或问题为中心	以知识内容为中心
对感兴趣的知识主动学习，否则消极应对	被动学习和接受知识
在协作互动的环境里学习效果最好	在教师权威的环境里学习效果最好
容易被精神奖励所激励	容易被物质奖励所激励

不同特点与对应法则

目前，创新创业课程主要面对的群体是具有一定判断力、心智较为成熟的成人学习者。他们一般具有四种学习特点，针对不同特点可采用不同的教学法则。

学习特点	具体表现	教学法则
自主性	具有较强的个人意愿，比较明确自己的学习目标和学习习惯，学什么、怎么学、什么时候学都有自己的想法，对喜欢的内容主动学习，排斥机械式学习	**目的法则**：了解学生对于教学内容、教学形式、方式方法等真实的需求，根据学生的需求进行教学设计
经验性	具有一定生活经验和阅历，喜欢用新学习到的知识与旧的经验做对比，在学习活动中希望更多地借助自己的经验来理解、判断和掌握新知识，而不是以教师的传授为主	**联系法则**：理论联系实际，新的知识、想法或概念与实际问题相联系，会使学生的学习变的更加有效，讲授的内容更加具有说服力
功利性	习惯针对社会生活中的具体问题进行学习，并具有通过学习解决实际问题的强烈愿望；希望即学即用，快速解决问题，才会认为“学到了知识”	**实用法则**：新知识与新技能着重解决生活中的实际问题，注重实践性与可操作性，做到有的放矢，学以致用
情感性	认为学习的过程并不仅仅是个人认识发生变化的过程，而是不断地与教师、同学进行互动以达成共识的过程；希望在轻松、愉悦、友爱和尊重的环境下学习	**环境法则**：采用参与式教学方法与团队学习方式，加强课堂的分享与交流，营造愉快的学习环境

不同方式与对应策略

在学习方式方面，成人具有各自的倾向和爱好。常见的学习方式有四种，针对不同的学习方式也可采用不同的教学策略。

学习方式	具体表现	教学策略
行动型	倾向于“做中学”，喜欢新事物、新体验，对实践性课题感兴趣；在集体学习活动中表现积极、主动，很多情况处于领导者的地位	理论内容无需过长，务实性内容必不可少，以策略性设计激发学习热情，指导达成学习成果
深思型	在回答问题前需要长时间的考虑，经常犹豫不决，很难做出肯定的回答，在回答之前需要更多的信息；这类学习者喜欢与他人一起学习，因为这样便于收集更多的观点和信息	注重启发学生思维，给予充足的思考时间，通过团队交流的方式获取信息，鼓励学生探索与质疑
理论型	在解决问题前喜欢首先理解基本原理，然后提出假设，并采用循序渐进的手段来解决问题；常常用客观的、公正的和逻辑性较强的方法来解决问题，而不接受他人的主观判断和众多的不同观点	教学逻辑结构清晰，总结概括环节必不可少，无需过多举例，帮助学生扩展知识体系
应用型	喜欢尝试和应用新观点；对于学习内容，一定要经过尝试后才会相信；习惯探索新的更加有效的途径来解决问题；他们充满信心、精力充沛，愿意展示自我，认为只有在新的情景下才可以学习很多知识	语言表达生动有趣，课程设计大方美观，采用互动式、体验式等高度参与的教学方法

“中国古代教育家”孔子，在两千多年前就提出了“因材施教，有教无类”的教育思想。作为当代一线教师，我们不仅要熟知成人学习的特点、成人学习的方式，还要把握新时代下学习者的个性特征。“421 家庭”“社交需求”“移动互联网”“个性化”“信息多元”“泛娱乐化”“慢就业”等都是新时代年轻人身上显著的标签。美国尼尔森咨询公司曾对中国做过一份《90 后生活形态和价值观研究报告》，报告中对中国年轻消费者提炼出四个关键词：正能量、若即若离、抓信息、开放；2018 年是 00 后的成年元年，在他们陆续走向社会的时刻，腾讯发布了《00 后研究报告》，报告中对 00 后的价值观总结出六个关键词：懂即自我、现实、关怀、平等、包容、适应；随后，企鹅智酷基于自主开发的企鹅调研平台、产品预研中心和第三方合作大数据，发布了《00 后&05 后研究报告：超新生代如何规划自己的未来十年》，调研数据指出：独立、聪明、自信在最希望具备的品质中排名前三，而勤俭、谦虚和诚实排名靠后。我们只有正确认识学生的成长环境和思维方式，才能真正做到“因材施教，有教无类”。

第 2 节 基本原理

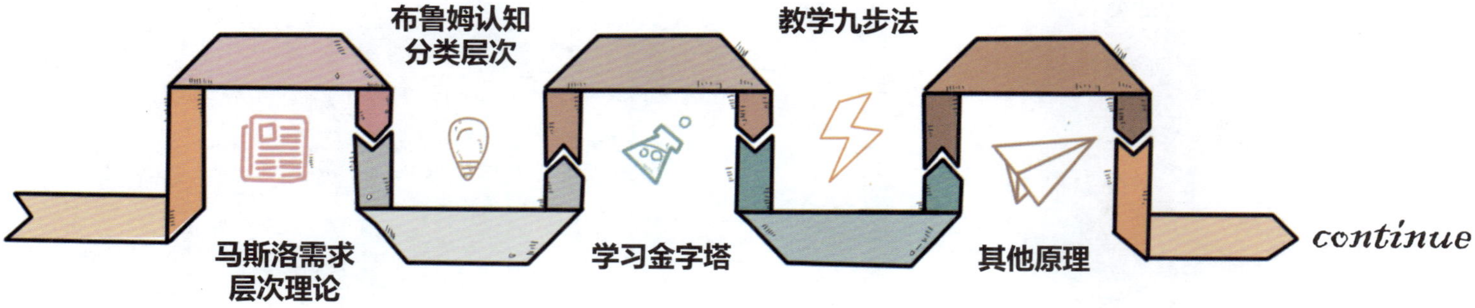

马斯洛需求层次理论

马斯洛需求层次理论是人本主义科学的理论之一，由美国心理学家亚伯拉罕·马斯洛（Abraham Harold Maslow）于1943年在《人类激励理论》论文中所提出。马斯洛将人类需求像阶梯一样从低到高按层次分为五种，分别是生理需求、安全需求、社交需求、尊重需求和自我实现需求。

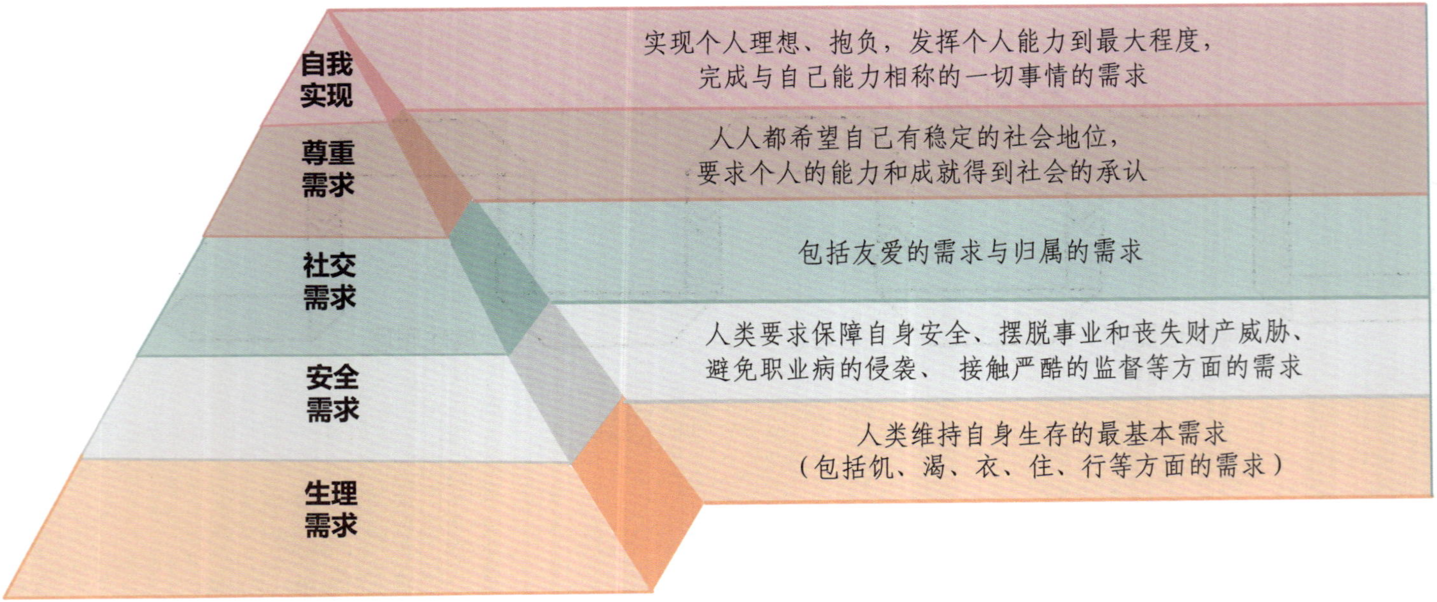

基本观点

第一，五种需求层次像阶梯一样从低到高，逐级递升，但次序并非完全固定，可以变化。

第二，一般情况下，某一层次的需求相对满足了，就会向高一层次发展，追求更高层次的需求就成为驱使行为的动力。已经获得基本满足的需求，激励作用将会明显下降。

第三，五种需求可以分为高低两级，其中，生理需求、安全需求和社交需求都属于低级需求，这些需求通过外部条件基本可以满足；而尊重需求和自我实现需求是高级需求，需要通过内部因素才能满足，而且一个人对尊重和自我实现的需求是无止境的。

第四，同一时期，一个人可能有几层需求，但每一时期总有一层需求占支配地位，对行为起决定作用。各层次的需求相互依赖和重叠，高层次的需求发展后，低层次的需求仍然存在，只是对行为影响的程度降低。

运用要点

第一，做好课前调研与课后反馈，满足学生的真实需求。根据学生需求设计教学，激发学生的学习动机和兴趣，调动学生学习的积极性和主动性，通过课后的反馈情况，不断调整与优化教学内容与教育教学方法，从而构建精彩课堂。

第二，重视个性差异，实施因材施教。每个学生的需求情况各不相同，课堂中要把握“大多数原则”。对于学生的个体差异，可采用课下针对性指导的方式，比如课下交流想法以解决基本问题；布置超额任务以提升自我价值等。

第三，注重团队学习，满足尊重需求。多数学生的需求集中在社交需求与尊重需求层次，采用团队学习的方式可以提升学生的归属感，善用语言表扬、目光激励、赋予学生权利，可以帮助学生建立自信心，激发学习热情。

布鲁姆认知目标分类

布鲁姆认知目标分类是美国教育心理学家本杰明·布鲁姆（Benjamin Bloom）于1956年在芝加哥大学提出的，他把认知目标分为知识、领会、应用、分析、综合、评价。2001年，布鲁姆认知目标被重新修订为知识维度和认知过程维度。

布鲁姆认知目标分类（2001修订版）

知识维度	认知过程维度					
	记忆	理解	应用	分析	评价	创造
事实性知识						
概念性知识						
程序性知识						
元认知知识						

知识维度主要协助教师区分教什么，认知过程维度主要协助教师明确促进学生掌握和应用知识的阶段历程。

各维度具体类别内涵

知识维度		事实性知识	有关是什么的知识
		概念性知识	
		程序性知识	如何去做的知识
		元认知知识	个人认知方面的知识
认知过程维度	低级目标	记忆	对先前学习过知识的记忆
		理解	把握知识意义的能力，能转换、能解释、能推断
		应用	把学到的知识应用于新的情景、解决实际问题的能力
	高级目标	分析	把复杂整体知识分解为组成的各部分知识，并理解各部分知识间相互联系的能力
		评价	对相关知识做价值判断的能力
		创造	对知识进行综合运用、设计、组建新的工作，或者对知识进行深度加工，发展出新的知识或者推导出新的公式等

运用要点

第一，有效教学必须回答如下三个问题：“你把学生带到哪里”——教学目标；“你怎样把学生带到那里”——教学过程与方法；“如何确认你已经把学生带到那里”——学习效果评价。布鲁姆认知目标分类使教师能对教学目标把握准确，能够紧密围绕教学目标开展教学活动和学习效果评价。

第二，布鲁姆认知目标分类以知识维度为纵轴、认知过程维度为横轴，构成了一个二维 24 格的分类表。对于相同的知识类型来说，可以有多种不同的认知过程，这样就形成了不同的教学目标。不同的教学目标决定了教学过程的不同，而教学过程应是为教学目标服务的。

第三，教学过程中，对于教学模式和方法的选择可以根据布鲁姆认知目标分类来选择。依据制定的教学目标，想要学生在学习后发生何种行为达到何种程度，来选择合适的模式和方法。

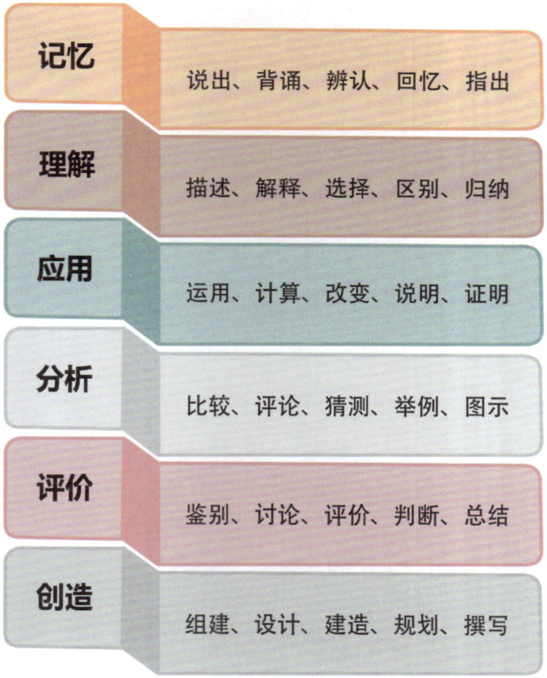

布鲁姆认知目标分类一些经典用词

➲ 双创教育对创造性与实践性要求较高，在进行教学目标设置时，知识维度方面要侧重选择程序性知识和元认知知识；认知过程维度要侧重选择应用、分析、评价、创造。

FOCUS

学习金字塔

学习金字塔是美国缅因州的国家训练实验室研究成果，它用数字形式形象显示了：采用不同的学习方式，学习者在两周以后还能记住内容（平均学习保持率）的多少。最早它是由美国学者、著名的学习专家爱德加·戴尔（Edger. Dale）1946 年首先发现并提出的。

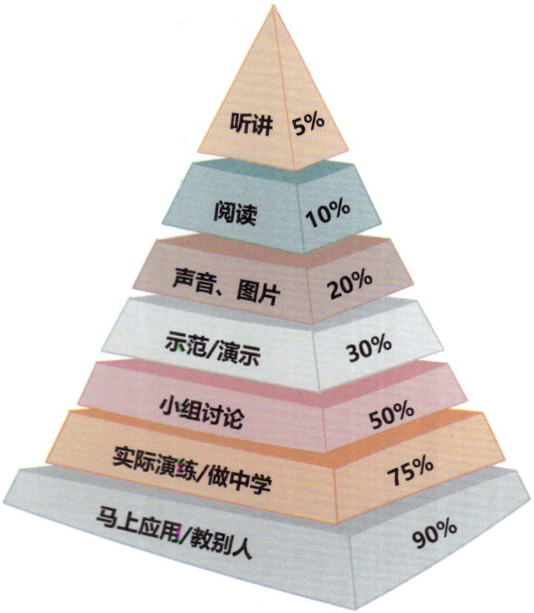

爱德加·戴尔提出，学习效果在 30% 以下的几种传统方式，都是个人学习或被动学习；而学习效果在 50% 以上的，都是团队学习、主动学习和参与式学习。

运用要点

第一，新课程改革，使教师和学生的角色发生了质的改变。教师不再是知识的传授者，而是让学生主动获得知识的引导者；学生也不是知识的被动接受者，而是知识的主动学习者。新课程标准提倡自主、合作、探究的学习方式，这与“学习金字塔”的理论完美契合。

第二，结合布鲁姆认知目标分类进行使用，对于高级目标采用小组讨论、实际演练、马上应用等高参与式的教学方法将会事半功倍。

第三，结合学生注意力的变化情况进行使用，当学生注意力较低时，使用学习效果在50%以上的教学方式，可以吸引学生的注意力，激发学生的学习热情，提高教学效果。

教学九步法

1992 年，美国教育心理学家罗伯特·米尔斯·加涅（Robert Mills Gagne）积累数十年的研究，在成人学习原理的基础上，设计出了教学九事件，这套方法历经 25 年的验证非常有效。美国安迪曼咨询公司在此基础上，总结出了教学九步法。

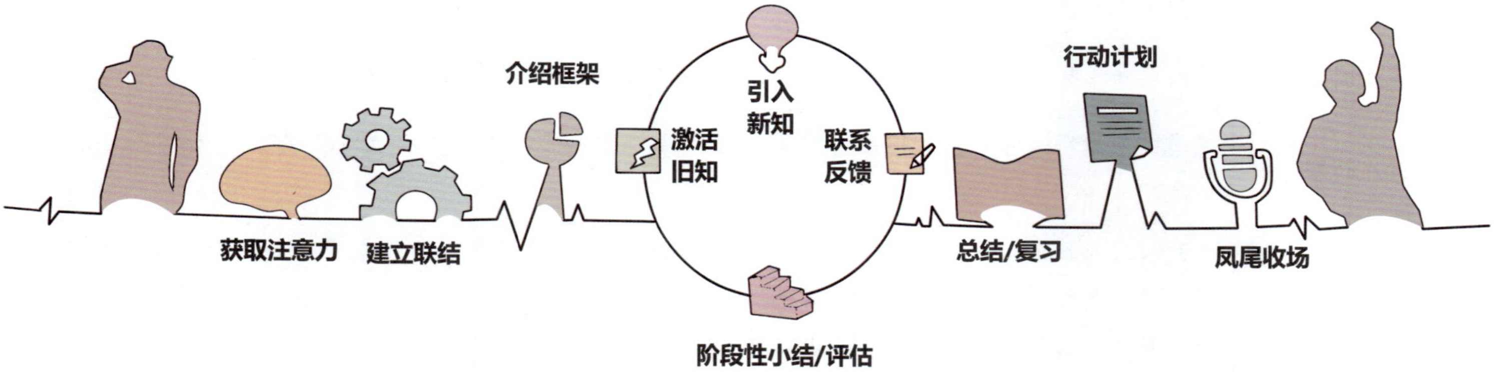

教学九步法要匹配前文提到的成人学习特点和教学法则、马斯洛需求层次理论等教学原理开展双创教学活动，不断优化与迭代教学设计，才能打造出真正有价值的“金课”。

运用要点

Ⅰ. 获取注意力	教师要在开篇的第一时间通过恰当的教学方法，吸引学生的注意力。
Ⅱ. 建立联结	通过前期需求调研，建立学生与课程的联结，学生和老师的联结，激活学生的学习信心和学习意愿。
Ⅲ. 介绍框架	介绍基本框架，明确教学目标，对学生进行学习路径导航。
Ⅳ. 激活旧知	通过引导或提问的方式，激活学生储存在大脑皮层长期记忆中的既有知识。
Ⅴ. 引入新知	建立旧知与新知的关联，构建新旧知识逻辑结构，通过合适的方法传递给学生新的知识、技能、态度。
Ⅵ. 练习反馈	当引入的新知内容含量大、重要性强、难度高时，练习反馈就成为一个十分必要的环节。激活旧知、引入新知、练习反馈是一个训练闭环。练习反馈着重进行三个内容：第一，确认旧知与新知的关联是否已经建立；第二，确认旧知与新知间的关联是否正确；第三，巩固旧知与新知之间正确的关联。
Ⅶ. 复习总结	通过干预手段，帮助学生对所学习的新知识加深印象，避免快速遗忘。
Ⅷ. 行动计划	要求学生将新的知识应用到具体场景或解决实际问题中，做到学以致用。
Ⅸ. 凤尾收场	一个好的凤尾收场可起到三个作用：一是升华新知识的价值，二是再次树立学生学以致用的信心和意愿，从态度层面再次激励学生发生行为改变；三是使学生充满对下节课的期待。

其他原理

除了上述四个相对权威且较为常用的基本原理外，还有很多学者及管理者基于大量研究提出的其他理论，也可对教学活动给予指导。下面，主要介绍目前运用较多的注意力曲线、行动后反思这两种原理。

注意力曲线

有研究者调查了 1094 位大学生课堂注意力的变化情形，得出了极富启发意义的调查结果——学生在一节 45 分钟的课堂里，注意力是不断变化的。

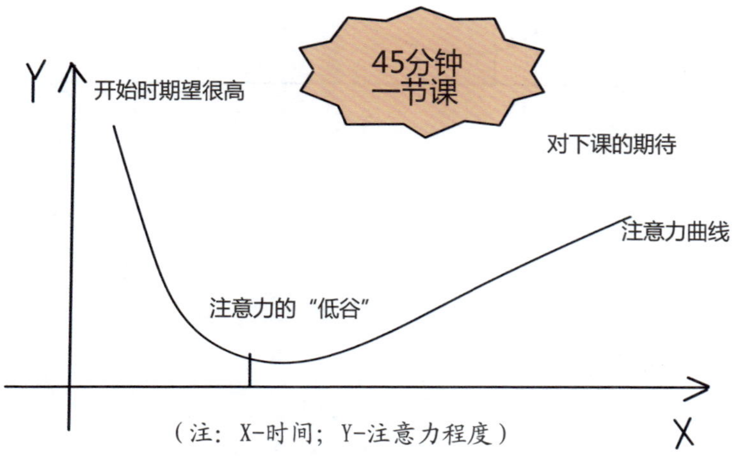

注意力曲线

横轴代表 45 分钟的教学时间，纵轴代表学生的注意力。在教学开始时，学生对教学有着高度的期待，注意力高度集中；随着教学活动的不断进行，学生的注意力逐渐下降，20 分钟左右，注意力下降至"低谷"；临近下课，注意力开始回升。

学生注意力的变化给教师提出两个重要问题：

第一，当学生注意力相对集中时，教师如何使学生掌握课堂的精华与要旨？

第二，当学生注意力相对下滑时，教师该如何维持学生的学习兴趣，保证学生的学习效果？

运用要点

第一，注意力曲线的抽样数量较少，且仅有47.7%的学生选择了这种注意力变化情况，属于大多数法则，不代表绝对。这里，我们强调教师要关注学生的注意力变化情况，适时采用相应的激励方式提高学生注意力。

第二，教学开始时，学生对课堂有所期待，注意力比较集中，教师应该把学生引入课堂，构建整节课的教学框架，侧重讲解教学内容中的重点与难点。

第三，学生注意力逐渐下降时，教师要采用高度参与式的教学方法，调动学生的积极性与参与性，善用激励曲线，使学生注意力保持水平状态。

第四，课程临近下课时，学生的注意力回升时，教师应该带领学生将整堂课的重点内容与难点内容进行总结回顾，使知识在学生脑中系统化。

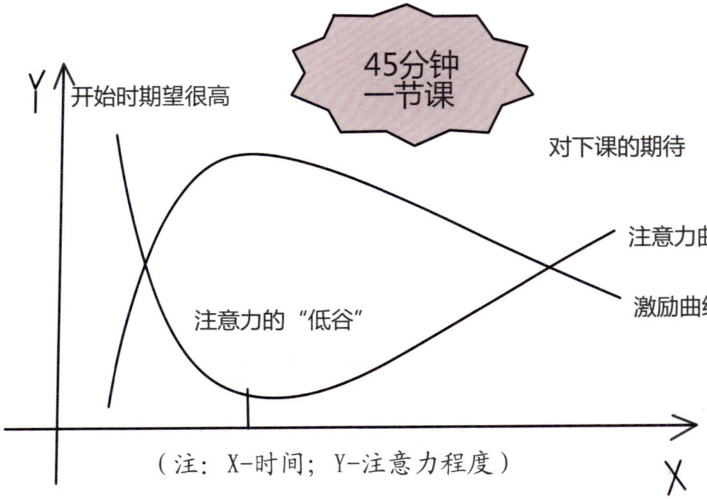

激励曲线

激励的方式：

手势、目光、赞美鼓励、组织竞赛、变换距离、醒脑、提问、重复、声音大小、游戏教学、模拟实践、融入学生等

行动后反思

行动后反思（AAR，即 After Action Review）由美国陆军提出，是一种个体或群体在行动中能够动态反映、不断学习的方法与机制。目的是让参与者在行动中能够了解行动目标是什么、目标是否达成、行动中发生了什么、如何维持优点、改进缺点等。这种方法在教学活动中称为教学复盘。教师通过教学复盘，可以发现教学的不足，找到更好的教学形式与方法，提高教学质量。

“行动后反思”的实施步骤

- 行动后反思是教师最有效的自我学习方式之一，通过不断校正教学路线，实现教师教学能力提升。
- 通过集体学习的方式进行行动后反思，教学团队中每个人都可以表达自己的教学智慧，集思广益，共同提高。
- 这种方式也可与学生共同进行，用于知识复习、竞赛指导等教学活动中，效果最佳。

FOCUS

第 3 章　科学使用教学方法

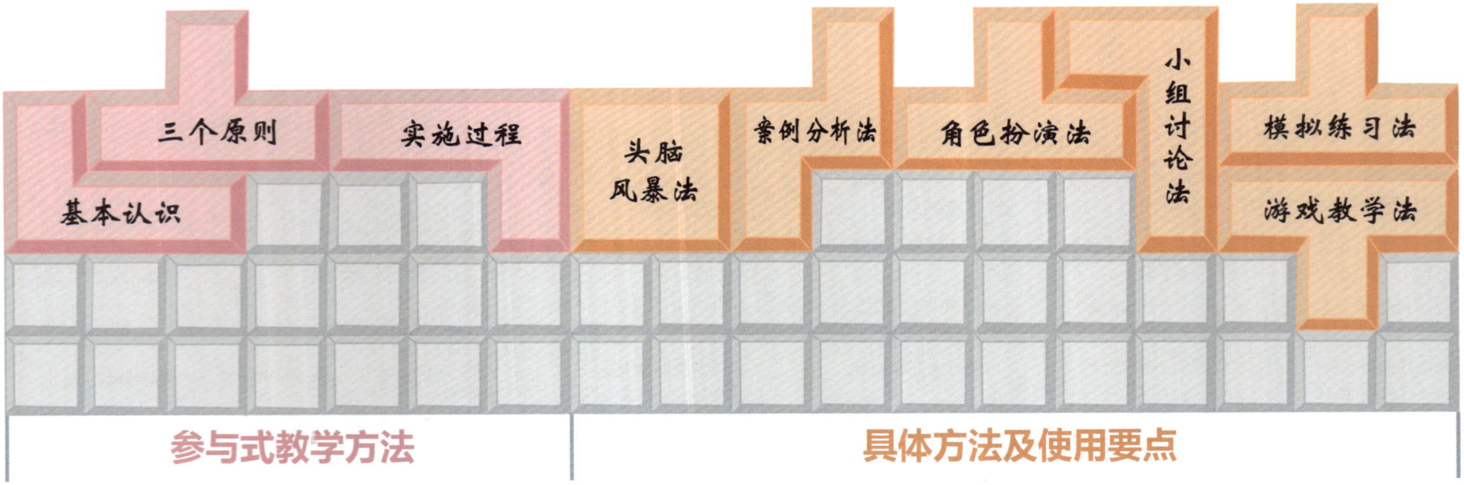

第 1 节　参与式教学方法

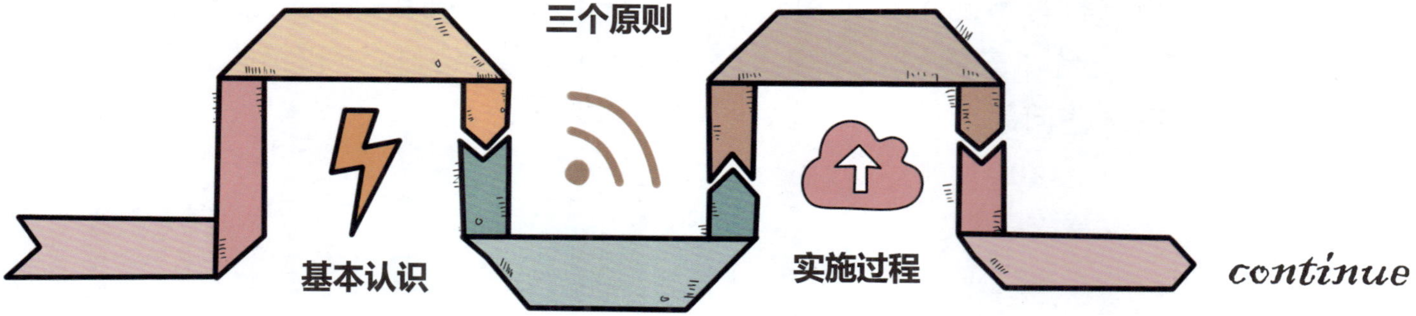

基本认识

参与式教学方法，是指全体师生共同建立民主、平等、互动的教学氛围，让不同层次的学生都拥有参与教学机会的一种有效的学习方式，是一种合作式或协作式的教学法。

这种方法以学习者为中心，充分应用灵活多样、直观形象的教学手段，鼓励学习者积极参与教学过程，成为其中的积极部分，加强教学者与学习者之间的信息交流和反馈，使学习者能深刻地领会和掌握所学的知识，并能将这种知识运用到实践中去。

创新创业教育主要包括培养创新精神和创业意识、提供创业方法与创业流程、塑造创业精神与创业能力三大教学目标，具有很强的实践性和综合性。这要求在教学方法上更注重实践性。创新创业教育在我国主要的受众群体是大学生，他们是文化水平较高的一个群体，对新鲜事物有着敏锐的洞察力和将想法付诸行动的执行力。

因此，**创新创业教育不能单纯采用传统的“说教式”，其实践性也要求学生不能只躲在“象牙塔”中做一名“安静的”学习者。创新创业需要亲身体验和实践，而参与式教学方法恰好能够解决这些问题。**

三个原则

教师与学生以平等的身份进入教学活动，共同讨论、共同解决问题。

强调：学生是教学活动的主体者，教师是教学活动的引导者。

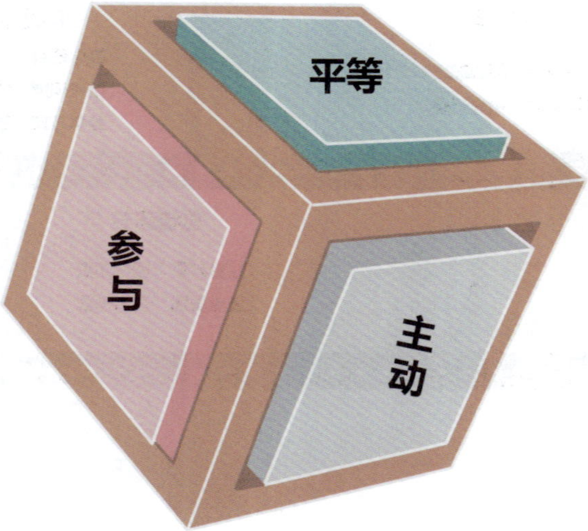

参与是一个生生合作、团队合作以及师生合作的过程。

在这一过程中，学生与老师共同设计教学目标，开展教学活动，完成教学任务。

创造教学环境与教学情境，诱发学生的学习动机，激发学生学习兴趣，调动学生的主动性，使学生集中全部感官参与到教学活动中。

实施过程

在教学活动中，组织与使用参与式教学方法要遵循相应的流程与步骤。

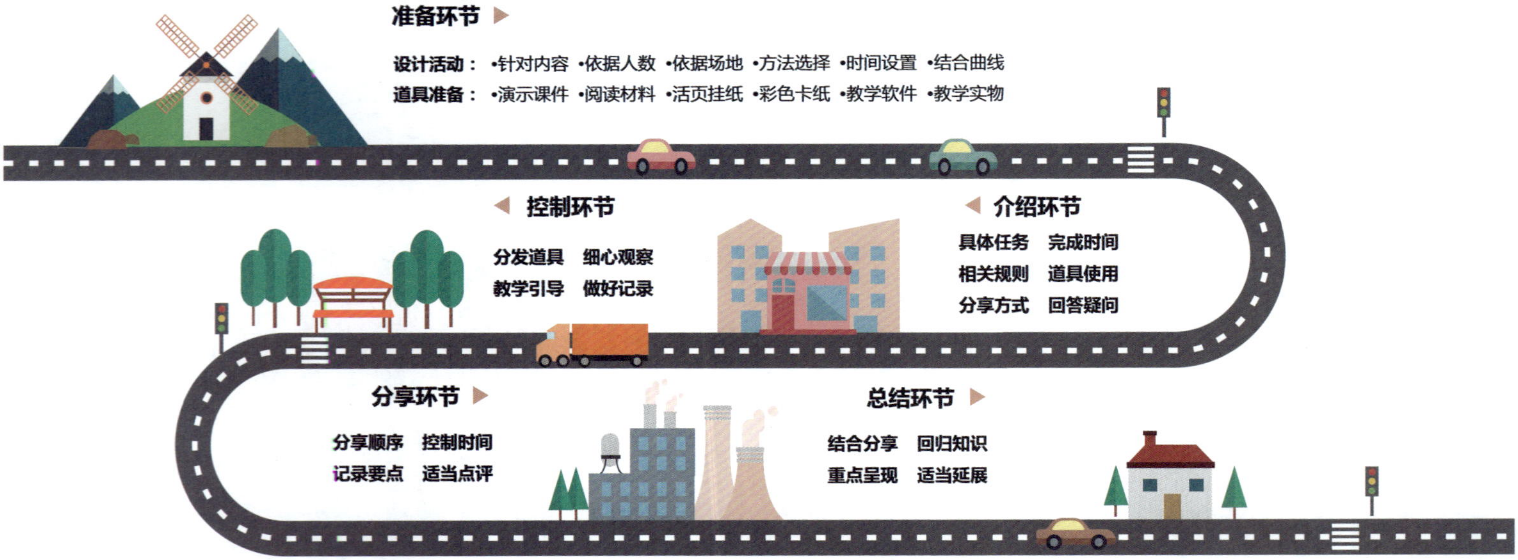

第 2 节　具体方法

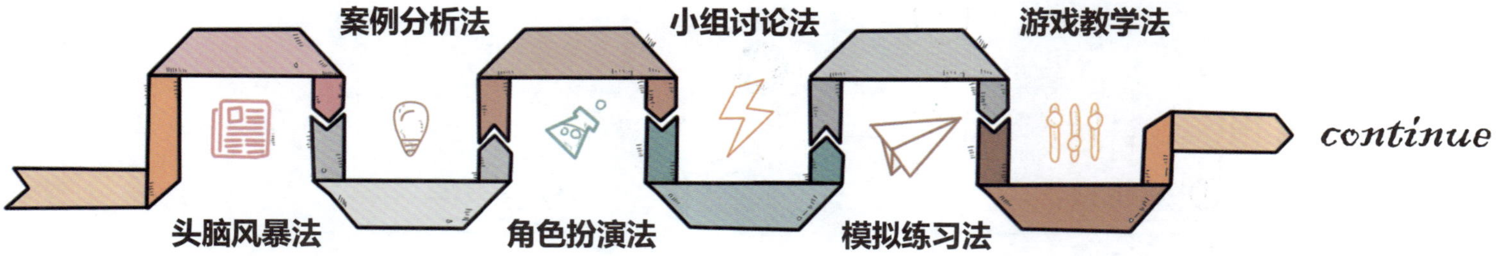

头脑风暴法

头脑风暴法是一种极具弹性和自由度的激发 idea 的方法，也是一种有效的思维拓展方法。学生根据教师提出的某些社会现象或问题，尽量提出天马行空的想法，通过随心所欲的联想，在轻松的氛围下有针对性地理解和吸收知识。**理论教学中，可使用于创新思维训练、产生创业构思、企业名称选择、市场营销计划等教学知识点。**

✓ 优点

- 参与程度非常高
- 培养学生的思维能力
- 激发学生的创造力

✗ 缺点

- 时间难以把握，容易浪费时间
- 很难控制思维方向
- 产生的想法可操作性较弱

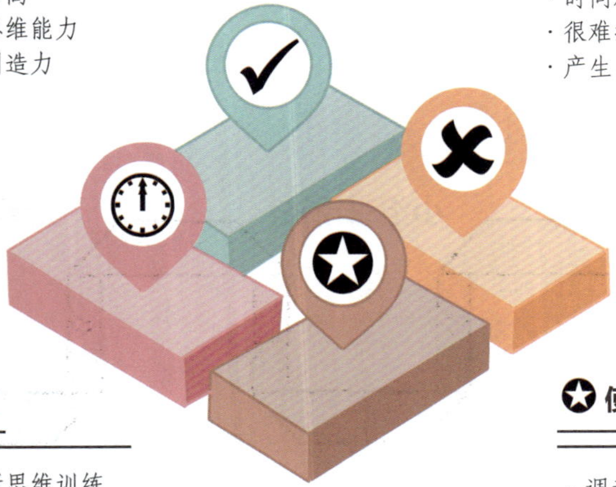

使用时机

- 学生进行创新思维训练
- 产生一个创意或创业项目
- 解决某一特定问题

使用要点

- 调动学生的参与性，确保每名学生都参与其中
- 操作阶段 I 重在大量产生创造性的想法，任何人不可给予任何评价
- 操作阶段 II 重在分析和判断所产生的想法，评估可行性
- 做好详细记录

使用示范

教学主题：创新思维训练

具体要求

1. 运用头脑风暴的方法和你的同学一起讨论下列问题；
2. 对头脑风暴中形成的观点进行梳理，并分组进行总结；
3. 完成下表。

问题	你的观点
请设计多款新颖的水杯	
给你 5 个曲别针，你能做些什么？	
请分析学校周边急需的创业项目	
能源日益紧缺，你能想到什么解决办法吗？	
请结合你的专业，提出某一技术的未来应用	
对于雾霾，你想到的解决办法？	
对于“手机电量总是不够”，提出你的观点	
对于“二胎政策”，你能想到什么样的创业项目？	

重要提示

- 教师要规定教学活动时间及完成要求，一般来说，强调观点的数量性和创新性，弱化观点的可行性。
- 注意积累以往学生产生的优质创意，并在教学总结中分享，扩展学生的创新思路。

案例分析法

案例分析法是通过对一个事件或一个具体情景给出比较详细的资料，让学生来判断和理解，从而培养学生的创造能力和解决问题的能力。**理论教学中，可使用于创业过程模型、创业项目选择与评估、商业模式构建与优化、创业团队组建与管理、创业融资、创业计划制定与展示、新企业开办、新企业管理等教学知识点。**

✓ 优点

· 在无需承受实际问题所带来的压力情况下学习相关知识
· 面对现实问题，形成具体解决方案
· 理解并应用相关理论的有效途径

✗ 缺点

· 实际具体事件与案例中的设定有所不同，可能会产生错误决策
· 容易受人为因素影响，难以保证客观性
· 开发与编写困难，并且具有时效性

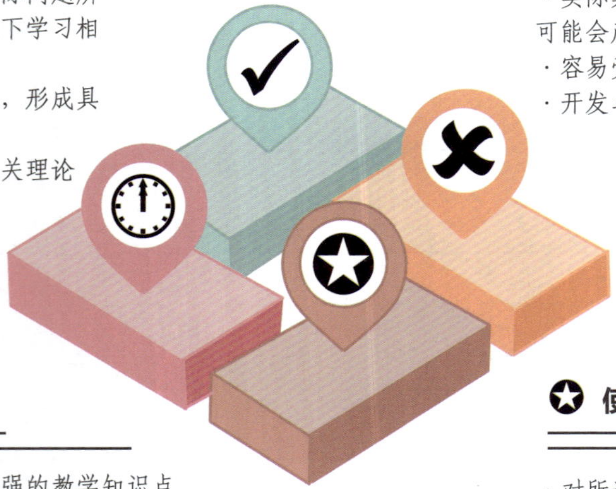

使用时机

· 用于操作性较强的教学知识点
· 解决问题存在一般规律
· 提炼出的知识点能够指导未来的实践活动

使用要点

· 对所选案例有深入的了解和分析
· 准备应对学生可能提出的各种问题和异议
· 强调不可直接将案例中的决策用于解决实际问题
· 多用学生案例，最好选用本校学生案例

使用示范

教学主题：创业团队组建

刘紫薇是黑龙江大学电子工程学院物联网工程专业 2016 级的学生，出生并成长在因大米而闻名的五常市。大一时，她选择了刘勇老师作为自己的学业导师，并进入了刘老师的实验室。每天出入实验室的她，接触到了物联网应用传感器，联想到自己从小就看着农民靠经验种水稻，便萌生了利用传感器科学种水稻的“物联网 + 农业”的创业想法。在查阅大量资料之后，逐渐形成了比较完整的创业构想：使用传感器采集种植农作物环境的精准数据，通过通讯系统传输数据到云平台，运用学长的论文成果（丰产模型和 BP 神经网络算法）进行数据分析，得出科学的种植方案，利用第三方提供的自动设备远程控制实施科学种植，同时预测农作物产量、质量，并连接产品销售渠道，从而改变农民传统的种植方法和售卖方式，使农民增收。

刘老师在得知刘紫薇的创业想法后，表示大力支持她去实践，并找来了实验室的张宇、王俊洪、李达等对这个项目有极大兴趣的同学，帮她组建团队。经过反复研讨、项目论证和市场调研，团队决定与刘老师共同创办企业，实施这个创业构想。他们积极撰写详实的创业计划书，明确了团队愿景：“重构现代农业生态平台，打造黑龙江智慧农业第一品牌”，并登记注册了哈尔滨市紫电科技有限责任公司。

2017 年 2 月，团队成功开发出第一代智慧农业系统，并在实验室搭建了测试环境，进行土壤、空气、农作物生长情况数据测量，得到了预期效果。经过多次改进与迭代，终于在 2017 年 4 月研发出了能够应用实践的产品——农业专家，并以黑龙江省绥棱县为试点，安装了相应的设备，采集到了大量的数据。

在取得了一些成绩后，团队还发挥了年轻创业者身上所具备的创业热情，参加了各种科技和创新创业竞赛，通过竞赛来验证项目的可行性，同时检验自己的成长。2017 年 7 月，刘紫薇等人先后参加了全国物联网安全大赛、黑龙江省“互联网 +”大学生创新创业大赛、黑龙江省“互联网 + 绿色农业”市场营销大赛，获得了省一等奖一项、二等奖两项。

在智慧农业项目起步阶段，他们并没有明确的任务分工与角色定位。在运营稳定后，团队明确了职能分工。刘勇老师带领刘紫薇、张宇主攻技术开发及产品设计；王俊洪沟通能力较强，主要负责耗材采购与对外联络；李达主要负责项目推广与市场营销。在众人的齐心协力下，截至 2018 年 4 月，哈尔滨市紫电科技有限责任公司已在黑龙江省富锦市、建三江管理局、友谊县、绥化市等地成功销售了上百套产品，检测设备覆盖了 3000 余公顷的土地，帮助农民进行科学种植，极大地提高了水、肥的利用率，减少了农民的种植成本。

请思考：

1. 刘紫薇的创业案例经过了哪些过程？
2. 这个创业团队具备怎样的优势？
3. 你对创业团队的组建有怎样的理解？

重要提示

➢ 案例可放置在讲授之前，也可放置在讲授之后，尽可能选用本校学生案例。

角色扮演法

角色扮演法是将现实生活中可能出现的情况写成剧本，将创业过程中的事件场景化，学生在剧中按要求扮演特定角色，目的是让学生演练如何处理实际问题，表演结束后，进行全班讨论，评价表演结果，分析怎样用不同的方式处理问题。**理论教学中，可使用于创业者素质与能力、创业团队、创业融资、市场营销、企业招聘等教学知识点。**

✓ 优点

· 学生能够充满自信地应对同类实际问题
· 参演的学生可提高个人技能
· 作为观察者的学生能够通过他人的表演发现问题，借鉴经验

缺点

· 现实情况与模拟场景有所差异，可能做出错误决策
· 学生容易自由发挥，出现知识点偏离
· 在大部分角色扮演活动中，极少数的学生有参演机会

使用时机

· 学生在创业过程中可能出现的应用场景
· 展示一个观点或程序，给出处理情况的模拟和经历
· 不同的模拟决策，会有不同的结果

使用要点

· 准备剧本，选择学生并进行预演
· 对不参演的学生提出具体问题和要求
· 尽量保证所有学生都能积极参与其中

使用示范

教学主题：创业者素质与能力

场景介绍

A 同学和 B 同学是两个准备做跨境电商的创业者，现在他们缺少资金准备融资。所有其他同学都是投资者，投资者都希望给具备创业者素质与能力的人投资，现在 A 同学和 B 同学已经通过创业者特质测试，表现很好。现在请各位投资者就特质以外的创业素质与能力进一步考核他们，考核方式是提问。

规则 1：投资者抽取问题卡，按照问题卡上的问题发问。如抽到的是空白问题卡，需要投资者自己确定问题，投资者问的问题不能与其他投资团队重复，问题只能问给 A 同学和 B 同学中的一个人。

规则 2：A 同学和 B 同学对投资者的问题必须尽快做答。投资者要细致分析 A 同学和 B 同学对所有投资者问题的回答表现，做出投资决定，投资者投资总额为 10 万元，可以自由分配。

规则 3：获得投资额度最大者为“融资获胜者”，发表获胜感言。

规则 4：投资者在问问题后，请结合 A 同学或 B 同学的回答，用关键词表述本人问题是考核创业者哪方面的素质或能力，并将关键词清晰地写在彩色卡片上。

重要提示

- 教师在课前要准备好问题卡、彩色卡片及投资计划表；
- 教师要对学生提交的关键词进行归纳、总结和补充；
- “投资失败者”只是相对而言，只代表即时性，提醒学生不要给自己贴上“好”与“不好”的标签。

小组讨论法

小组讨论法是将全班同学分成若干个小组，组内成员针对某一特定的题目自由交流想法和观点。**理论教学中，可使用于所有知识点。**

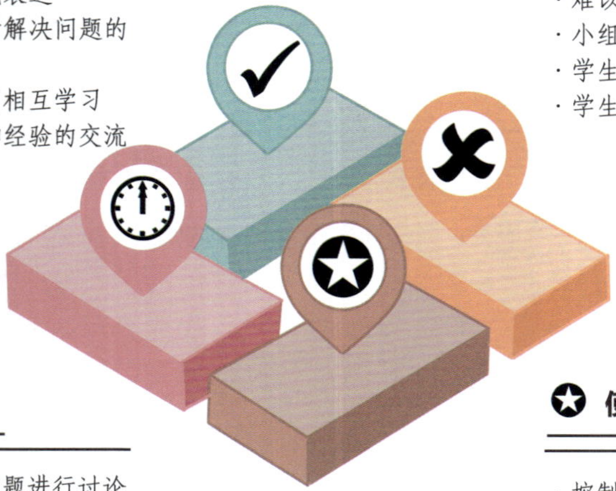

✓ 优点

· 激发学生自我表达
· 提高学生分析解决问题的能力
· 有利于学生间相互学习
· 有利于知识和经验的交流

✗ 缺点

· 难以观察到每一位学生的表现
· 小组意见难以达到共识
· 学生坚持自己的观点，可能引发争论
· 学生在讨论过程中可能进行无效的讨论

使用时机

· 针对开放性话题进行讨论
· 学生对讨论的问题具有一定的背景知识
· 通过成员间交流，能够产生多种答案

使用要点

· 控制讨论的方向、进程，避免无效讨论
· 进入每个小组，记录小组观点
· 频繁使用易引起学生的疲劳感，要把控讨论的时长和次数

使用示范

讨论话题

1. 与你的伙伴讨论近年来科技发生了哪些变化？这些变化在哪些方面改变了我们的生活？
2. 当今时代具有什么样的特征？大学生应该做好哪些准备工作？
3. 如果和光线一起旅行，你会看到什么？和你的伙伴谈谈你的想法？
4. 大学生在做职业选择时，应该选择创业还是就业？为什么？
5. 选择一位企业家，与你的伙伴一起讨论他身上具备哪些优秀的品质？
6. 与你的小组成员共同讨论，一个好的创业项目需要具备哪些显著的特征？
7. 如何寻找合适的创业伙伴？并将小组观点形成书面材料。
8. 股权融资与债权融资存在明显的差异，谈谈这两者的优缺点。
9. 一份优秀的创业计划应该具备哪些特征？
10. 大学生创业存在哪些风险？我们应该如何有效的规避创业风险？

重要提示

➢ 这里只列举了部分开放性的讨论话题，教师可进一步自行开发；

➢ 在学生分享时，教师要做好记录，对比和汇总学生的观点后，要从独特的视角提出新的观点，启发学生新的思考。

模拟练习法

模拟练习法要求学生完成某种特定的任务，通常是对所学知识的实践或检验，可以是个人完成，也可以是团队共同完成。**理论教学中，可使用于创新认知、创业机会及后续所有教学知识点。**

✓ 优点

· 激发学生的积极性
· 调动课堂气氛
· 提高学生个人能力与团队精神显著
· 学习到的理论知识与实践技能较为丰富

✗ 缺点

· 学生只关注游戏本身
· 游戏传递的知识、信息过于简单
· 设计符合教学内容和目标的游戏较困难
· 需要准备大量教学工具

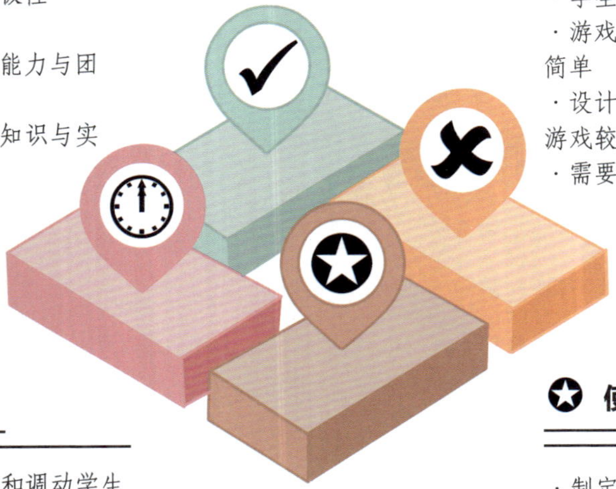

使用时机

· 调整课堂气氛和调动学生积极性
· 场地、人数符合游戏要求
· 通过游戏教学提炼较多的教学内容

使用要点

· 制定明确和完整的游戏规则
· 所有游戏的开展都是服务于教学目标
· 游戏结束后，要对过程和结果进行讨论、总结

➲ 在实际理论教学中，我们可将学生团队结合所学知识产生的创新创业项目，贯穿至后续的所有教学知识点中，训练学生对所学的理论知识融会贯通，培养学生在相关产业及行业领域内创新、实践、协作、探究的能力并学以致用。我们把这种方式称为“项目导引实训”模拟练习法，可贯穿运用于本书第 7 章和第 8 章所设置的教学知识点。

FOCUS

使用示范

教学主题：四步创业机会选择法

按照下面四个步骤选择创业机会

步骤 1：先做加法——个人完成“创业机会汇总表”，团队形成创业机会总表；

步骤 2：再做减法——团队对总表中的所有创业机会展开讨论，并对照“减法 16 条”进行删减；

步骤 3：标准排序——将剩下的创业机会按照“两大标准”打出分数，并排序；

步骤 4：重点测试——依据初步市场调研测试团队的主选项目和备选项目。

重要提示

- 每讲授完一个步骤，都要组织学生进行练习；
- 要引导学生对创业机会做出正确判断；
- 为了能够在课堂教学中产生优秀的创业项目，可在“标准排序”中增加其他指标条件，如：与 AI、大数据、云计算密切结合，与专业前沿技术结合，与区域经济发展结合，与社会焦点问题结合，存在技术创新/商业模式创新等；
- 有效开展该教学活动，需要 2 学时。

游戏教学法

游戏教学法是两个或两个以上的学生，依据共同的规则，以合作或竞争的方式完成既定目标的教学方法。游戏教学分为暖场游戏、情景游戏与沙盘游戏。暖场游戏主要用于调节课堂气氛，用时较短，一般不超过 3 分钟；情景游戏主要用于让学生理解单一教学知识点，用时适中，一般在 10 – 30 分钟；沙盘游戏主要用于让学生掌握高级目标、学习高难知识点，用时较长，一般在 1 小时以上。**理论教学中，可使用于创业者素质、创新思维训练、团队管理、资源整合、新企业管理等教学知识点。**

✔ 优点

· 较准确地掌握学生对知识的消化程度
· 检验学以致用的情况
· 逐渐形成创业计划

✘ 缺点

· 课堂教学时间有限，需要占用学生业余时间
· 练习过程无法监督，效果无法保证
· 以团队形式开展的练习，无法保证全员参与

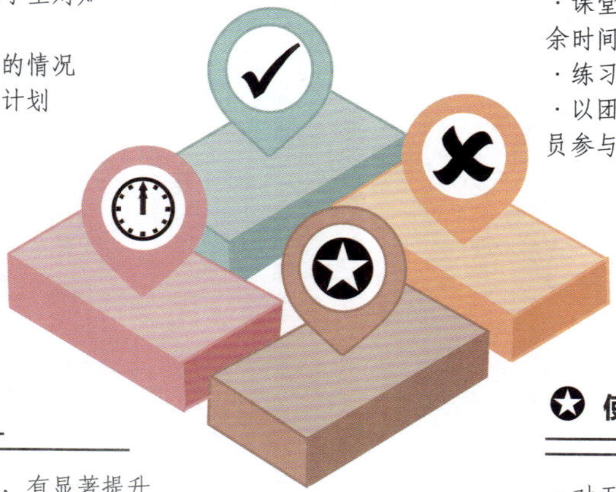

使用时机

· 通过反复练习，有显著提升效果的知识点
· 解决创业过程中具体问题的方法与程序
· 用于学生制定创业计划效果最佳

使用要点

· 对于课下练习要进行完成时间提醒
· 对于较难的练习进行适当提示，但不要给出答案
· 对于练习的结果要进行评价，必要时要求学生重做

使用示范

教学主题：打造创业团队竞争力

甲、乙、丙、丁 4 家有竞争性的公司做一场共有 10 轮的经营活动。每个公司每轮只有红、黑两种决策，决策的不同对本企业及竞争者的经营利润将会产生影响，具体情况如图所示。

各小组的决策	盈利亏损情况（万元）
红、红、红、红	－10
红、红、红、黑	红：＋10；黑：－30
红、红、黑、黑	红：＋20；黑：－20
红、黑、黑、黑	红：＋30；黑：－10
黑、黑、黑、黑	＋10

规则一：每一轮的决策需要公司的所有成员一致通过；

规则二：每家公司经营目标都是争取盈利最大化，亏损的公司将在 10 轮后被该行业淘汰出局；

规则三：第 5 轮、第 8 轮、第 10 轮盈利或亏损都将产生倍数，分别是 3 倍、5 倍、10 倍；

规则四：每个小组游戏开始前用 5 分钟做计划，结束后用 10 分钟做总结。

小组	1 轮	2 轮	3 轮	4 轮	5 轮	6 轮	7 轮	8 轮	9 轮	10 轮
A										
B										
C										
D										

重要提示

- 这个游戏还可以用于评估创业者特质、创业资源整合等教学知识点；
- 根据学生人数、学时要求等对游戏做出适当调整与改变，如小组数量、游戏轮次、盈亏倍数等。

第 4 章　高效利用教学工具

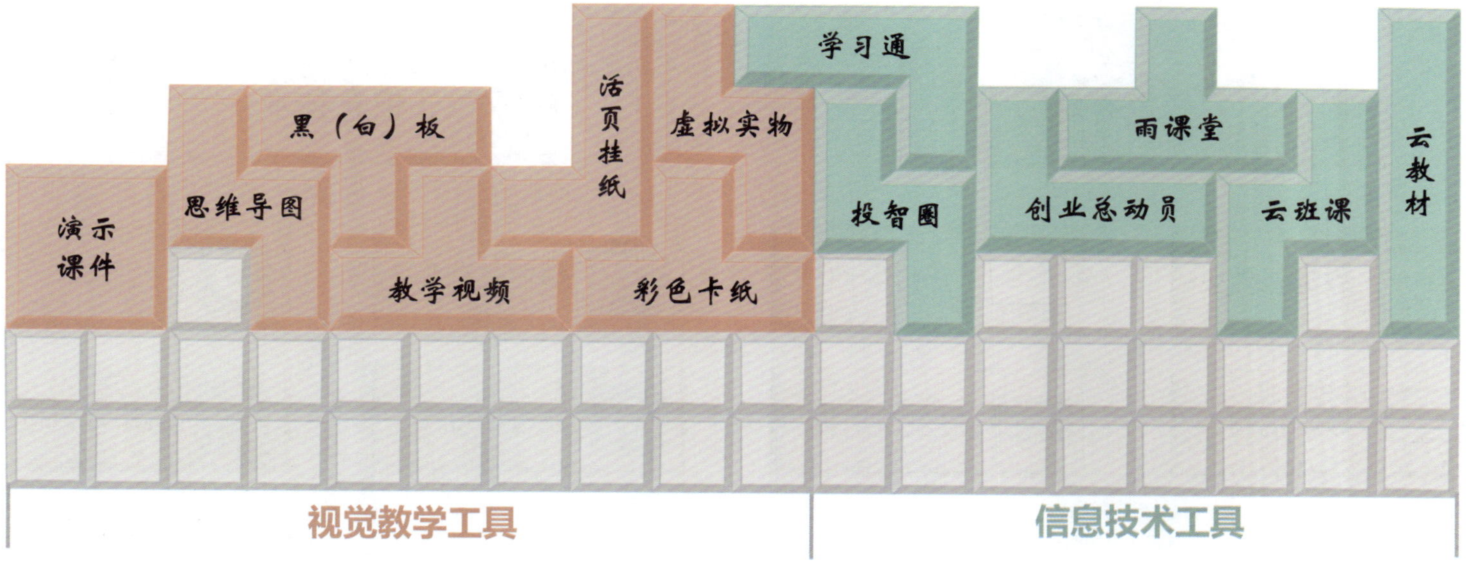

有效的教学工具可以提高学生的学习兴趣，非常直观、形象地传达各位丰富的信息，强化学生记忆，提高教学效果。教学工具主要分为视觉教学工具和信息技术工具。

第 1 节　视觉教具

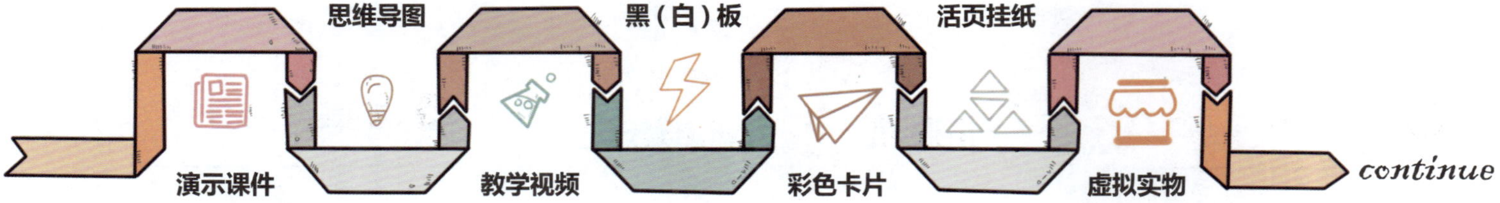

演示课件

✓ 优点

· 直观、效果好，画面制作好，可以提高学生的注意力
· 节约时间，提高讲课效率
· 重复使用，随时完善
· 动画效果活泼，可加入图表、动画、图片
· 可链接其他文档、网页等
· 学生不用一直记录笔记

缺点

· 需要提前设计
· 学习使用技巧
· 高品质的演示课件耗费时间长

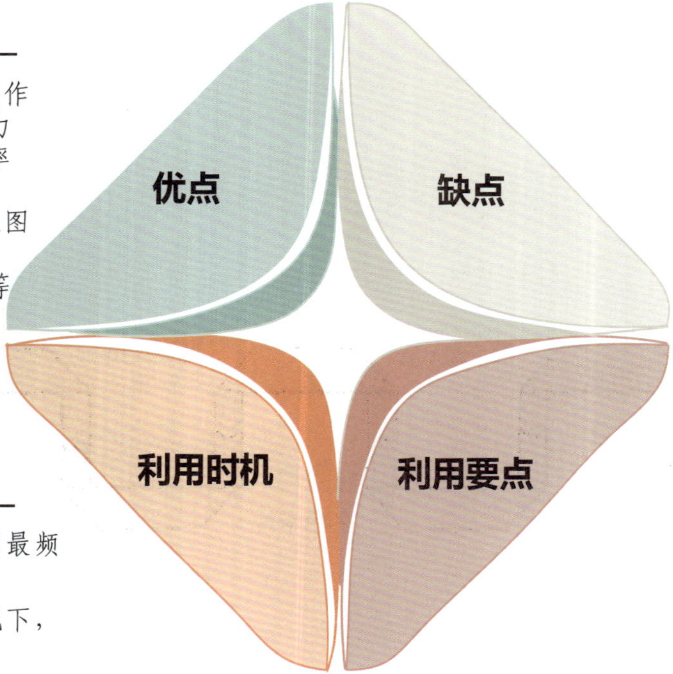

使用时机

· 已经成为现代课堂使用最频繁的教学工具
· 在制作技术允许的情况下，可用在任何教学主题

使用要点

· 用前检查设施，准备好配套设备
· 每一页字数不宜太多，注意对比色的使用
· 掌握常用快捷键，辅助演示：
B（黑屏）、W（白屏）
Ctrl+ P（绘图笔）、Ctrl+ E（橡皮擦）

思维导图

✔ 优点

· 层次清晰，结构鲜明
· 呈现课堂整体脉络
· 信息量较多
· 可链接其他文档、网页等

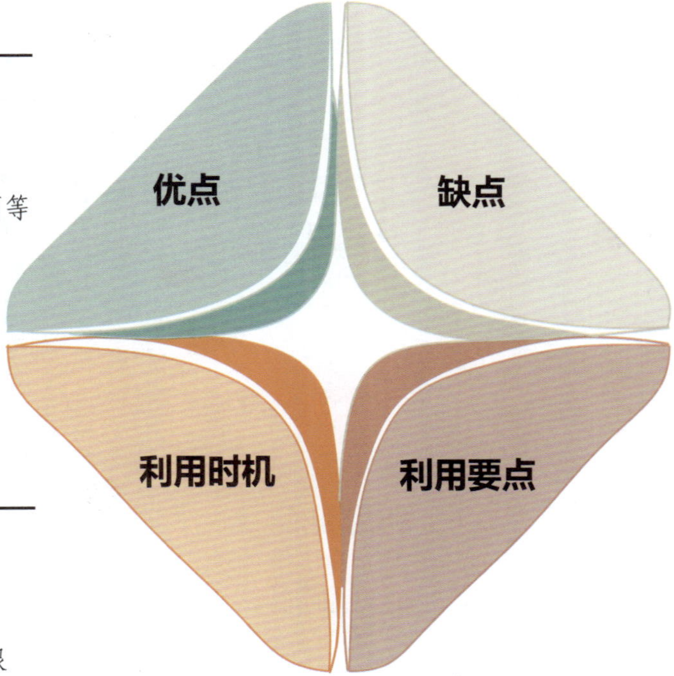

✘ 缺点

· 没有动画效果
· 展示整体逻辑时文字较小
· 需要安装特定软件

使用时机

· 旧知与新知建立联系
· 介绍课程整体结构
· 总结复习教学内容
· 帮助学生突破思维局限
· 鼓励学生手绘导图作为随堂笔记

使用要点

· 配合演示课件使用效果最佳
· 课前精心设计，随时调整结构与内容
· 鼓励学生进行团队分享和复习总结时制作思维导图

教学视频

✓ 优点

· 图文、声音并存
· 视觉冲击较强烈
· 学生注意力集中

缺点

· 以视频呈现的教学资源数量有限
· 高品质视频资源制作成本较高
· 视频资料所呈现的信息具有时效性

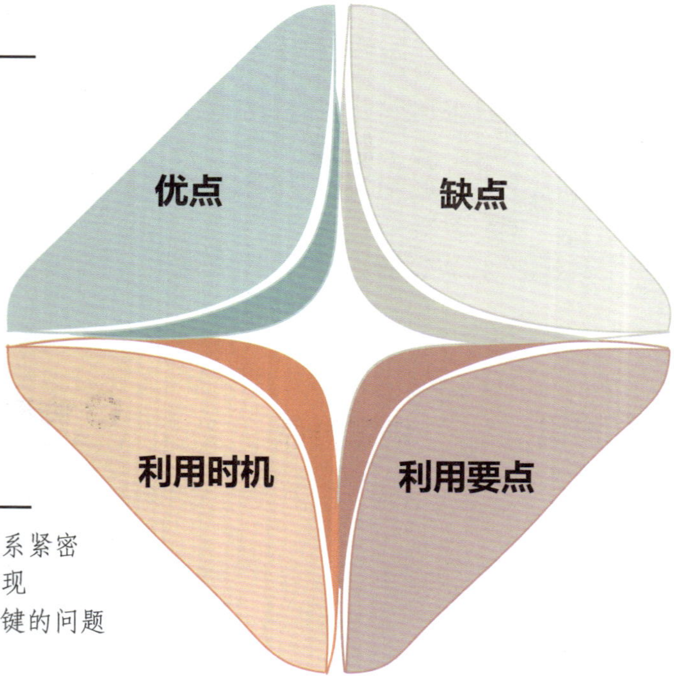

使用时机

· 教学视频与教学内容联系紧密
· 创新创业实践场景的呈现
· 较短的时间内呈现出关键的问题

使用要点

· 播放前布置具体任务
· 播放中在适当时刻暂停，阐释重要观点
· 播放后分析与总结

黑（白）板

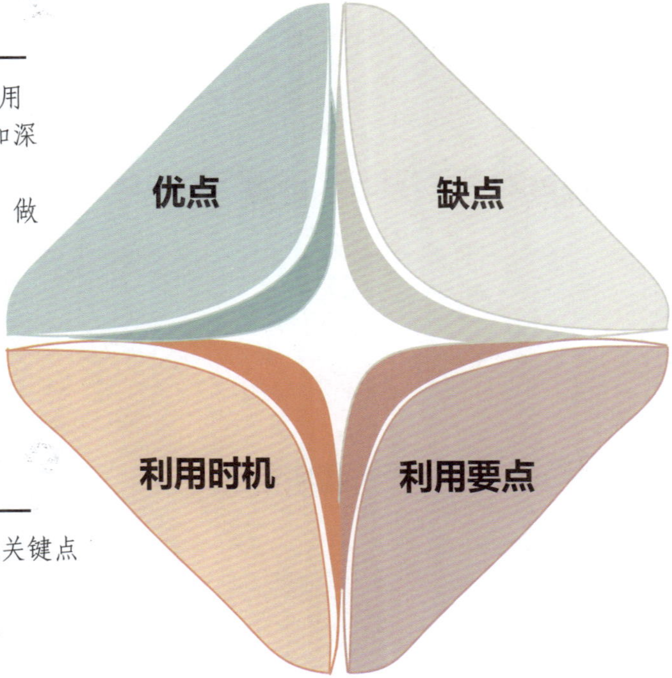

✔ 优点

· 教室必备设施，方便使用
· 方便学生随堂记录，加深学习印象
· 可随时书写、做图形、做表格
· 灵活运用，便于修改

✘ 缺点

· 对于板书质量要求高
· 书写板书耗时长
· 信息量受限制
· 资料不可保存，不可复制

使用时机

· 与学生进行互动，记录关键点
· 学生呈现学习成果
· 教师进行重点内容补充
· 随手记录，练习操作

使用要点

· 字迹工整，可视性要强
· 课前设计板书
· 使用多种颜色，区分结构
· 不要面对黑（白）板，遮挡学生视线

彩色卡片

✔ 优点

· 灵活方便，制作简单
· 随身携带，便于展示
· 应用范围广，可分类、可总结、可互动

✘ 缺点

· 不易保存，易丢失
· 呈现内容少
· 字较小，大教室较难使用

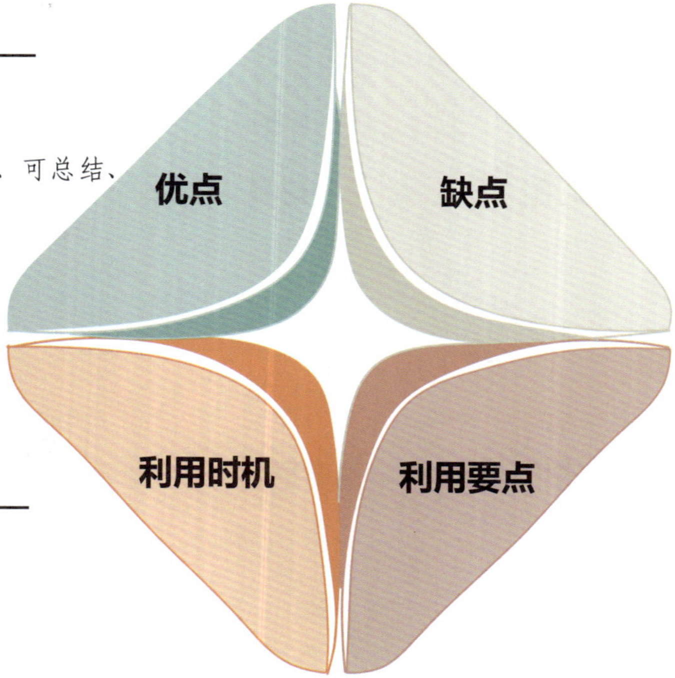

使用时机

· 小组分享时展示观点
· 重点难点提示
· 总结时展示核心要点
· 近距离与学生接触时

使用要点

· 清楚整洁，简单明了
· 用颜色梳理逻辑与层次
· 课前充分准备，实时更新
· 卡片要有顺序，做好编号

活页挂纸

✓ 优点

· 即时使用
· 重复使用
· 吸引学生注意力
· 方便学生展示

✗ 缺点

· 信息量小
· 成本略高
· 易破损

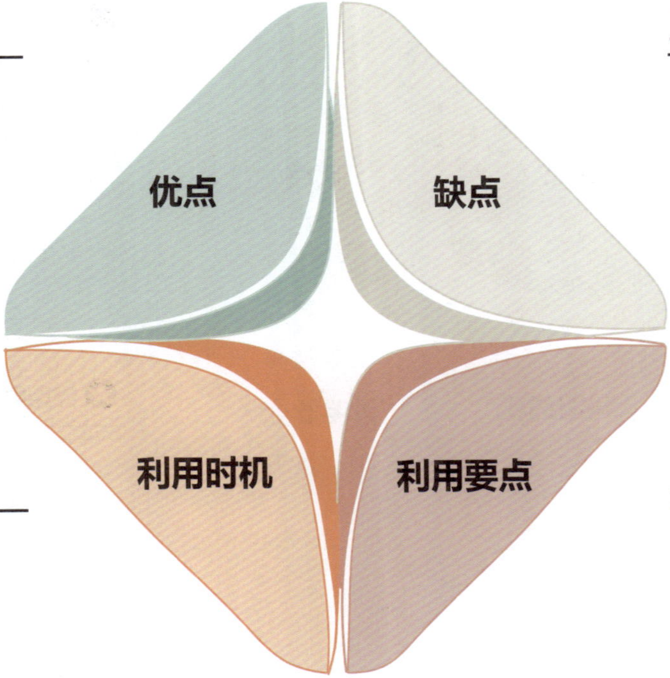

使用时机

· 多媒体教室不足时
· 学生讨论的成果呈现
· 教师与学生进行互动

使用要点

· 配合演示课件使用效果最佳
· 课前精心设计，随时调整结构与内容
· 鼓励学生进行团队分享和复习总结时制作思维导图

虚拟实物

虚拟实物是为更直观的向学生传递教学内容而制作的仿真虚拟实物，如虚拟货币、产品模型、顾客画像等视觉教学工具。

✓ 优点

· 强化记忆
· 注意力集中
· 模拟实训过程中效果好

缺点

· 教师准备困难，成交较高
· 不易携带
· 呈现信息较少

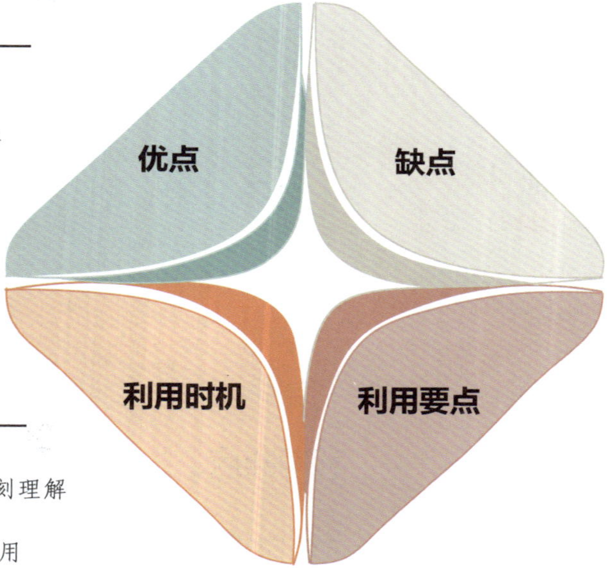

使用时机

· 学生进行体验式学习
· 通过观察、操作等深刻理解教学内容
· 配合参与式教学方法使用

使用要点

· 教学工具与教学内容深度结合
· 所有学生观察或操作
· 使用前介绍基本理论、使用技巧、注意事项
· 使用后进行分析与总结

➲ 利用虚拟实物教学工具，一般都会出现在使用参与式教学方法进行授课时。

FOCUS

第 2 节　信息技术

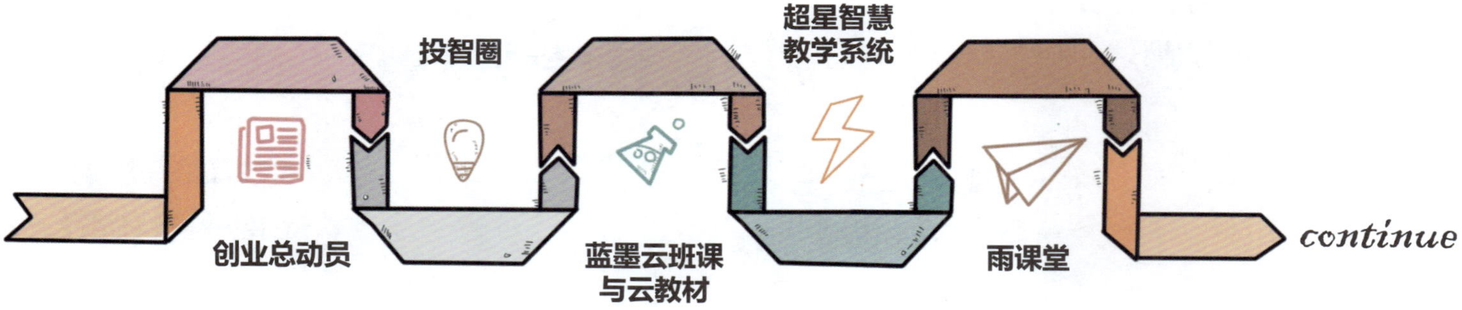

随着教育改革的不断深入和科学技术的迅猛发展，信息技术在现代教育教学中的地位逐渐突显。针对双创教育教学，涌现出了大量的教学软件，如创业总动员、投智圈、蓝墨云班课、篮墨云教材、超星智慧教学系统、雨课堂等。科学利用教学软件开展教学活动，能够提高教学效率，促进交互学习，提升教学质量。

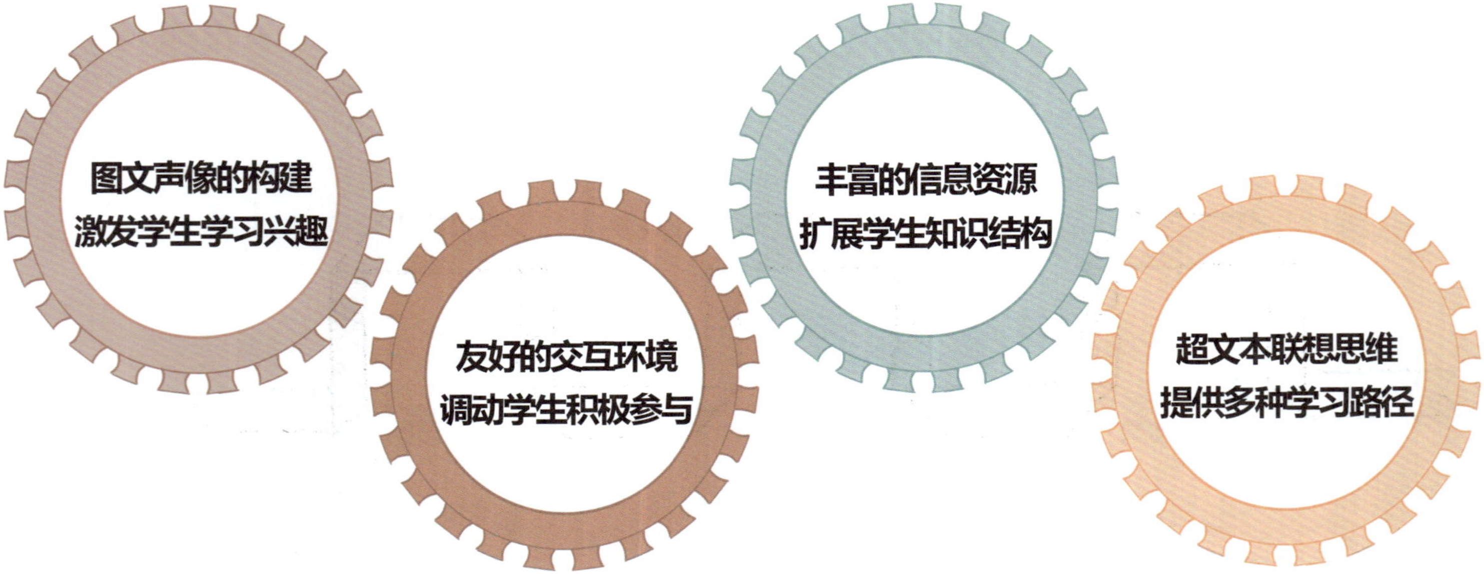

利用信息技术的四个作用

创业总动员

创业总动员是新一代创新创业实训平台，主要解决高校在开展大学生创新创业实践教学中遇到的各类不足与痛点。平台以虚拟仿真技术让学生真实体验创业全过程，包括创新创业实训基地、创新创业课程体系、创新创业云创空间、创新创业实施保障四个模块。

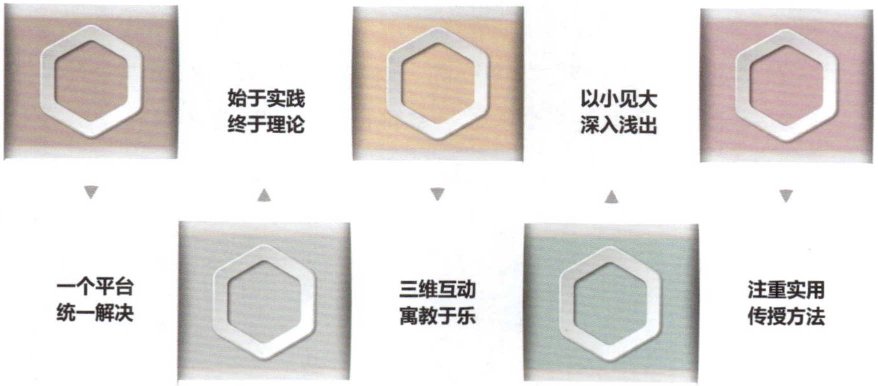

创业总动员的五大特色

其中，创新创业课程体系模块有效的补充了高校创新创业课程实践环节欠缺的问题，涵盖了创业认知、创业基础、初创企业管理、创业综合管理四类实践课程。

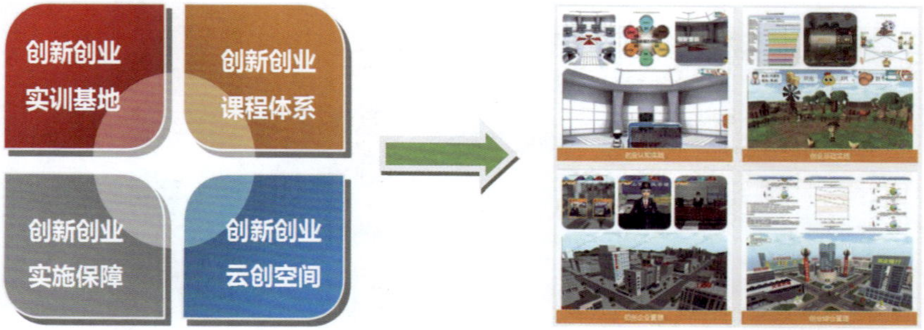

教学应用

➢《创业总动员》创新创业课程体系涵盖了创业能力评估、创业团队管理等 29 个实践教学主题，可与学校开设的双创课程进行自由组合，有利于完善学校的双创教育课程体系。

➢ 教师通过建立班级、发布任务、跳转任务、结束教学四个环节的操作进行某一主题的实践教学。实验规则、实验数据、实验结果、教学解析全部通过平台自动生成（具体内容详见第 11 章）。

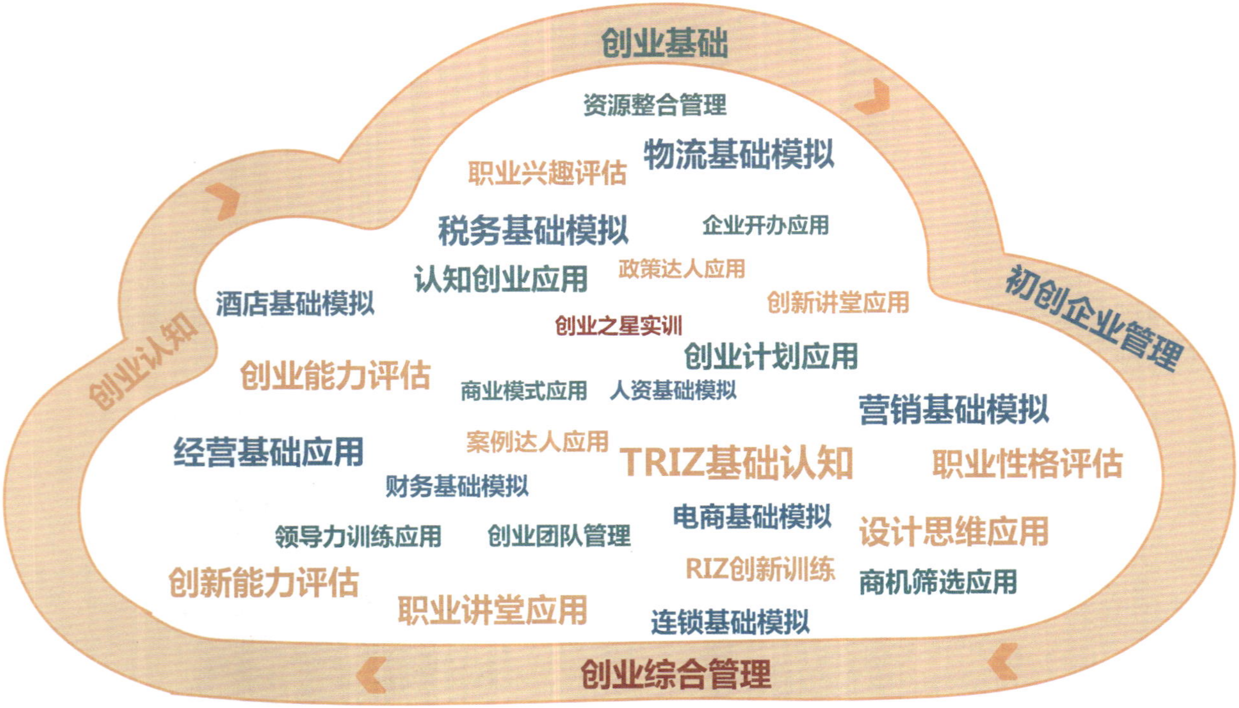

投智圈

投智圈是一款产教融合创新创业服务云平台。平台汇聚创新创业导师、企业专家、投资人为院校创新创业项目实践提供社会需求对接、导师对接、在线项目学习、孵化辅导、项目竞赛、成果展示等一体化综合管理与服务。秉承“开放共享”原则，依托先进的移动互联网技术、丰富的项目化管理服务经验，致力于创新创业项目培育和创新人才培养，共建创新创业生态系统。

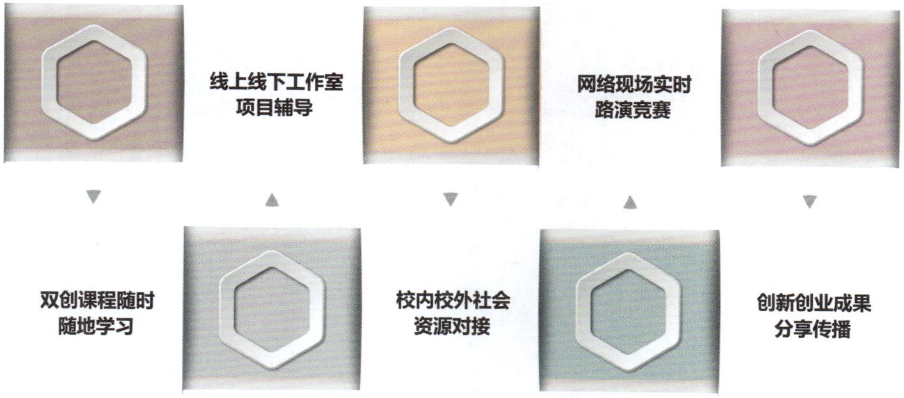

投智圈的五大特色

教学应用

➢ 投智圈 APP 可用于课程的竞赛式考核，教师创建项目工作室后，学生上传团队项目资料及作品，3 分钟即可组赛路演，通过案例式教学、无纸化评审，提高项目创新性，实现“以赛促教”。同时，还可筛选出优秀项目申报国创计划或参加双创竞赛。

➢ 教师可从需求大厅获知企业所需，根据教学班的专业，选择企业进行对接，组建跨界团队，促进产教融合。

➢ 教师可向学校申请，将学校专利成果在需求大厅发布，教学中让学生团队依据专利介绍提交创意方案，并与知识产权人对接，进行逆向创新。之后，入驻工作室开展产品或技术创意创新，对接社会“投智人”，进行项目众创辅导，促进科转。

➢ 教师可使用平台创新创业项目定向分享、收藏、传播等功能，丰富学生学习资料。

蓝墨相关软件

蓝墨云班课是一款课堂互动教学 APP，也是一款融入人工智能技术的智能教学工具。它基于移动互联环境，实现教师与学生之间的即时互动、资源推送和作业任务，完善的激励与评价体系，激发学生在移动设备上的自主学习。学生学习行为可实时记录，能够实现对学生学习的过程性考核，更能为教师提供高质量的教学研究大数据，实现了基于人工智能技术的个性化智能助学和智能助教功能。

蓝墨云教材是一种富媒体、立体交互、学习行为跟踪的智能教学内容。它自适应所有移动智能终端设备，融合了微课、动画、音视频、3D 等多媒体资源辅助学习，独有的学习互动、交互测试、交互游戏内容让自主学习变得更轻松有趣，笔记、百科、朗读、字典等辅助支持功能与学习场景无缝融合，更能实现笔记社交、知识点讨论问答的社交化学习，配合云班课还可实现对学生学习行为的智能跟踪和学习成效评价。

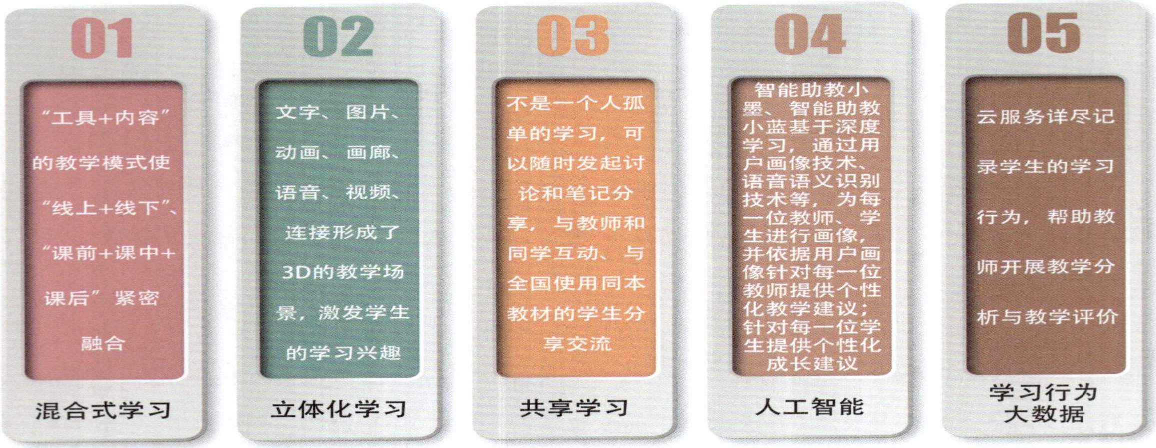

“云班课＋云教材”的五大特色

教学应用

➢ 云班课是教学工具，云教材是教学内容，在教学原理的指导下，采用合适的教学方式，可以构建双创课程混合式教学模式，推动学校双创课程教学改革。

➢ 云班课与云教材需要分别下载 APP，可单独使用，也可组合使用，组合使用教学效果最佳。

➢ 教师通过云班课 APP 下载、创建班级、邀请学生、上传资料、组织管理、数据导出六个步骤进行双创课程教学。

➢ 教师通过点击编辑班课选取相应的云教材，即可实现云班课与云教材的联结。

➢ 教师通过 PC 端浏览器（mbook. cc）上传教学幻灯片、教学视频、扩展阅读等教学材料。

➢ 教师对于教学效果较好的教学活动和教学素材注意留存，上传至云平台，可形成课程包，用于优化课程与推广课程。

云教材样例

创课：大学生创新创业教程
刘玉峰
西安交通大学出版社

《创课：大学生创新创业教程》是国内第一本创业类云教材。教材基于过程的观点，描绘出一副清晰的创新创业路线图。全书共分为认识创新创业、准备创新创业、走进创新创业三篇共十五章，旨在系统地提供大学生创新创业活动所需的基础知识、基本理论、基本方法和基本流程，强调素质、知识和能力三位一体的教育教学理念。

教材拥有教学视频 125 个、扩展阅读 54 个、创业案例 69 个、课堂活动 134 个、知识气泡 186 个、高清图片 204 个、小贴士 60 个。

超星智慧教学系统

超星智慧教学系统是以在线教学平台为中心，涵盖课前、课中、课后的日常教学全过程，融合教室端、移动端、管理端各类教学应用于一体的信息化教学整体解决方案。此系统能够实现对“线上＋线下”教学的即时数据采集、云端分析处理和即时结果反馈，协助学校成功构建完整的信息化教学生态体系。

超星智慧教室三大特色

教学应用

➢ 教师主要使用超星智慧教学系统中的移动端开展教学活动，配合优质线上课程使用教学效果最佳。

➢ 教师通过下载学习通 APP、新建课程、添加学生、上传资料、组织管理、数据导出六个步骤进行创新创业课程教学。

➢ 教师通过 PC 浏览器（x. chaoxing. com）实现教学内容的无线投屏，增加教学的互动性。

➢ 巧用云平台上论文期刊、电子图书、超星讲座、教学课件等公开教学资料。

雨课堂

雨课堂通过连接师生的智能终端，将“课前、课上、课后”的每一个环节都赋予全新的体验，快捷地实现大数据时代智慧教学，包括师生多元实时互动，教学全周期数据分析等。

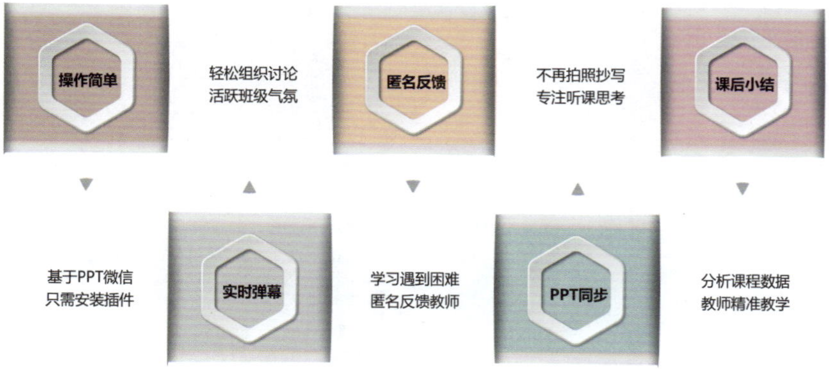

雨课堂的五大特色

教学应用

➢ 使用雨课堂进行教学，需要进行两项准备工作：一是在 PC 端安装 PPT 插件，PC 端浏览器访问（http：//www. yuketang. cn/）下载并安装插件，要求 PC 端已经安装了 WindowsXP SP3、Windows7 或以上版本和 Office2010 或以上版本/WPS 个人版（6929）及以上版本；二是在微信中关注雨课堂公众号。

➢ 教师通过创建课程、编辑资料、学生扫码、组织管理、查看小结五个步骤进行创业课程教学。

➢ 结合雨课堂翻页笔进行教学，能够实现课堂组织管理的全部功能，提升课堂的趣味性、

➲ 教学中可使用的软件有很多，这里选取了较有代表性的几款，教师可自行选择使用。

FOCUS

第 5 章　准确应用教学技巧

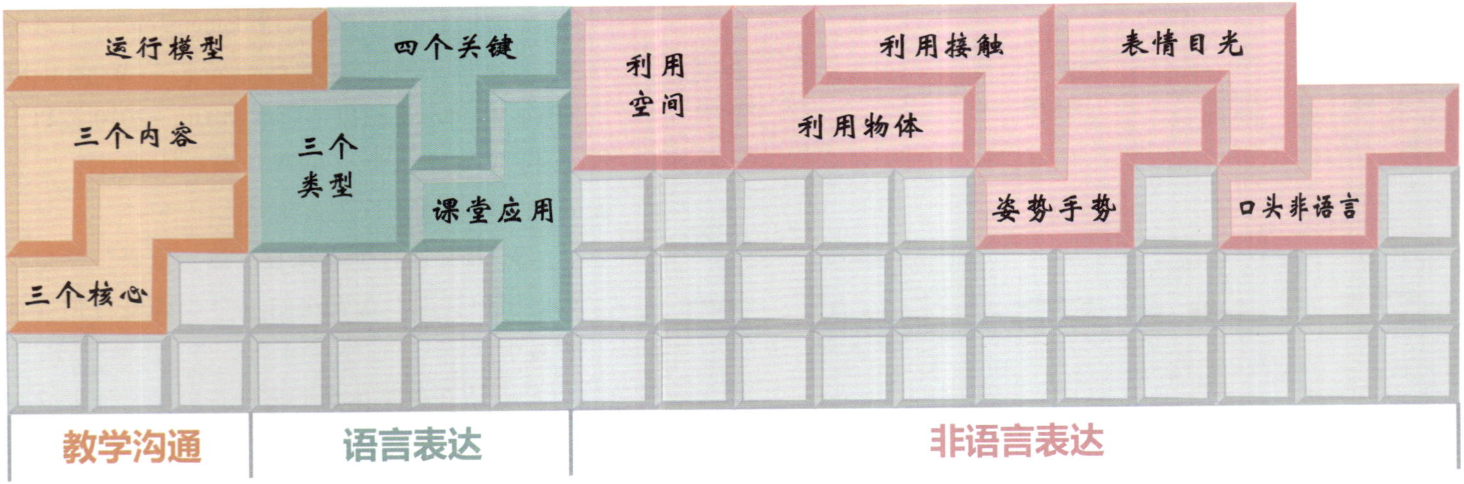

课堂教学既是一门科学，也是一门艺术。优秀的一线教师，犹如琴师，能够和缓地触动学生思想感情上的琴弦，刺激之，安慰之，兴奋之，鼓励之。作为一名双创教育一线教师，我们如何能够像琴师一样演奏出优美的乐章呢？——唯有反复实践，不断修正，培养自己的教学技能。

教学技能是教师运用已有的教学理论知识，通过练习而形成稳固、复杂的教学行为系统。它既包括在教学理论基础上，按照一定方式进行反复练习或由于模仿而形成的初级教学技能；同时，也包括在教学理论基础上，因多次练习而形成的，达到自动化水平的高级教学技能，即教学技巧。

双创教育一线教师要在创新创业教育理念指导下，运用成人教学原理、使用参与式教学方法、利用多元化教学工具，遵循具有一定普遍规律的教学行为，反复练习与实践，形成标准的教学习惯，从而提升教学技巧应用的准确度与熟练度，最终活化为自己特有的教学风格，提高双创教育教学质量。

第1节 教学沟通

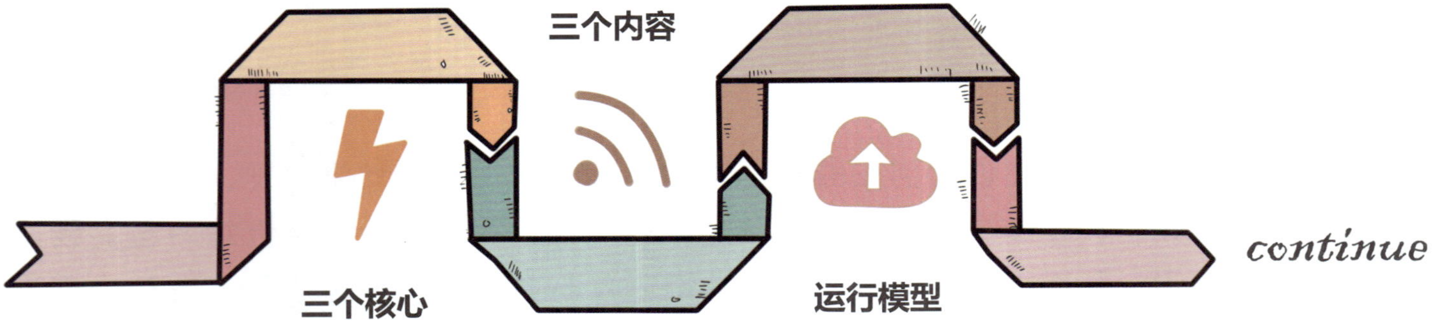

教学过程是一个教师与学生双向沟通的过程。课堂上的教学沟通就是教师通过一系列教学行为组合将知识传递给学生，并寻求反馈，以达成教学目标的互动过程。教学沟通贯穿整个教学过程。

三个核心

传递什么？

根据教学目标确定教学内容

如何传递？

运用教学原理、使用教学方法、利用教学工具

效果怎样？

评价教学目标达成效果情况

三个内容

信息传递

将知识传递给学生，学生接受的信息量越大，教学效果越好

情感沟通

既要传递知识，又要建立良好的情感关系，以达到思想上的共鸣

协调行为

满足学生需求的同时，通过控制行为或激励改变的方式，达到教学目标

运行模型

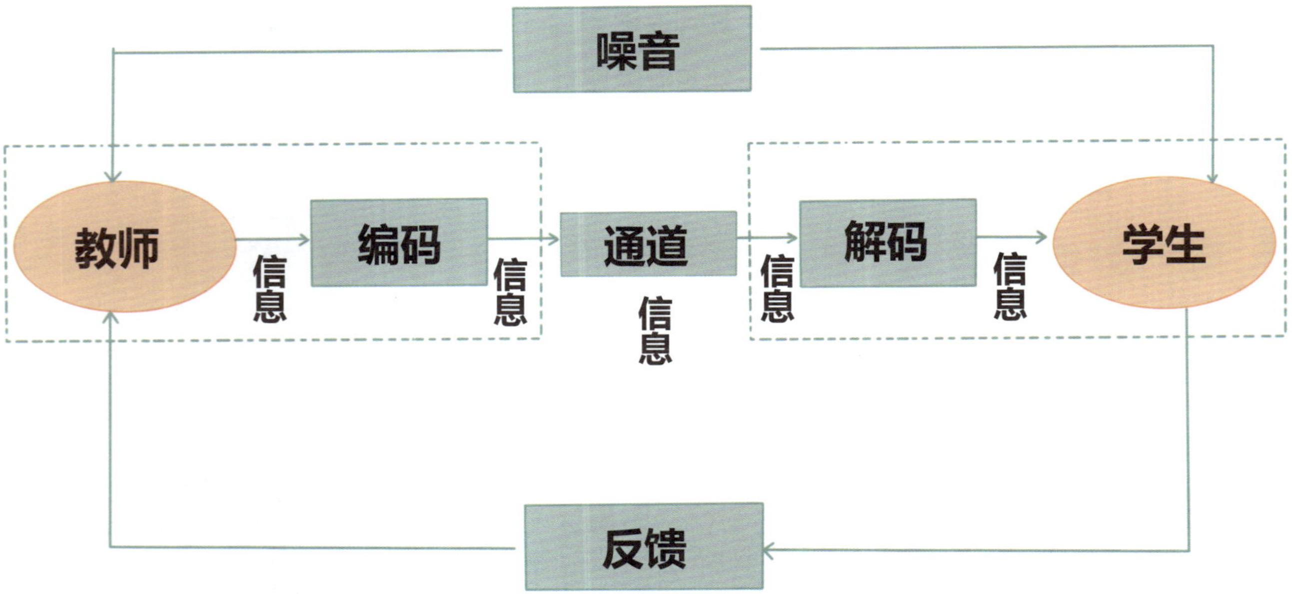

应用要点

“两码”一致

➢ 教师在编码时要使用简化的语言，突出重点，要善用比喻等修辞方式，在思想上与学生融合；

➢ 正确引导学生在解码时做到“听话”“听音”，联系储存在大脑的旧识，进行自我思考；

➢ 课前要掌握学生的知识结构、相关经验、学习态度等情况，避免出现信息不对称、通道扭曲等问题；

➢ 鼓励学生成为编码者，教师不要批评、不要打断、集中精神，站在对方立场进行有效倾听。

即时反馈

➢ 教师在向学生传递知识的同时，要注意学生反馈的信息，做好双向沟通；

➢ 教师要在课前做需求调查，在课后做效果评价；

➢ 通过观察学生的眼神、表情、情绪变化所流露出的信息等，能够发现学生在学习中出现的状况；

➢ 每一个教学知识点结束后，多用“提问”“追问”的方式，如“关于这个内容还有问题吗？”“你是怎么理解的？”等语句检验学生对于知识的理解；

➢ 通过课堂测试或作业了解学生对新知识的学习成效，建立起一种“学生编码、教师解码”的新型师生关系；

➢ 对于学生的提问，要回应；对于学生的回答，要评价。

降低噪音

➢ 杜绝所有干扰双向沟通的一切影响因素；

➢ 教师要在课程教学开始前强调教学要求；

➢ 鼓励学生大胆提出质疑，努力塑造良好的教学沟通环境，实现从“讲多听少”向“讲听结合、适当倾听”的转变。

第 2 节　语言表达

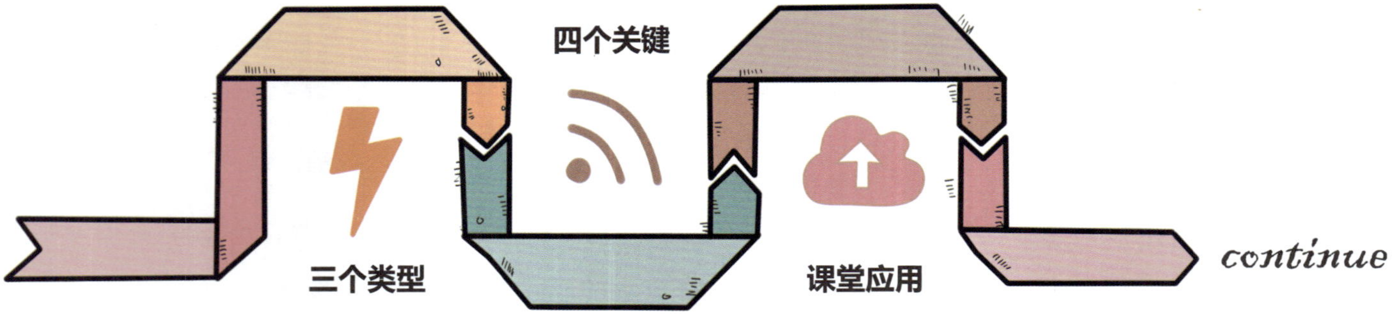

语言表达是指以语词符号为载体实现的沟通。在教学过程中，教学内容主要是通过语言进行传递的。若想避免将知识变成僵死的、静止的学问，就要把语言变成一种重要的创造工具。

三个类型

口头语言

借助语言进行面对面信息传递与交流，是教师使用最频繁的方式

书面语言

借助文字进行信息传递与交流，在教学中辅助口头沟通，如演示课件、教科书等

电子语言

借助现代信息技术进行信息传递与交流，使传递快捷、信息量大、效率高等优点得以展现

四个关键

吸引力

通过风趣、幽默、实用的语言吸引学生的注意力与主动性

说服力

通过建立语言逻辑，让学生认同传递的教学内容

感召力

通过人格、学识、能力、情感等综合素养塑造教师的“声望”

影响力

通过言传身教和人格魅力去影响学生的行为方式

课堂应用

课堂教学可以分为教学开篇、教学主体、教学结尾三个阶段，每一个阶段的教学活动都需要大量使用语言。然而，能否通过正确表达，达到有效沟通，绝非易事。

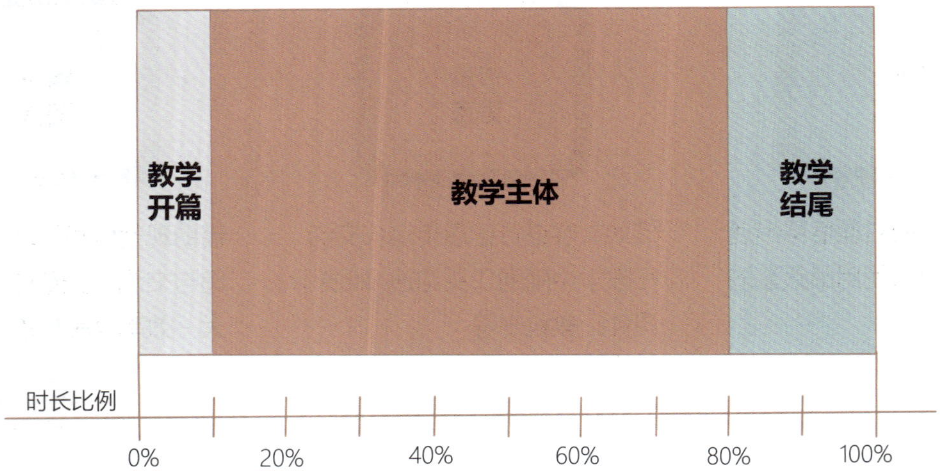

教学开篇

精彩的开篇能使教学氛围充满活力，用时比例约为10%

教学主体

丰实的主体内容可将教学过程推向高潮，用时比例约为70%

教学结尾

有力的结尾会为教学效果画龙点睛，用时比例约为20%

教学开篇

常用的六种形式

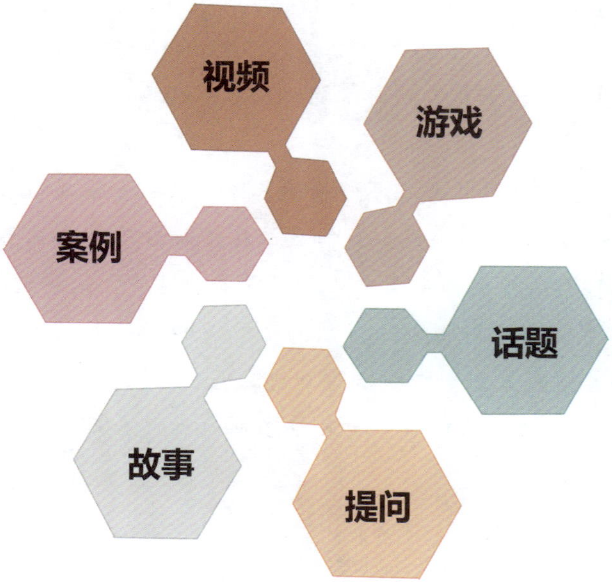

关键内容

➢ 组织学生分享作业，简要点评，回顾上节课教学内容；

➢ 通过案例/故事/提问/游戏/话题/播放视频等形式吸引学生注意力，引出教学主题；

➢ 根据教学主题确定教学目标，简要介绍教学框架，强调教学重点和教学难点。

示范：大学生创新创业基础课程开篇

开始这门课程之前，先给大家讲一个故事，故事的名字叫做选择。从前有三个动物，一只猴子、一头大熊猫和一只鸽子。人类决定把它们三个关起来。不过，在关起来之前，可以满足每个动物一个愿望，它们可以随意选择。猴子说我想要很多很多的核桃，大熊猫说我想要一个美丽的伴侣，鸽子说我想要很多的笔和纸。过了三年，人类决定放了他们。第一个跑出来的是猴子，它大喊大叫道快给我砸开。原来阿，猴子选择了核桃，可核桃非常坚硬，它却没有弄开核桃的工具，只能眼睁睁看着核桃，看了三年的时间。第二个出来的是大熊猫，怀里抱着一个熊猫宝宝——这是它选择的幸福生活。最后出来的是鸽子，鸽子感谢人类提供了笔和纸，使它了解到外面世界的发展和变化，开启了它“信鸽”的生涯。

这个故事给了我们怎样的触动和启示呢？是的，不难看出，这个故事告诉我们不一样的选择带来不一样的结果。三年前的选择影响了今天，那么，我们今天的选择是否会影响我们以后的人生呢？我们应该在了解自己的基础上，把握外部环境的变化趋势，为自己设计合理的生涯规划。在不久的将来我们将会面对又一次重要的选择，这种选择叫做职业选择。我们可以选择的职业有很多种，其中有一种比较特殊，它叫做创业。创业是就业的高级表现形式，一人创业可以创造多个就业岗位。那么问题来了，创业和创新有怎样的关系？你适合创新创业吗？通过什么方式才能实现创新创业的梦想呢？这学期，我们就要学习能够回答大家这些疑问的课程——大学生创新创业基础。下面，首先我们来明确一下本节课的教学目标……

➲ 课程第一节课的教学开篇极其重要，这是在为后面教学活动打基础，要精心准备，不断完善、优化。

FOCUS

教学主体

三个步骤

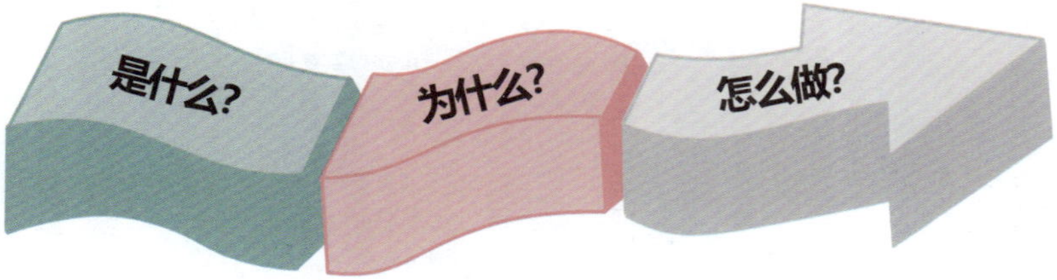

关键内容

➢ 提炼教学内容的核心知识点；

➢ 梳理各知识点间的逻辑，并进行排序；

➢ 讲透教学重点，指导如何实践。

示范：撰写创业计划书

是什么?

创业计划书是创业者准备的一份书面计划材料，用以描述创办一个新企业的所有相关要素。

为什么?

创业计划书是创业者梳理创业思路的有效工具，也是创业者把握项目实施的重要依据，还是投资者决定是否投资的重要参考。

怎么做?

通过优秀和较差的计划书样例，论证创业计划书的结构、内容及写作注意事项；利用对比分析，指导学生撰写计划书。

重要提示

➢ 在教学主体构建时，常用解释思维逻辑，即通过语言解释的方式传递教学内容；

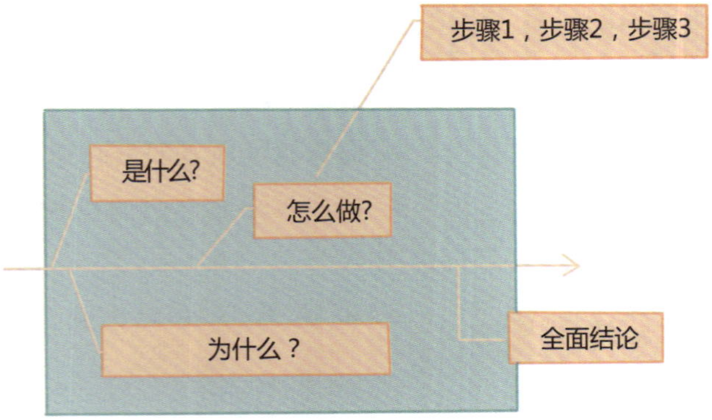

具体操作

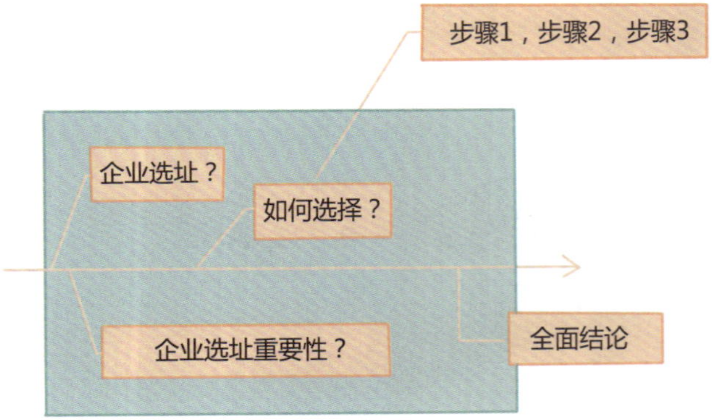

示范：企业选址

➢ 针对某一个具体知识点，常用论证思维逻辑，即通过语言的论证方式传递教学内容，具体操作方法有演绎推理法和归纳推理法；

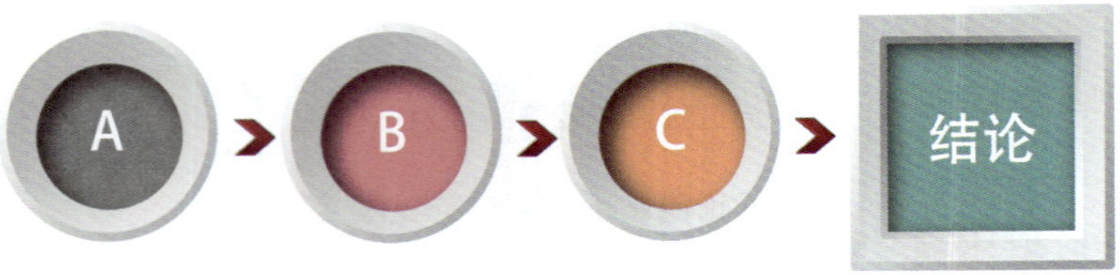

演绎推理法具体操作

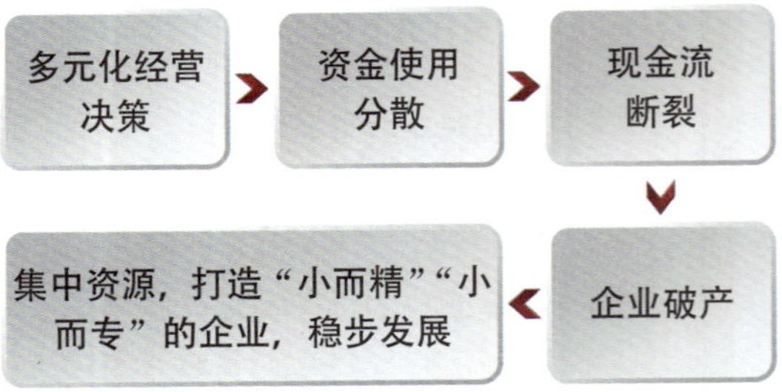

示范：失败创业案例分析（巨人集团）

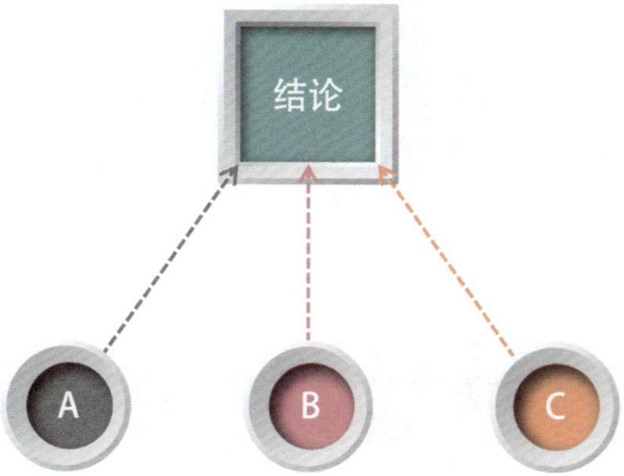

归纳推理法具体操作

示范：创业者画像

步骤1： 组织学生进行小组讨论“创业者应该具备怎样的素质和能力”，将讨论结果竟练成关键词，写在彩色卡片之上

步骤2： 将各组讨论结果贴在黑（白）板上，进行归纳与分类

步骤3： 通过举例的方式总结教学知识点，呈现创业者画像

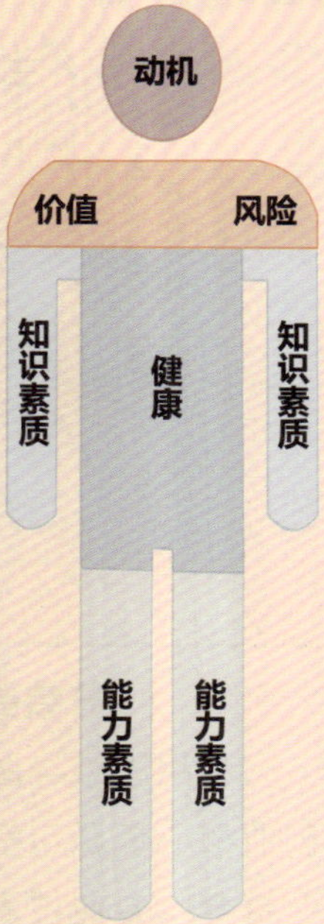

➢ 演绎推理法还可逆向使用，从结论出发，通过启发性语言引导学生不断思考，追溯到问题根源。如“一个优秀的创业团队应该具备怎样的特点呢”，学生回答后，继续追问“那 × × × 特点由什么决定呢”……

➢ 创业活动的实践性决定教学内容要弱化“是什么”“为什么”，重点强调“怎么做”。

教学结尾

三个原则

1 总结要点
2 回归目标
3 教学评价

关键内容

➢ 将本节课的教学知识点进行总结回顾，加深学生对核心知识点的理解；

➢ 对照教学目标，通过提问的方式，检验学生学习效果；

➢ 布置实践性的课后作业，再一次强化核心知识点，提升学生运用核心知识点解决实际问题的能力。

示范：创业资源

总结要点

利用思维导图，总结要点：创业核心资源包括创业团队、创业资金、专业技术、商业信息、人际关系；团队成员的来源包括同学、校友、朋友、老师、招聘人员等；创业资金的来源包括亲友支持、政策资金、商业贷款、众筹平台、天使投资、风险投资……

回归目标

引导学生回答“大学生进行自主创业，将采用哪种融资方式？”“现阶段专业技术缺失，是否意味着不能创业？”“你将如何面对？”等问题，以此来初步检验教学目标达成情况。对于掌握效果不理想的知识点，再次强调。

教学评价

布置作业：分析团队现有资源的具体情况，对于缺失资源你将采用何种方式筹集资源？请将设计的具体实施计划上传至教学软件，各团队间互评，下节课进行团队作业展示。

第 3 节　非语言表达

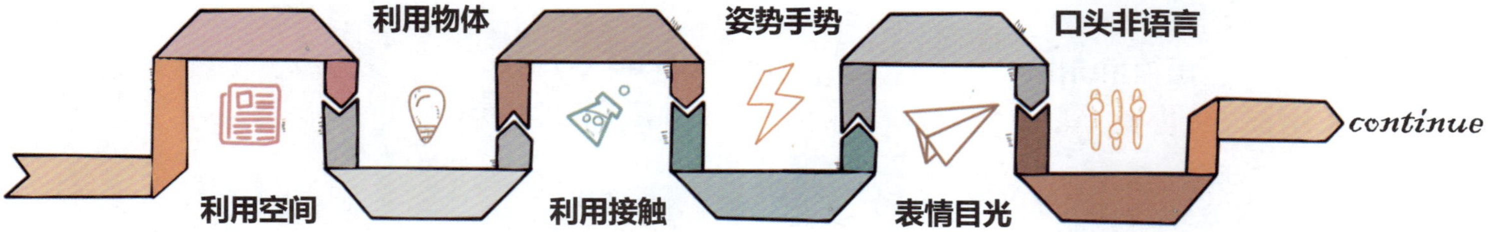

非语言表达是指除语言符号以外通过各种符号系统进行沟通，包括利用空间、物体、接触、姿势手势、表情目光和口头非语言等。在教学过程中，教学内容的信息往往通过语言表达进行传递，而非语言表达则能够让学生深刻理解教学内容。掌握并正确应用非语言表达技巧可使语言表达的更准确有力、生动具体，加深学习印象，提高教学效果。

美国著名心理学家艾伯特·赫拉别恩曾提出过一个公式：信息交流的效果 = 7% 的语言 + 38% 的语调语速 + 55% 的表情和动作。

实验心理学家赤瑞特拉（Treicher）通过大量的实验证实：人类获取的信息，83% 来自视觉、11% 来自听觉、3.5% 来自嗅觉、1.5% 来自触觉、1% 来自味觉。

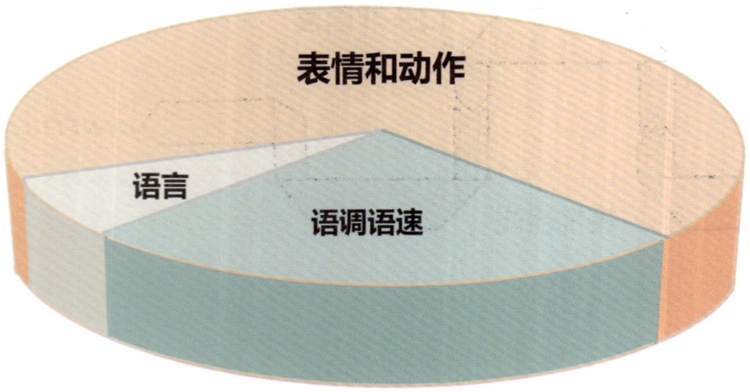

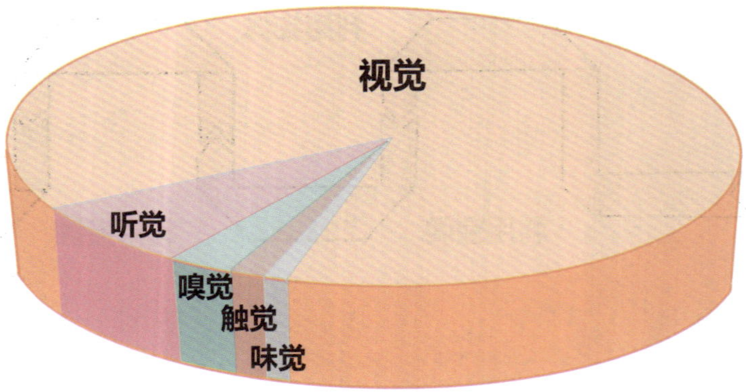

利用空间

美国人类学家爱德华·霍尔（Edward Twitchell Hall Jr.）提出利用空间能够传递信息，人与人之间有四种空间距离：公共距离、社交距离、个人距离、亲密距离。

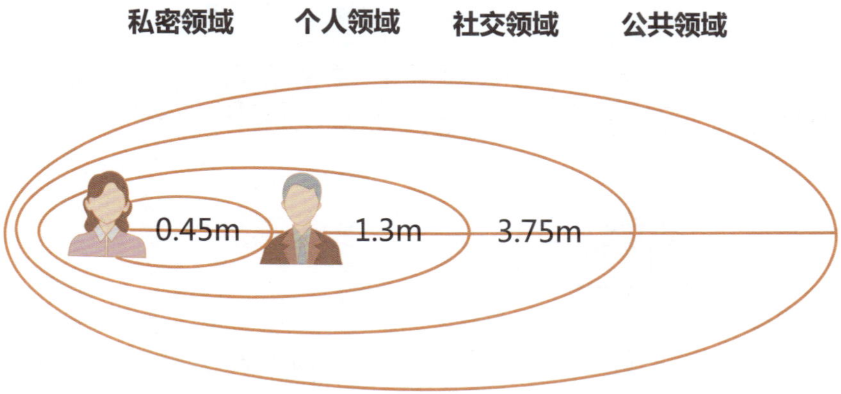

公众距离：370cm～760cm，一般适用于演讲者与听众、彼此极为生硬的交往关系

社交距离：120cm～370cm，一般适用于社交性或礼节性较正式交往关系

个人距离：45cm～120cm，一般适用于非正式的个人交往关系

亲密距离：0～45cm，一般适用于亲密友好的人际关系

应用要点

➢ 在做大型讲座时，教师受到教室环境的限制，多数采用公共空间。如果试图与特定的学生交流时，教师必须走下讲台，使两个人的空间缩短为个人空间或社交空间，才能够实现有效沟通。

➢ 在社交空间内，教师与学生没有直接的身体接触，说话时需要提高音量和更充分的目光接触。如果得不到教师目光的支持，学生会有强烈的被忽视、被拒绝的感受。

➢ 在教学过程中，教师要尝试多利用社交空间与个人空间，公共空间会让学生产生距离感，私密空间会让学生抵触。空间距离并不是固定不变的，它具有一定的伸缩性，这依赖于教学活动的具体情境、师生双方的关系、个人性格特征等。

➢ 在了解学生所需的自我空间及适当的交往空间后，教师就能有意识地选择与学生交往的最佳空间，还能通过空间距离的信息，分析不同学生性格特征以及学生间的相互关系，更好地开展教学活动。

利用物体

教师利用各类物体开展教学活动，都是为了让学生更好的掌握教学内容，实现教学目标。教师利用的各类物品主要指教学工具，具体操作和注意事项在第四章已做详细说明，这里不再赘述。

利用接触

五种方式

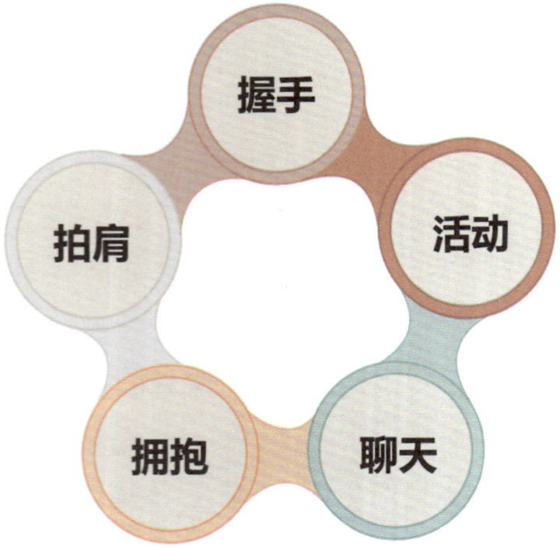

应用要点

➢ 适当的接触可以让师生之间突破空间的限制，提高信息传达的有效性。

➢ 利用课间休息时间多与学生交谈，可以了解学生的需求与反馈，有助于建立密切的情感关系。

➢ 开展团队建设等大型教学活动，教师要融入到学生群体中，缩减师生间的距离感。

➢ 握手、拍肩、拥抱这三种身体接触一般适用于课下单独交往，部分接触是礼节性的，但要注意礼仪文化。

姿势手势

姿势的应用要点

- 身体保持平稳和舒适
- 肩部与听众保持直角
- 身体与地面基本垂直
- 手臂放在身体两侧
- 走动式教学

手势的应用要点

- 手势的移动要在舒适区（肩膀至臀部）之外
- 动作应该有意义，避免夸张
- 授课时切记抱头、抱胸、抖腿、手插口袋

表情目光

面部表情的应用要点

- 传递你的情绪（微笑或皱眉）
- 微笑可以缩短距离感
- 必须自然、轻松、友好
- 可以传递肯定、否定、提醒、监督等信息

目光接触的应用要点

- 面对一个人完成一句话，有要求的人进行目光接触
- 与学生直接目光交流，3~5秒最为合适
- 授课时目光不应离开学生
- 目光不应总盯着某人或某处

口头非语言

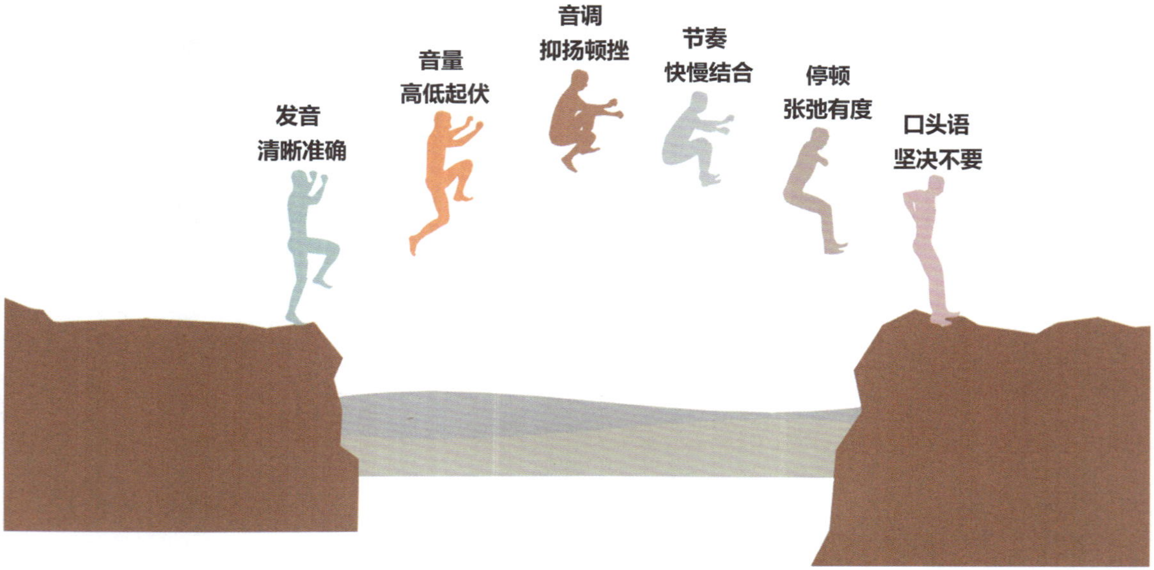

➲ 教师教学不能只靠语言，还要调动所有可能有用的资源。就像现代管理学之父彼得·德鲁克（Peter F. Drucker）说的那样，“人无法只靠一句话来沟通，总是得靠整个人来沟通。”

FOCUS

理论教学篇

第 6 章　认识创新创业

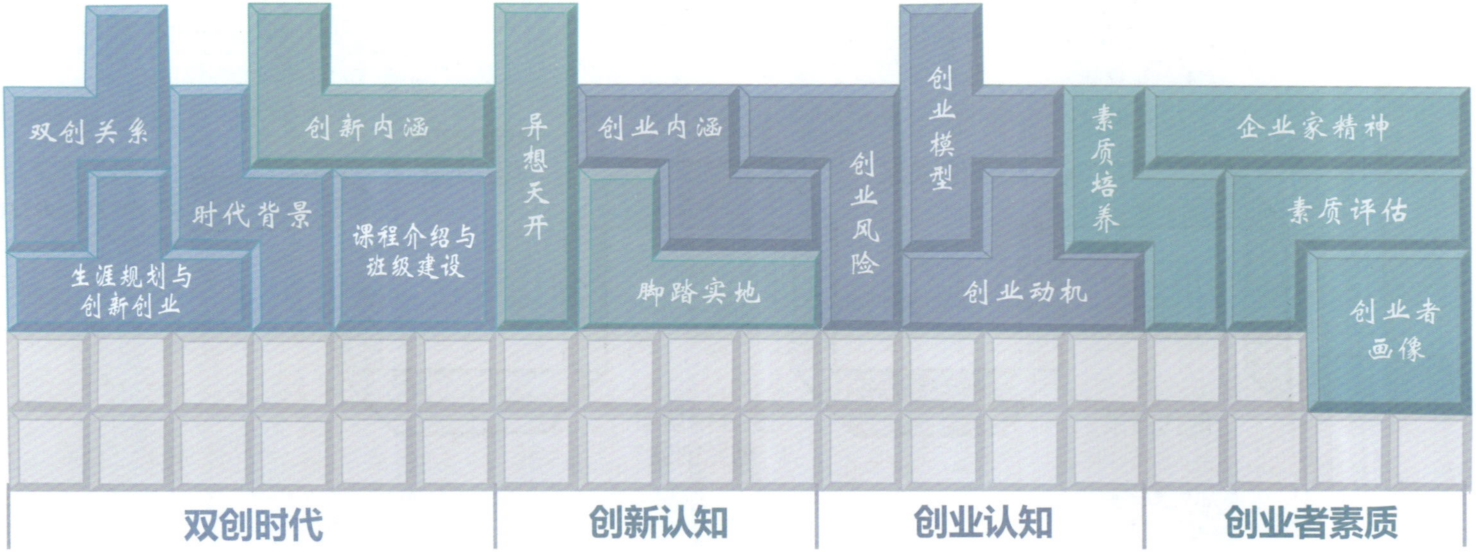
双创关系
生涯规划与创新创业
时代背景
创新内涵
课程介绍与班级建设
异想天开
创业内涵
脚踏实地
创业风险
创业模型
创业动机
素质培养
企业家精神
素质评估
创业者画像
双创时代
创新认知
创业认知
创业者素质

第 1 节　双创时代

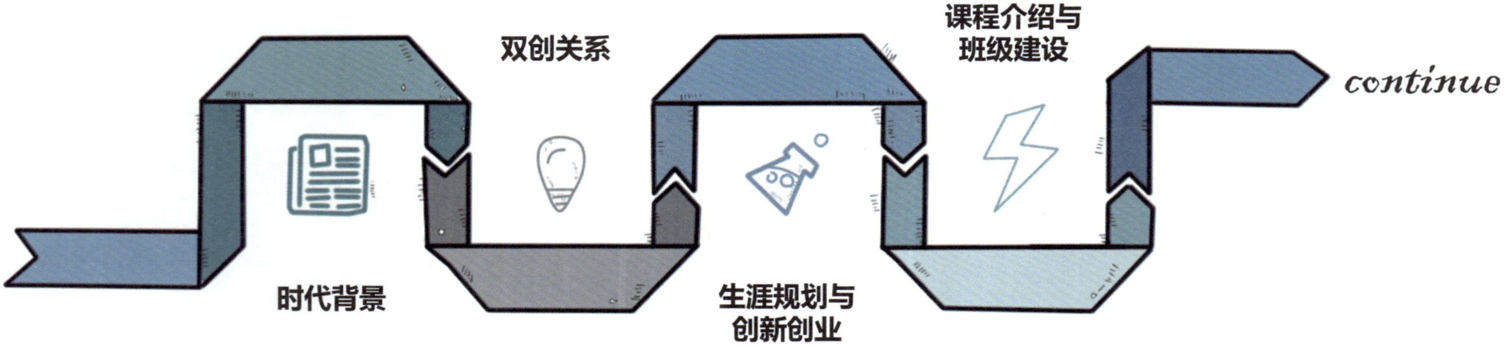

教学目标

- 描述创新创业的时代背景
- 阐释创新与创业的关系
- 运用创新创业思维，制定职业生涯规划
- 熟知本课程的教学内容及教学要求
- 按照教学目标组建学习小组

教学内容

- 创新创业的时代背景
- 创新与创业的关系
- 职业生涯规划与创新创业的关系
- 课程介绍与班级建设

教学重点

- 创新创业的时代背景
- 职业生涯规划与创新创业的关系
- 课程的教学内容和教学要求

教学难点

通过学习，使学生能够认清时代发展趋势，看到创新与创业的价值。转变思维模式，制定出科学、合理、可行的个人职业生涯规划。

教学设计

教学过程	教学内容	教学活动	教学准备
开篇	课程导入 明确目标	1. 通过案例导入或者视频导入，引导学生思考“我们的时代，我们的选择？” 2. 对学生的分享进行点评和总结，引出本节课主题 3. 明确本节课教学目标 4. 强调教学重点和教学难点	演示课件
主体	核心知识点 1：双创时代的背景	1. 通过举例的方式，讲授“中国‘双创’及其重要作用” 2. 使用小组讨论法，引导学生总结“人类不同时期的主要特征及其对人类产生的影响”，并将讨论结果上传至软件平台 3. 学生分享小组讨论成果，教师进行点评和总结 4. 通过举例的方式，讲授“智能时代与创新创业的关系、‘热词’下的创新创业活动”（热词呈现在彩色卡片上）	演示课件 教学软件 彩色卡片
	核心知识点 2：创新与创业的关系	1. 使用案例分析法，组织学生讨论“创新与创业的关系”（发放阅读材料） 2. 随机选择 2 名学生分享讨论成果，教师进行点评和总结，讲授“创新与创业的关系”	阅读材料 演示课件
	核心知识点 3：职业生涯规划与创新创业	1. 观看视频“致青春”，组织学生讨论“如何制定职业生涯规划” 2. 随机选择 2 名学生分享讨论成果，教师对学生进行点评和总结 3. 通过列举学生身边案例的方式，讲授“职业生涯规划路线图” 4. 通过举例的方式，讲授“创业与职业的关系”	教学视频 演示课件
	课程布局：课程介绍与班级建设	1. 介绍课程的教学目标、教学内容、教学方法、课程设置、教学安排、教学要求、考核方式等内容 2. 组织学生进行班级建设 3. 组织学生进行课程反馈和需求调查	演示课件
结尾	课程小结 布置作业	1. 通过提问的方式进行总结（用思维导图呈现教学逻辑和知识点） 2. 布置个人作业：谈谈你的职业生涯规划，生涯规划如何与创新创业进行有效结合，形成初步计划，将作业上传至教学软件，并对其他学生进行评价/投票	思维导图

教学开篇

随着计算机、互联网技术的普及和知识经济社会的快速发展，世界范围内技术和经济的前进速度超乎我们的想象。当下最流行什么？——“互联网 +”？大数据？云计算？人工智能？VR？AR？AI？……其实，所有的一切都围绕着一个主题，那就是我们这个时代的最强主旋律——创新创业。创新是创业的基础和源头，创业是创新的体现和延伸。神话创新创业，其原因在于对创新、创业的认识存在误区。我们将带你运用创新和创业的崭新视角去审视这个世界和自己的未来人生，阐释创新创业的真正价值。

案例导入

通过程维与滴滴/本校学生的创新创业案例，引起学生共鸣，感受时代主旋律，反思创新创业时代给大学生自身带来的影响……

创业案例：程维与滴滴

引出教学主题、明确教学目标、强调重点难点……

视频导入

通过阅读《“双创”让大家有改变命运、获得纵向上升的平等机会》或观看本校/本省的创新创业教育相关视频，启发学生思考“双创”的本质内涵，时代趋势与个人发展之间的关系……

参考资料：“双创”让大家有改变命运、获得纵向上升的平等机会

引出教学主题、明确教学目标、强调重点难点……

教学主体

核心知识点 1：双创时代的背景

核心内容

☆“双创”提出的时代背景：国务院总理李克强 2014 年 9 月在夏季达沃斯论坛上公开发出“大众创业，万众创新”的号召，当时他提出，要在 960 万平方公里土地上掀起“大众创业”“草根创业”的新浪潮，形成“万众创新”“人人创新”的新态势。此后，他在首届世界互联网大会、国务院常务会议和各种场合频频阐释这一关键词。

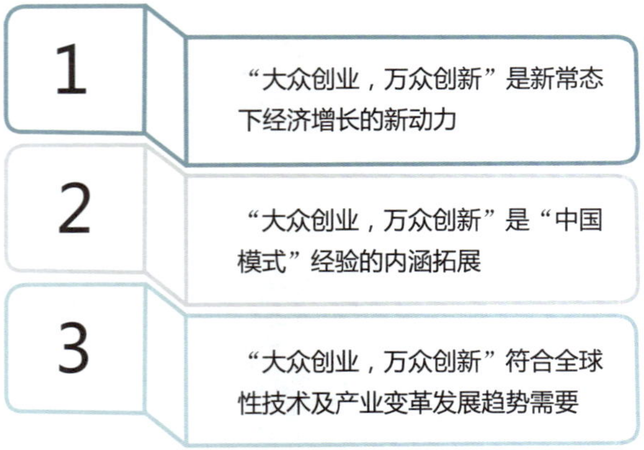

中国为什么要“双创”

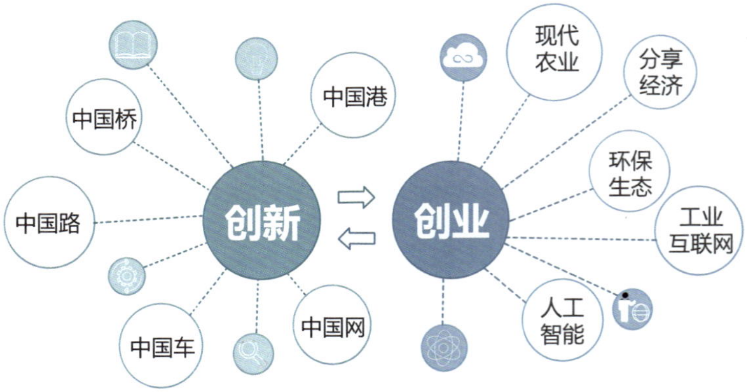

时代标签下的“双创”活动

课堂活动

➢ 综合使用头脑风暴法、小组讨论法、案例分析法开展教学活动；

➢ 将班级分成若干临时学习小组；

➢ 每个小组分别讨论人类不同时期的主要特征及其对人类产生的影响；

➢ 教师提前准备讨论样表，各小组在展示讨论成果后，教师进行点评和总结，着重点评成果的准确性和全面性。

教学视频：中国为什么要“双创”？

教学视频：工业 4.0

谈论主题	特征	产生的影响
农耕时代		
蒸汽时代		
电器时代		
信息时代		
智能时代		

➲ 教师在教学中，要通过一些经典案例，利用相关的教学资源，把“双创”时代的特征与发展趋势准确的传递给学生，让他们意识到个人发展与时代发展趋势之间的必然联系，个人发展势必顺应时代需要才有意义。

➲ 教师要着重阐释创新创业活动对于个人、社会及国家产生的深远影响，使学生及早合理、有效地规划自身职业发展。

FOCUS

核心知识点 2：创新与创业的关系

核心内容

☆ 创新与创业的关系：创新和创业是两个不同的领域，将两者放在一起强调，是因为他们是一对“孪生兄弟”，关系密切。

☆ 创新是创业的动力：创新的目的是支持企业能够生产出更多消费者愿意购买的商品，它为创业活动提供持续的竞争力。

☆ 创业是创新的载体：一切创新的成果最终都将服务于现实生活，通过创业活动可以将更多的创新成果进行转化与落地。

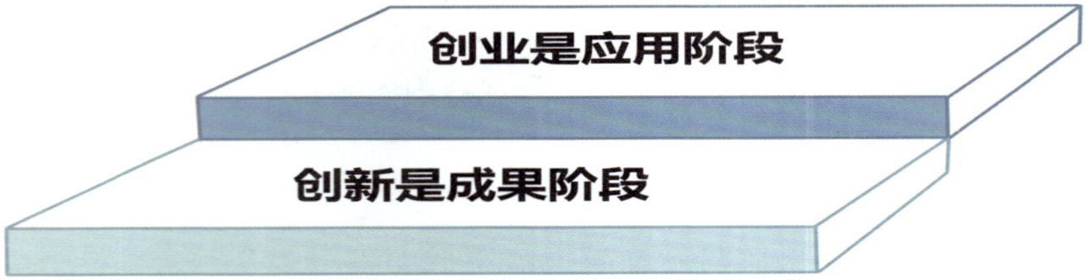

教学视频：“双创”时代下的“独角兽”

课堂活动

➢ 综合使用案例分析法、小组讨论法开展教学活动；

➢ 组织学生阅读创业案例大疆创新/斑马快跑/汽车干洗，分析创新与创业的关系；

➢ 随机选择 2 名学生分享讨论成果，教师简要点评和总结；

➢ 教师着重点评学生成果的逻辑性。

➲ 教师要选用类似“大疆创新”这种具有典型特征的案例，可以充分体现创新与创业的关系。

➲ 这里也可以使用本校案例或者大赛中的创新创业案例。

➲ 教师要引导学生结合所学专业进行创业实践活动，更要鼓励学生从事基于创新成果的创业。

FOCUS

核心知识点 3：职业生涯规划与创新创业

核心内容

☆ 职业生涯规划，是指个人基于职业生涯的主观和客观条件，并结合其兴趣、爱好、能力和特点进行综合分析优劣与权衡利弊，确定其最佳的事业奋斗目标，并为实现目标做出的系列职业安排。

☆ 创新创业与职业的关系：职业生涯规划需要创新，创业可以成为一种职业选择。

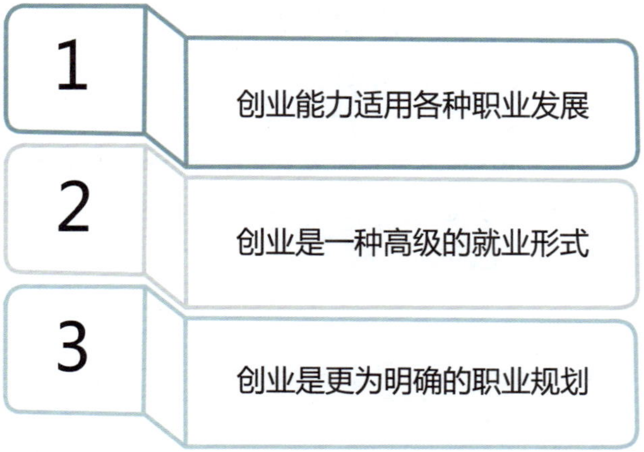

创业与职业的关系

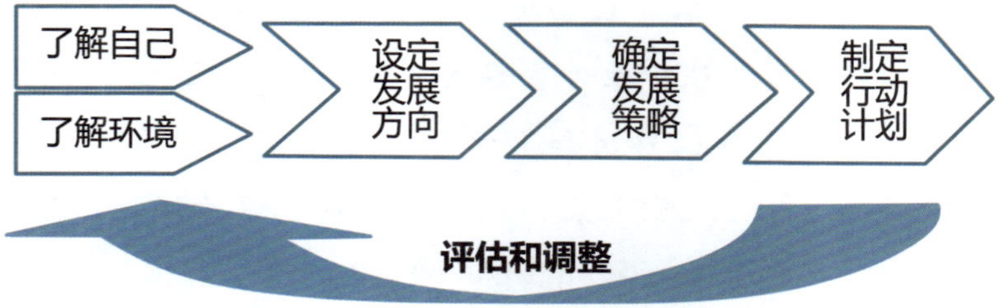

职业生涯规划路线图

课堂活动

➢ 通过观看视频《致青春》，组织学生由浅入深的讨论三个问题：“你的梦想是什么？你的梦想需要什么样的职业去做支撑？实现你梦想的关键步骤是什么？”；

➢ 随机选择 2 名学生分享讨论成果，教师简要点评和总结；

➢ 教师要注意在点评时，既要鼓励学生敢于追梦，又要告知学生如何脚踏实地，逐步实现理想。

教学视频：致青春

教学视频：“双创”下的得与失

➲ 教师在本节教学中，要注意把握两点：一是让学生意识到职业生涯规划与创新创业的必然联系；二是让学生学会在自己的职业生涯规划中，规划什么？如何规划？是否可行？

➲ 教师可以引用如下话语：

与其说创业是一项工作选择，不如说它更是一种生活方式的选择。迪士尼公司创始人沃尔特·迪士尼（Walt Disney）曾说过：“我的人生爱好是坚持不懈的做事情，并用激动人心的全新方式做令人愉快的事情，我也从中得到了自我愉悦和满足感。”让我们将创新创业融入职业生涯的每个环节，让创新创业成为一种生活状态，只有这样才能更好的适应时代的需求，才能更好的实现人生追求。

FOCUS

教学布局：课程介绍与班级建设

课程介绍

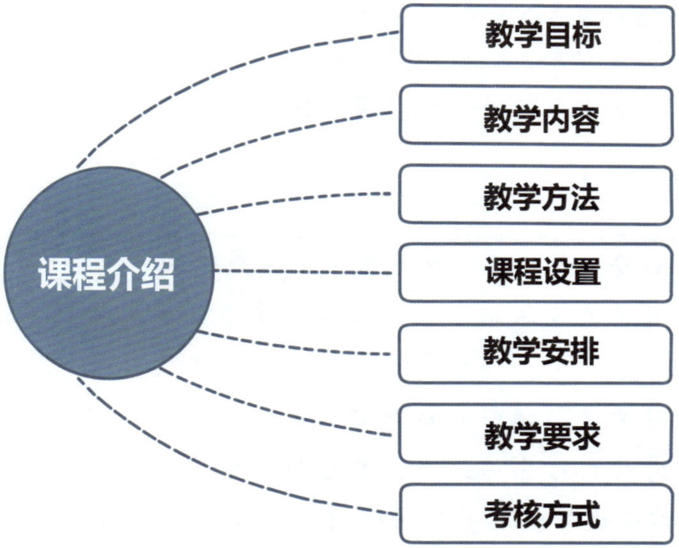

班级建设

具体要求：

➢ 将班级学生分成若干个小组，每个小组 5 ~ 7 人，最好为单数；

➢ 确定各小组负责人；

➢ 随机指派各小组具体职责，如学习小组、纪律小组、生活小组、助教小组、气氛小组、分享小组等。

课堂调查

➢ 利用教学软件，调研学生希望从课程中学到什么？如何学习？课程建议？

➢ 教师整理和分析调查结果，及时归纳总结，充分考虑学生的合理需求，适当调整自己的教学设计。

教学结尾

教学总结

➢ 通过提问的方式，总结教学知识点；

➢ 利用教学软件检查学生掌握程度，再次强调教学重点。

布置个人作业

➢ 谈谈你的职业生涯规划，生涯规划如何与创新创业进行有效结合，并形成初步计划；

➢ 将作业上传至教学软件；

➢ 对其他学生的成果进行评价/投票。

➲ 本节课是课程的第一节课，教师要精心准备，全力以赴，力争给学生留下深刻印象。

➲ 本节课教学重点在于让学生对创新创业产生兴趣，真正认识到创新创业对于学习、生活及工作的重要意义。

➲ 本节课除讲授教学知识点外，还需留出足够的时间进行课程介绍和班级建设，重点强调课程考核要求（课程考核可采用过程性考核与结果性考核相结合的方式，过程性考核可包括课后作业、平时表现、课堂测试等，结果性考核可包括市场调研报告、创业计划书写作等）。

➲ 进行课程调研，了解学生对于第一节课的意见反馈和本课程的具体需求情况。

➲ 对于学生的疑问，教师要进行细致的解答。

➲ 如果学生是第一次接触教学软件，教师需要给予相应指导，确保其在教学活动中能够顺利使用。

FOCUS

第 2 节　创新认知

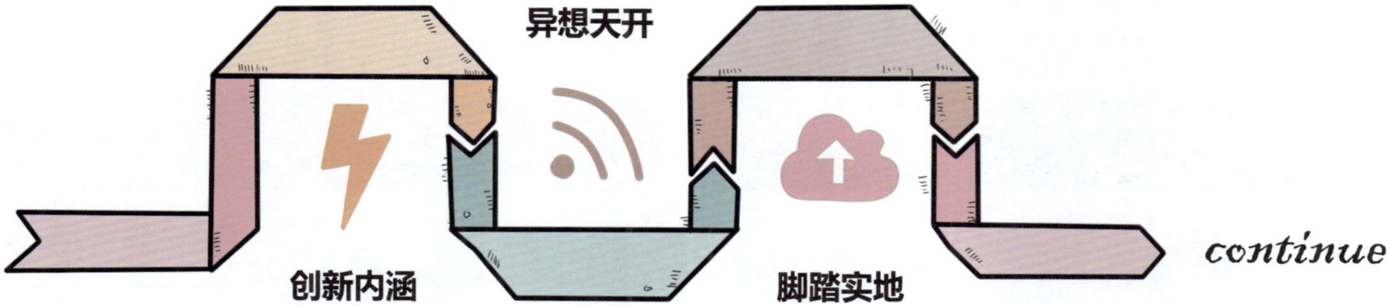

教学目标

- 描述创新的概念
- 区分创新的五种形式
- 总结创新活动的一般规律
- 运用创新方法解决某一具体问题

教学内容

- 创新的概念
- 创新的五种形式
- 异想天开的方法
- 学习的三个阶段
- 勇于实践的路径

教学重点

- 异想天开的方法
- 学习的三个阶段
- 勇于实践的路径

教学难点

通过学习创新活动的一般规律，学会创新思维训练的方法，能将所学知识运用到未来的学习、生活与工作中，解决实际问题，切实提高创新能力。

教学设计

教学过程	教学内容	教学活动	教学准备
开篇	课程导入 明确目标	1. 利用教学软件，随机选择 2 名学生分享个人作业 2. 教师对学生的分享给予点评和建议，回顾上节课教学内容 3. 通过问题导入/案例导入，启发学生思考，进入本节课主题 4. 明确本节课教学目标 5. 强调教学重点和教学难点	演示课件 教学软件
主体	核心知识点 1：创新的内涵及形式	1. 使用小组讨论法，组织学生讨论“你身边的创新有哪些？”，分享小组成果 2. 通过学生的分享，提炼创新的内涵 3. 利用教学软件提问，启发学生思考“创新的主要形式”，总结学生的答案 4. 通过举例的方式，讲授“创新的主要形式”（创新的主要形式呈现在彩色卡片上）	演示课件 黑（白）板 教学软件 彩色卡片
	核心知识点 2：异想天开	1. 通过举例的方式，启发学生思考，总结出重塑思维习惯的 8 种方法（8 种方法呈现在彩色卡片上） 2. 使用小组讨论法，组织学生讨论“运用对应的方法能产生哪些创意？” 3. 组织学生利用教学软件对产生的创意进行投票，选择出最佳创意 4. 各组对其他小组的创意进行点评，并给出相应建议 5. 教师对学生的创意进行点评和总结，并给出相应建议	演示课件 彩色卡片 教学软件
	核心知识点 3：脚踏实地	1. 通过提问的方式，让学生思考“如何实践自己的创意？” 2. 通过举例的方式，讲授“学习的三个阶段”（三个阶段呈现在彩色卡片上） 3. 通过举例的方式，讲授“勇于实践的六种路径”（六种途径呈现在彩色卡片上） 4. 使用小组讨论法，引导学生“针对小组的最佳创意，制定一份行动计划” 5. 各组对其他小组的计划进行点评，并给出相应建议 6. 教师对学生的计划进行点评和总结，并给出相应建议	演示课件 彩色卡片 教学软件
结尾	课程小结 布置作业	1. 通过提问的方式进行总结（用思维导图呈现教学逻辑和知识点） 2. 布置个人作业：与你的专业教师聊聊，结合专业哪些方面你可以做出创新性研究？制定具体计划，将作业上传至教学软件，并对其他学生进行评价/投票	思维导图

教学开篇

人类每一次重要的发明和发现，都是因为创新。创新带来了什么？有创造，也有颠覆；开辟的新路、丰裕的果实；国家的繁盛，人类的进步。带来创新的人是谁？他们拥有好奇，又探索好奇；他们忍受孤独，又享受孤独；他们向往财富，又创造财富；他们承接文明，又提升文明。他们是点点繁星，照亮夜空。他们用非凡创造力，成就永无止境的创新之路。

问题导入

你眼中的创新是什么？

创新有规律可循吗？

如何提高自己的创新思维？下面，我们一起开启创新之旅……

引出教学主题

明确教学目标

强调重点难点

……

案例导入

通过极米科技/空气汽车/德国红点奖/本校创新案例，让学生感受到创新的巨大价值……

创新案例：80后颠覆式创新

创新案例：盒马鲜生背后的那些创新

引出教学主题、明确教学目标、强调重点难点

……

教学主体

核心知识点 1：创新的内涵及形式

核心内容

☆ 创新内涵："创新"一词是 1912 年由美国哈佛大学经济学家熊彼特在德文著作《经济发展理论》中首次提出的。熊彼特认为，创新就是建立一种新的生产函数，也就是说，把一种从来没有过的关于生产要素和生产条件的"新组合"引入生产体系。

☆ 创新者特点：熊彼特关于企业家是从事"创造性破坏"的创新者观点，凸显了创新的重要性。创新者大都善于运用已知信息、有限资源，突破常规、打破旧俗，创造性地解决问题。

比尔·盖茨	17 岁完成并销售了他人生中第一个电脑编程作品
马克·扎克伯格	19 岁在自己的宿舍里设计出了一个校内社交网站
史蒂夫·乔布斯	21 岁在自家的车库组装出了第一台苹果电脑
松下幸之助	23 岁在大阪的一个小作坊里发明了电灯插座
沃伦·巴菲特	26 岁给投资人写了第一封致股东的信，阐述自己的投资理念
杨致远	26 岁在学校里创办全球第一个入口网站雅虎
李嘉诚	27 岁开办了长江塑胶厂，生产出了第一支塑胶花
俞敏洪	29 岁离开北大，选择在废弃的工厂开办英语培训班
詹姆斯·卡梅隆	30 岁自编自导了第一部电影作品"魔鬼终结者"
马云	31 岁在杭州街头的大排档里推销中国黄页的伟大计划

创新的五种类型

课堂活动

➢ 综合使用头脑风暴法、小组讨论法开展教学活动；

➢ 教学活动主要围绕学生所熟知的创新活动及内容展开，如“你身边的创新有哪些？”

➢ 各组分享讨论成果，教师进行点评，并阐释“创新是什么？”

教学视频：创新是什么？

➲ 教师要着重强调两点，一是创新不可能一蹴而就，而是一段艰苦而漫长的过程；二是在创新过程中，首先要异想天开，即打破旧俗，这是创新的前端，而后就要脚踏实地，即沉下心来踏踏实实的做事情，鼓励学生努力学习的同时，还有勇于实践，将产生的创意进行落地，切实提高学生的创新能力。

➲ 除熊彼特提出的五种创新类型外，还有其他的分类方式，可以阅读《创新十型》扩展视野。

FOCUS

核心知识点 2：异想天开

核心内容

☆ 要创新，就要有异想天开的意识。“异想天开”是有方法可循的。好的方法能更好地触发灵感，获得创造性的思维。

☆ 你可以通过痛点思维、逆向思维、发散思维、移植思维、趋势思维、组合思维、分解思维、逻辑思维这八种方法重塑思维习惯，提高你的创新能力。

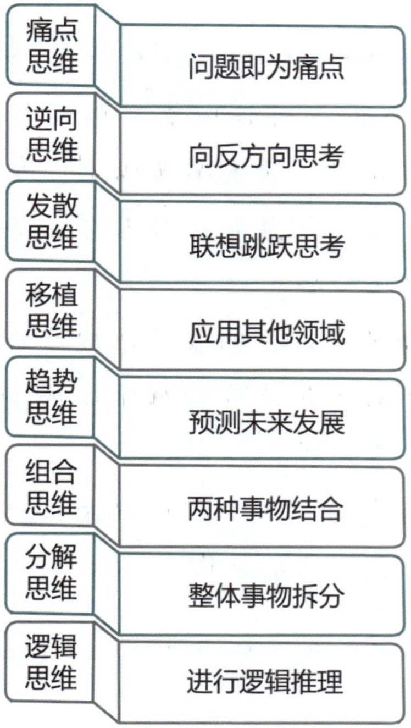

八种方法

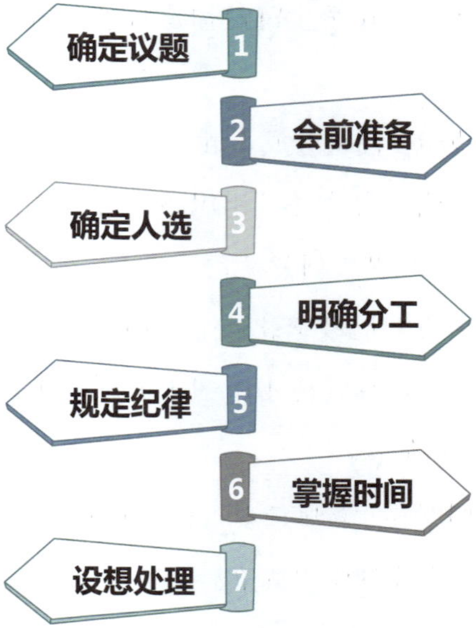

头脑风暴的操作流程

课堂活动

➢ 综合使用头脑风暴法、模拟练习法、小组讨论法开展教学活动；

➢ 通过案例，让学生清楚知道每种创新方法的操作流程；

➢ 将班级学生随机分成 8 组；

➢ 每组指定一种方法，组织学生讨论“运用对应的方法能产生哪些创意?”；

➢ 组织学生利用教学软件上传小组的讨论成果至软件平台，并对其他小组产生的创意进行投票，选择出最佳创意；

➢ 小组间互评，教师简要点评，并给出建议；

➢ 教师着重点评学生成果的创新性。

教学视频：如何异想天开?

➲ 上述八种方法是创新思维训练经常采用的方法，只讲理论知识，学生不易理解，要组织学生练习和实践，可以设置相关的教学任务，让学生掌握具体的操作方法。

➲ 在设置教学任务时，侧重于生活方面的现实问题，不要对学生创意的可行性予以评论，多鼓励学生进行创意的实践。

➲ 学生通过反复的训练，能够摸索出适合自己的思维逻辑，形成良好的习惯。

FOCUS

核心知识点 3：脚踏实地

核心内容

☆ 创新源于异想天开：从蒸汽时代、电气时代再到今天的万物互联网时代，每一次的技术革新都推动着世界经济的发展，触发了一轮又一轮的创新浪潮。应接不暇的科技成果让曾经的科幻已经成为了现实，同时也有更多看似不可能的梦想正等待你们去实现。

☆ 创新更要脚踏实地：梦想与现实之间的转换不仅需要异想天开的想象力，更需要脚踏实地的努力学习和实践。

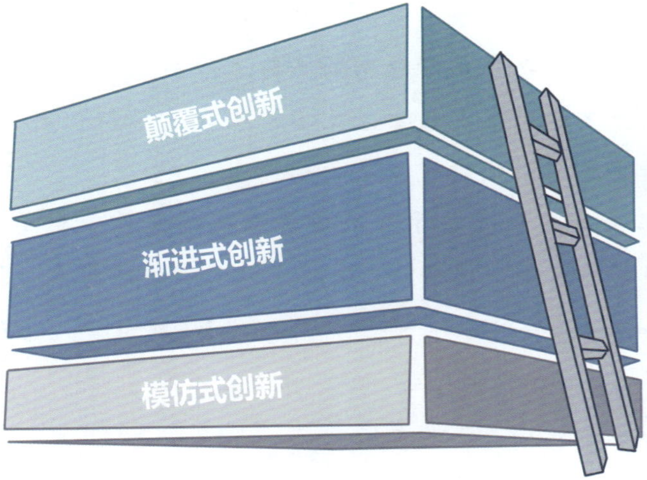

努力学习

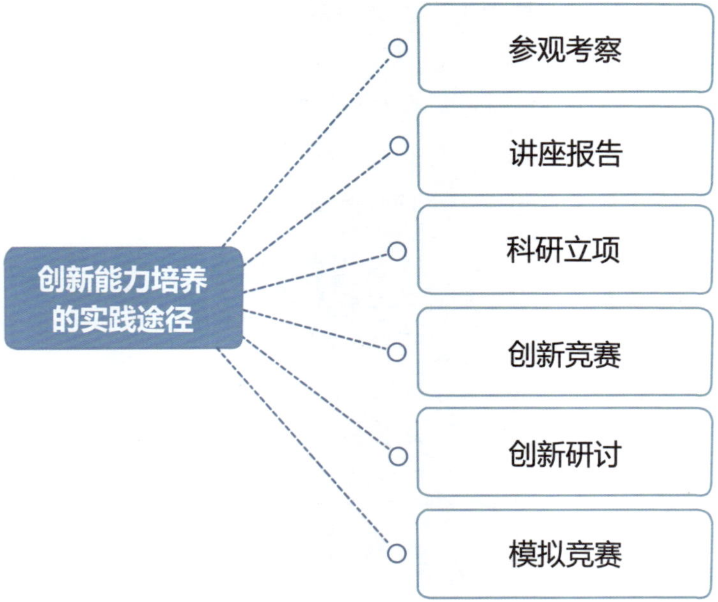

勇于实践

课堂活动

➢ 综合使用头脑风暴法、模拟练习法、小组讨论法开展教学活动；

➢ 通过本校学生案例，为学生树立努力学习和勇于实践的榜样；

➢ 组织学生讨论“针对小组产生的最佳创意，制定一份行动计划”；

➢ 各组对其他小组的计划进行点评，并给出相应建议；

➢ 教师对学生的计划进行点评，并给出相应建议；

➢ 教师着重点评学生成果的科学性和可行性。

教学视频：脚踏实地

➲ 学习的起点来源于模仿，其关键的做法在于——教师能否引导学生在现有的产品上增加某些部分，或减少某些冗余。鼓励学生努力探索，不断创新，让学生成为引领时代发展的创新者。

➲ 如果学生一直苦于自己的思维不够灵活，想不出创新的点子，最好的办法就是让他们行动起来。

FOCUS

教学结尾

教学总结

- 通过提问的方式，总结教学知识点；
- 利用教学软件检查学生掌握程度，再次强调教学重点。

➡ 创新思维这一主题可延展的教学内容很多，学时也可适当延长，除此上述内容外，还可增加奥斯本检核表法、和田十二法、创新十型、六顶思考帽、TRIZ 理论等相关内容。

➡ 通过大量的教学活动让学生充分体验创新的过程，避免过多讲授基本理论。

➡ 课堂中产生的优秀创意经深入研究后，可申报国创计划中的创新训练项目，还可用于后续的教学内容“创业机会的识别”中。

FOCUS

布置个人作业

- 结合你的专业，设计一项创新科研计划；
- 完成表格，并征求专业老师的意见；
- 将形成的计划上传至教学软件；
- 对其他学生进行评价/投票。

序号	创新计划	具体事务	完成时间
1			
2			
3			
4			
5			
…			

第 3 节　创业认知

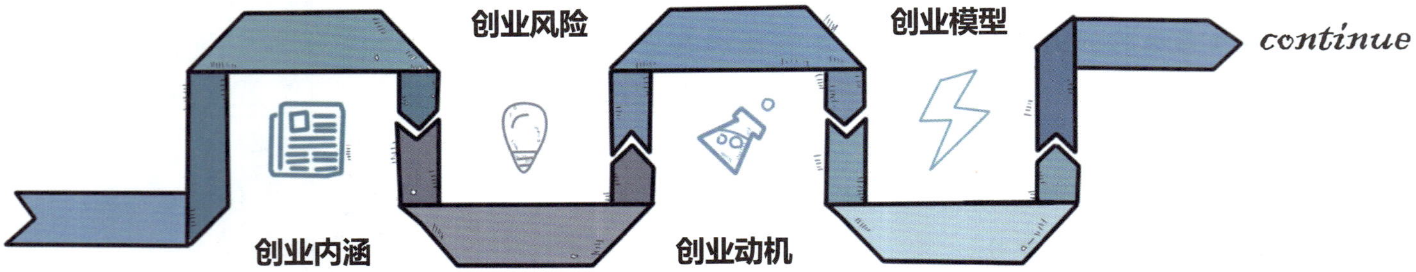

教学目标

- 描述创业的概念
- 区分创业风险的五大类型
- 总结自己的创业动机
- 总结经典创业模型的作用机理
- 运用蒂蒙斯模型分析创业案例

教学内容

- 创业的概念及类型
- 创业风险的类型
- 创业的动机
- 创业的过程及模型

教学重点

- 创业风险的类型
- 蒂蒙斯创业模型

教学难点

对“加纳模型、蒂蒙斯模型、萨尔曼模型、威克姆模型”四个经典创业模型作用机理的理解和掌握，学会运用创业模型分析真实创业案例。

教学设计

教学过程	教学内容	教学活动	教学准备
开篇	课程导入 明确目标	1. 利用教学软件，随机选择 2 名学生分享个人作业 2. 教师对学生的分享给予点评和建议，回顾上节课教学内容 3. 通过问题导入/案例导入，启发学生思考，引出本节课主题 4. 明确本节课教学目标 5. 强调教学重点和教学难点	演示课件 教学软件
主体	核心知识点 1：创业的概念及内涵	1. 通过提问的方式，启发学生思考“什么是创业?” 2. 通过举例的方式，讲授“创业广义和狭义的概念” 3. 通过举例的方式，讲授“企业的概念和分类” 4. 使用小组讨论法，引导学生总结“不同类型企业的经营要点”，将讨论结果呈现在活页挂纸上 5. 对学生的分享进行点评和总结，讲授“不同类型企业的经营要点”	演示课件 黑（白）板 活页挂纸
	核心知识点 2：创业风险	1. 使用小组讨论法，引导学生总结“大学生创业可能遇到的风险及风险规避策略”，教师进行点评和总结（空白彩色卡片） 2. 使用案例分析法，讲授“大学生创业可能遇到的风险及风险规避策略”（创业风险类型呈现在彩色卡片上）	演示课件 彩色卡片
	核心知识点 3：创业动机	1. 通过提问的方式，启发学生思考“你的创业动机是什么?”将想法上传至教学软件 2. 通过投屏的方式，归纳学生的想法，结合马斯洛需求层次理论讲解“创业动机”	演示课件 教学软件
	核心知识点 4：创业过程	1. 讲授“加纳创业模型、蒂蒙斯创业模型、萨尔曼创业模型、威克姆创业模型” 2. 使用小组讨论法，组织学生结合一个创业案例分析不同模型的运作机理，并将讨论结果进行分享，教师进行点评和总结，重点讲授“蒂蒙斯创业模型”	演示课件
结尾	课程小结 布置作业	1. 通过提问的方式进行总结（用思维导图呈现教学逻辑和知识点） 2. 布置个人作业：画图描述蒂蒙斯的创业模型，结合宗庆后的创业案例解释该模型中各要素的作用关系？将作业上传至教学软件，并对其他学生进行评价/投票	思维导图

教学开篇

16 世纪至 17 世纪，大量资金和生产资料开始聚集在民间少数人手中，以劳动密集型为特点的工场开始出现；18 世纪，西方各国相继开始了第一次工业革命，机器生产开始替代手工劳作，工厂开始出现；19 世纪三四十年代，工厂制度在英、德等国家普遍建立，随着大规模生产和有组织的劳工出现，第一次创业热潮应运而生；20 世纪 70 年代，美国产业结构开始从资源和劳动密集型向资本和技术密集型工业转化，大企业在经济结构中所占比例逐渐降低，中小企业发展迅速，民众的创业参与度不断提高；20 世纪 90 年代以来，以计算机和互联网技术为代表的高新技术迅猛发展，经济全球化脚步急剧加快，创业成为各国经济共同关注的热点话题，成为驱动国家经济发展的重要力量。

问题导入

有博友曾在微博里征集大家对“创业”的理解和看法，给“创业”下个定义。微博网友的留言可谓是“仁者见仁，智者见智”。创业到底是什么？我们又该如何认识创业？

引入教学主题

明确教学目标

强调重点难点

……

案例导入

通过案例“郭敬明和他的小时代”/本校学生创业实例，引导学生思考，什么是创业？如何理性认识创业？

教学视频：郭敬明和他的小时代

引入教学主题、明确教学目标、强调重点难点……

教学主体

核心知识点 1：创业的概念及内涵

核心内容

☆ 创业分为广义和狭义两种。

☆ 狭义的创业是指 start - up，即创建新企业；广义的创业是 entrepreneurship，是以企业家精神为核心，创建和发展自己的事业。

☆ 经过对多种创业定义的总结，得出：对于大学生来说，创业是不拘泥于当前的资源约束，寻求机会，进行价值创造的行为过程。

☆ 企业的定义种类繁多，比较容易理解的是：企业是指适应市场需要以获得利润，实行自主经营、自负盈亏，依法独立享有民事权利并承担民事责任的商品生产和经营组织。

依据创业动机的不同，创业的两个类型：

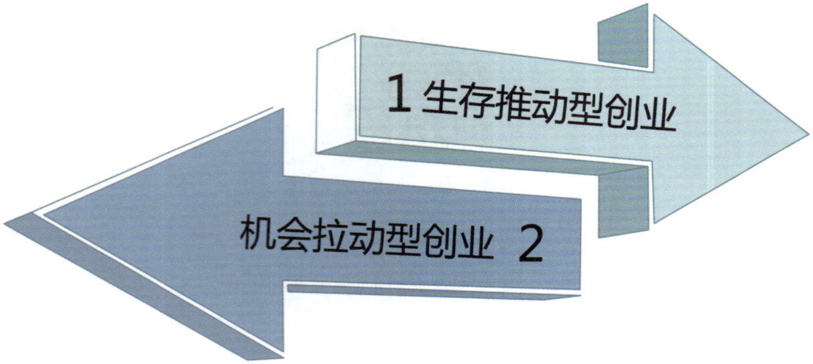

按照经营性质的不同，企业的七个类型：

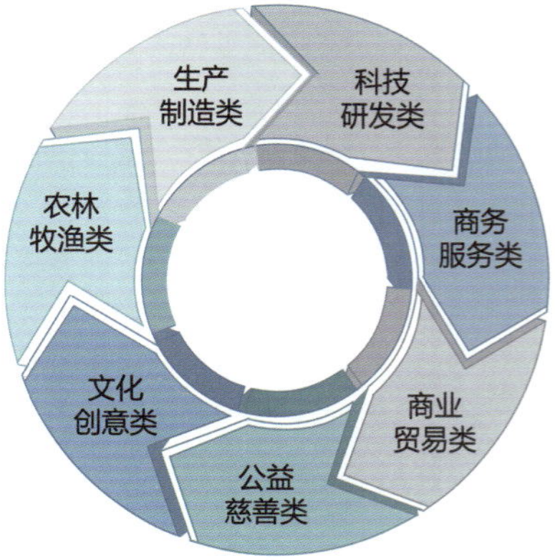

课堂活动

➢ 综合使用头脑风暴法、小组讨论法开展教学活动；

➢ 教师组织学生讨论“不同类型企业的经营要点”，将讨论结果呈现在活页挂纸上；

➢ 通过举例的方式，引导学生区分不同类型企业的经营要点；

➢ 通过学生互评与教师点评相结合的方式进行要点总结，教师着重点评学生成果的全面性。

教学视频：创业的两个维度

- 在教学中，教师要提醒学生，创业不仅仅局限于个人行为，企业和国家同样可以是创业活动的主体。
- 在总结不同类型的创业经营侧重点时，要善于把握普遍规律的提炼和个别差异的挖掘。
- 教师要正确引导学生选择自己喜爱的、熟悉的、擅长的创业类型。

FOCUS

核心知识点 2：创业风险

核心内容

☆ 哈佛大学商学院霍华德·史蒂文森（Howard H. Stevenson）教授指出，创业过程是一个高度综合的管理活动，具有以下三种风险：创业环境的不确定性风险；创业机会与创业企业的复杂性风险；创业者、投资者和创业团队三者能力与实力的有限性风险。

☆ 大学生创业面临的主要风险可以划分为项目风险、资金风险、技术风险、营销风险和法律风险五大类。

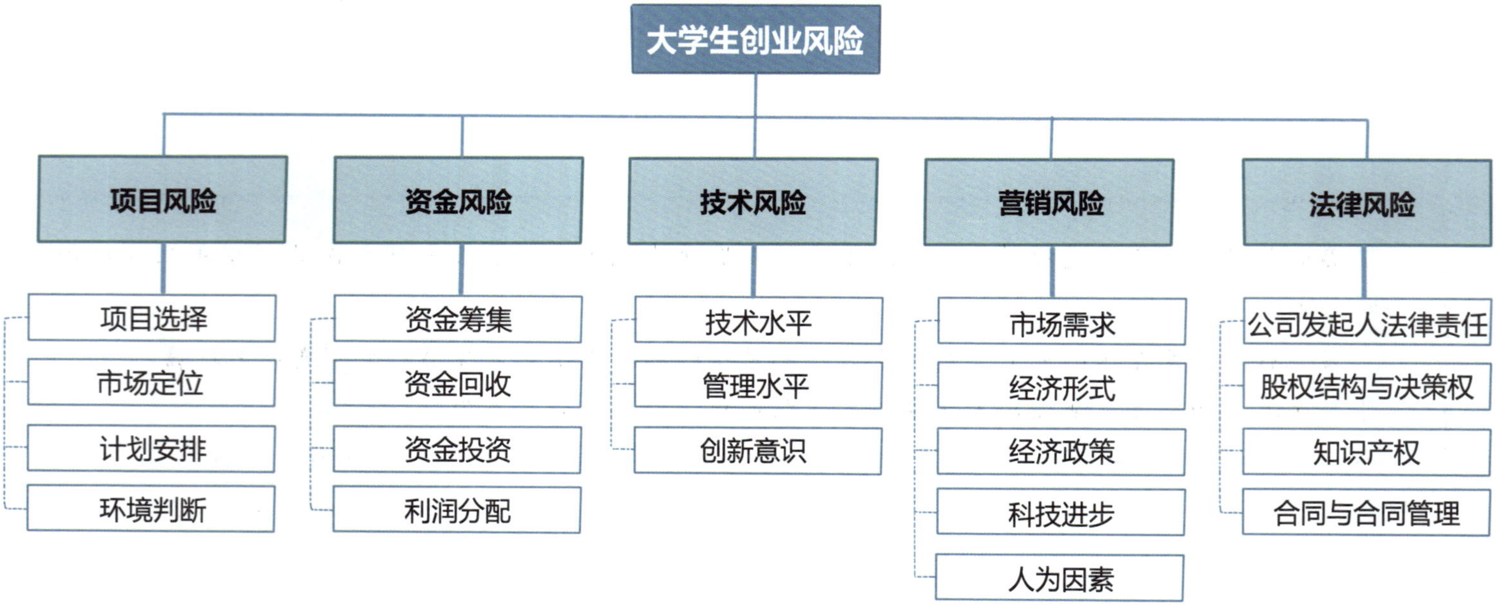

课堂活动

➢ 综合使用头脑风暴法、小组讨论法开展教学活动；

➢ 组织学生讨论“大学生创业可能遇到的风险”，将讨论结果呈现在彩色卡片上；

➢ 教师将整理好的彩色卡片，随机分配给其他小组，引导学生思考“创业风险规避策略”，并将讨论后的答案写在彩色卡片的背面；

➢ 各组分享讨论成果，教师对学生的成果进行点评和总结；

➢ 教师着重点评学生成果的全面性和科学性；

➢ 在总结中，教师要站在一个客观的角度去看待创业风险，通过案例让学生认识到风险与机会并存。

创业案例：超级课程表

- 在教学过程中，教师要着重强调，创业机会与创业风险并存，不可贸然借钱、贷款创业，要做力所能及的创业项目，避免尝试超出自己财务能力范围的创业项目。
- 教师要正确引导学生在开始创业实践前，项目的选择须考虑自身能力与市场机会的匹配程度，切记贪图高大上的项目，选择易操作、好实施的小项目是对初创者的一种变相保护。

FOCUS

核心知识点 3：创业动机

核心内容

☆ 创业学者格林伯格（Green Berger）解读创业动机：他提出，促使普通人创业的五种动因是新机遇、市场机会、事业发展需要、自身才能、自身价值体现。人类的行为是由动机决定的，创业动机是由人类的需求决定的。

☆ 马斯洛需求层次理论解读创业动机：马斯洛将人类的基本需求分为五个层次，它们从低到高逐层排列。对于创业者个人来讲，创业成功能够带来丰厚的物质财富回报和精神财富回报，同时创业成功也意味着为社会创造了更多价值。

课堂活动

➢ 综合使用案例分析法、头脑风暴法开展教学活动；

➢ 组织学生思考“你的创业动机是什么？”并将想法上传至教学软件；

➢ 教师将学生的想法进行归纳总结，结合马斯洛需求层次理论讲解“创业动机”；

➢ 通过举例的方式，让学生认识到创业动机的重要性。

➲ 创业动机是激发创业者创业行为的核心要素，教师在讲授过程中需要注意课堂氛围的烘托，引导学生探讨和思考诸多成功创业者背后的创业动机。

➲ 教师可以从多个维度帮助学生分析创业动机，使学生意识到创业动机对于创业行为的重要影响。如乔布斯创业是为了改变世界，马云创业是为众多中小企业创造价值。如果一个人选择创业仅仅是为了获得一份工作，那他的创业成功率将会很低。

FOCUS

核心知识点 4：创业过程

核心内容

☆ 创业是创业者围绕商业机会的识别、开发和利用的一系列过程。

☆ 创业过程有狭义和广义之分。从狭义来讲，创业过程即新企业的创建过程；从广义来讲，创业过程通常包括从最初的项目构思到创建新企业，以及之后的新企业成长阶段。

☆ 创业具有高风险特征，创业过程具有复杂性和动态性特点。

☆ 经典创业模型：四个基于创业过程的复杂性和动态性的经典创业模型，模型分别从不同的角度描述了创业过程所需的要素及要素之间的关系。

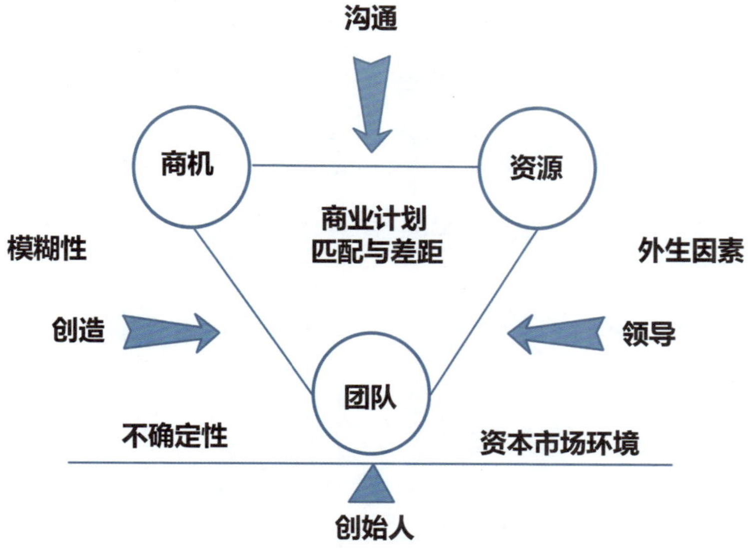

帝蒙斯创业模型

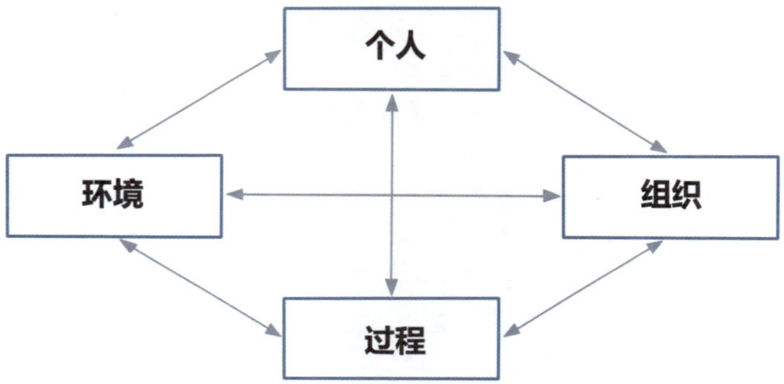

加纳创业模型

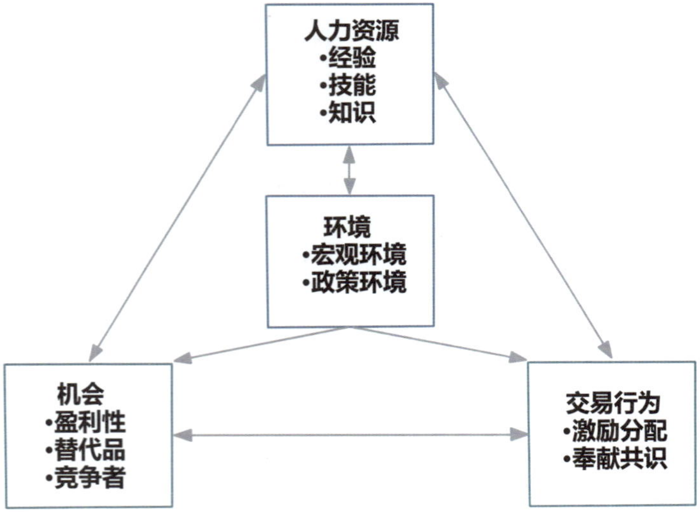

萨尔曼创业模型

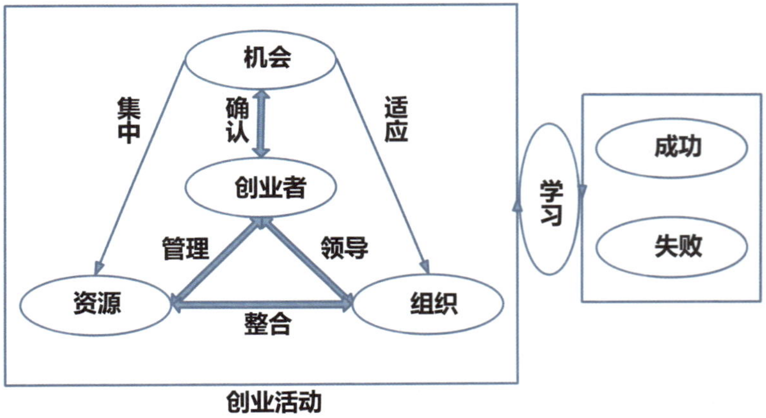

威克姆创业模型

课堂活动

➢ 综合使用案例分析法、小组讨论法、模拟练习法开展教学活动；

➢ 指定学生结合同一个创业案例讨论一种模型的运作机理，并将讨论结果进行分享；

➢ 各组对其他小组的讨论结果进行点评；

➢ 教师对课堂活动进行点评，并重点讲解蒂蒙斯创业模型；

➢ 教师在组织课堂活动时，应把讨论的基本内容和要求详细说明，不要让学生产生歧义，案例选择尽可能是学生皆知的；

➢ 教师着重点评学生成果的逻辑性和全面性。

教学视频：创业的要素、类型与过程

创业案例：看“三只松鼠”如何把握创业过程

➲ 教师在选取案例时，要注意尽可能选择学生身边或经典知名的创业案例，以增强学生对创业模型的直观认识。

➲ 创业模型既是教学重点，也是教学难点，需要讨论时间较长，如果学时不足，可只讲授蒂蒙斯创业过程模型。

FOCUS

教学结尾

教学总结

- 通过提问的方式，总结教学知识点；
- 利用教学软件检查学生掌握程度，再次强调教学重点。

布置个人作业

- 画图描述蒂蒙斯的创业模型，结合宗庆后的创业案例解释该模型中各要素的作用关系？
- 将形成的成果上传至教学软件；
- 对其他同学的成果进行评价/投票。

➲ 本节包含的教学内容较为丰富，教师需要合理安排教学学时数，针对教学重点和教学难点选择合适的课堂活动。

➲ 教学中着重让学生理解创业的基本过程，教师可采用边画图边讲授的方式，也可要求学生跟随你的动作一起画图，让学生清晰理解创业的基本运行逻辑。

➲ 创业模型是教学难点，学生不容易掌握，需要教师在结尾总结时着重强调，并布置作业以便检验学生的掌握程度。

FOCUS

教学视频："草根"的传奇创业精神

第 4 节　创业者素质

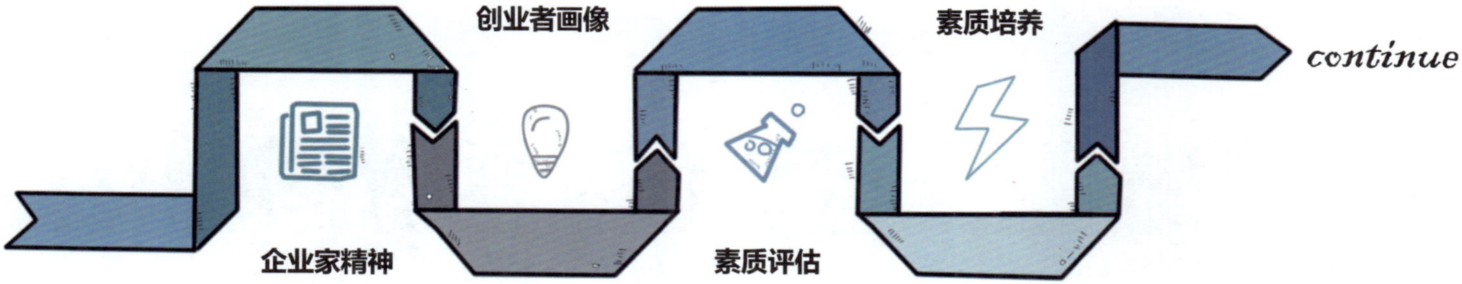

教学目标

- 描述企业家精神的特征
- 概括创业者需要具备的创业素质
- 运用素质评估的方法进行自我评估
- 制定创业者素质提高的实施计划

教学内容

- 企业家精神的八个特征
- 创业者核心素质
- 创业素质评估的方法
- 创业素质提高的途径

教学重点

- 创业素质评估的方法
- 创业素质提高的途径

教学难点

运用创业素质评估的方法对大学生自身做出客观的评价，通过个性化指导帮助学生制定素质提高的具体计划，并将计划付诸于行动。

教学设计

教学过程	教学内容	教学活动	教学准备
开篇	课程导入 明确目标	1. 利用教学软件，随机选择 2 名学生分享个人作业 2. 对学生的分享给予点评和建议，回顾上节课教学内容 3. 通过“成功等式”启发学生思考，进入本节课主题 4. 明确本节课教学目标 5. 强调教学重点和教学难点	演示课件 教学软件
主体	核心知识点 1：企业家精神	1. 使用案例分析法，组织学生阅读“一份企业家简历”，引导学生能够描述出“企业家精神的八个特征”（发放阅读材料与空白彩色卡片） 2. 教师进行点评和归纳，通过举例的方式，讲授“企业家精神的八个特征”（企业家精神的八个特征呈现在彩色卡片上）	演示课件 阅读材料 彩色卡片
	核心知识点 2：创业者画像	1. 使用角色扮演法，组织学生开展课堂活动“模拟投资”，融资获胜者和投资获胜者分享感受，教师进行点评和总结 2. 启发学生思考：“大学生创业者需要具备的创业素质？”并将想法上传至教学软件 3. 归纳学生答案，通过举例的方式，解析“大学生创业者需要具备的核心素质”（核心素质呈现在彩色卡片上）	演示课件 彩色卡片 教学软件
	核心知识点 3：创业素质评估	1. 通过举例的方式，讲授大学生创业素质评估的常用方法 2. 重点说明大学生创业者素质评估表的具体使用方法 3. 使用模拟练习法，指导学生填写评估表并对自己的分数进行分析 4. 教师进行点评和总结，引导学生得出客观结论	演示课件 素质评估表
	核心知识点 4：创业素质培养	1. 使用案例分析法，启发学生思考“如何提高自己的创业素质” 2. 归纳总结学生的答案，结合案例讲授大学生创业者素质培养的三种基本途径	演示课件
结尾	课程小结 布置作业	1. 通过提问的方式进行总结（用思维导图呈现教学逻辑和知识点） 2. 布置个人作业：完成大学生创业者素质评估表，制定创业素质提升具体计划，将作业上传至教学软件，并对其他学生进行评价/投票	思维导图

教学开篇

说起成功的创业者，你可能会想到微软的比尔·盖茨（Bill Gates）、脸谱的马克·扎克伯格（Mark Zuckerberg）、海尔的张瑞敏、联想的柳传志、腾讯的马化腾等等。他们在你眼中是什么样的人？又具备哪些共同点呢？

熊彼特是这样评价的：“他们不断地寻找新的财富机遇，无所畏惧地向着‘无人区’奋力挺进，他们敢为天下所不敢，面对新的事物，总愿做第一个吃螃蟹的人！凭借坚强的意志力和冲破一切的力量，勇敢地向一切阻挠创新的势力宣战。然而，整日的辛苦劳作并不能消磨他们的变革，新的产品、现代化的厂房、更广阔的市场、很多雄心勃勃的计划都等待着他们去实现。”

问题导入

对创业有了一个整体的认识后，我们要问自己一个问题，我适合创业吗？

创业者需要具备哪些创业素质？

如何评价自己的创业素质？

如何提高自己的创业素质？

引入教学主题

明确教学目标

强调重点难点

……

问题导入

职业生涯规划里面有这样一个等式，事业成功 = 素质能力 + 勤奋努力 + 组织需要，三者缺一不可。套用这样一个公式，你认为创业成功等于什么？

创业成功 = 素质能力 + 勤奋努力 + 市场机会

市场机会属于外部因素，需要采用科学的方法进行选择与评估；素质能力与勤奋努力属于内部因素，我们需要端正态度，提高素质，如何进行呢？

引入教学主题、明确教学目标、强调重点难点……

教学主体

核心知识点 1：企业家精神

核心内容

☆ 描绘优秀企业家的词汇：善于即兴表演、思维敏捷、聪明机智、善于创造。

☆ 企业家精神：企业家从事“创造性破坏”的动机，不一定是出自个人发财致富的欲望，他们与只想赚钱的普通商人或投机者不同，个人致富充其量仅是他部分目的，而最突出的动机来自追求“个人实现”的心理，即“企业家精神”。企业家精神是企业家思维模式的抽象表达，其核心是创造或识别机会并抓住机会。

☆ 企业家精神加快了新事物的原创力，也塑造了一批又一批优秀的企业家。作为时代的弄潮儿，你应继承这种精神，并将它运用到未来的学习、生活、工作与创业之中。

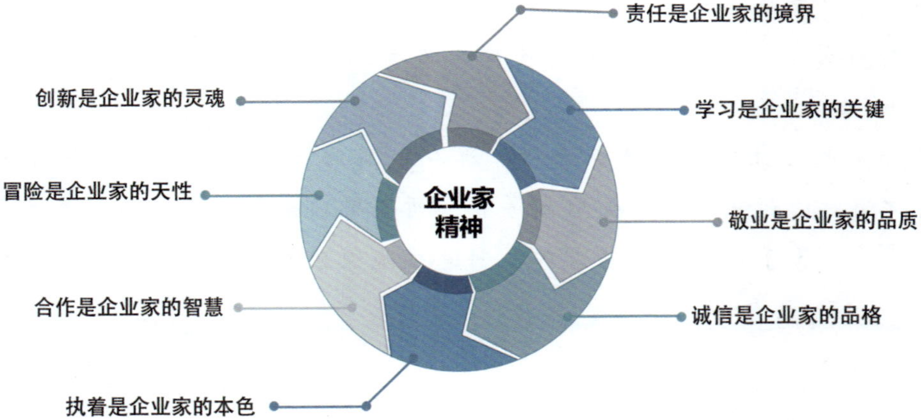

企业家特质

课堂活动

➢ 综合使用案例分析法、小组讨论法开展教学活动；

➢ 通过知名案例引导学生思考“企业家的特征”；

➢ 要求学生总结的关键词呈现在彩色卡片上；

➢ 教师进行简要点评和总结，结合案例讲授“企业家的八个特征”；

➢ 教师着重点评学生成果的全面性。

教学视频：榜样的力量

教学视频：企业家精神

➲ 企业家精神是综合才能的表述方式，是一种重要而特殊的无形生产要素，教师要引导学生向着八个方面去努力、去塑造。

➲ 教师要用“榜样们”的创业实例，启发学生思考，激活斗志，点燃激情，推动他们要敢于挑战自我。

➲ 创业本身是一个风险性极高的社会活动，存在较高的不确定性。提醒学生注意，每个创业者的自身情况与所面对的创业环境都会有所差异，所表现出来的企业家精神也各不相同，但如果能做到敢于承担风险，善于与他人团结合作，创造性地组织资源，这样能够有效提高创业成功率。

FOCUS

核心知识点 2：创业者画像

核心内容

☆ 创业是一种充满魅力的人生选择，代表着更高的成就和更丰富的可能性。与多数人每天几点一线、平淡乏味的人生相比，创业者的人生无疑更加多姿多彩，在波澜起伏之后，对于人生也将会有独到的体会与感悟。

☆ 创业意味着更多的风险与波折，很多创业者的经历都是跌宕起伏的。创业者能够有这样的人生经历，很大程度上取决于他们看待问题的思路和处理问题的方法。正是创业者面对社会所做出的敏锐而坚定的判断，才成就了他们的人生。

右图为教师提供了理解创业者素质的基本框架，较全面的展示了创业者独有的思维方式。创业成功的是少数，在其背后可能会存在成千上万的失败者，而他们的经验和教训更值得我们去学习与借鉴。通过一些创业案例进行分析，总结出创业者需要具备的核心素质，分别为知识素质、能力素质、身心素质。

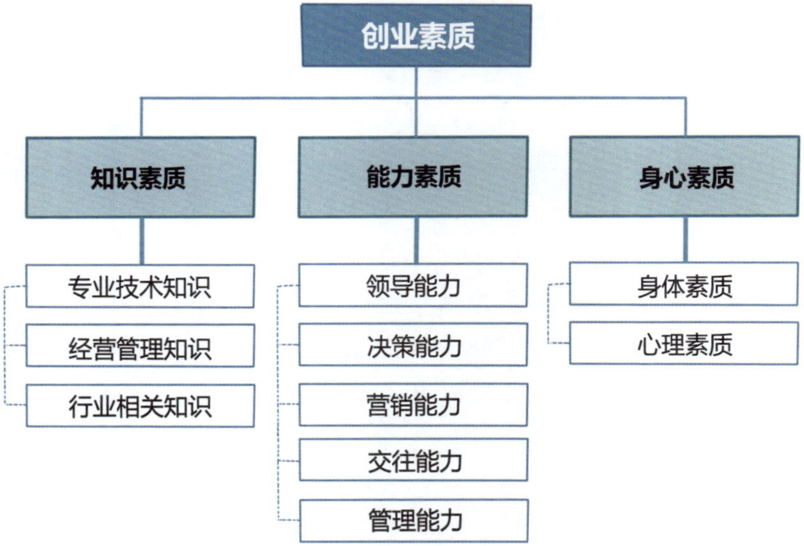

课堂活动

➢ 综合使用角色扮演法、小组讨论法开展教学活动；

➢ 组织学生进行“投融资活动”（具体详见第三章）；

➢ 指导投资者进行投资，提醒学生对创业者进行客观评价；

➢ 通过观察投融资活动，指导学生在空白彩色卡片上写出对应的创业素质；

➢ 教师在总结时，以学生在整个游戏过程中的表现为基础，通过设问，边启发学生，边总结创业者应具备的特质，并将总结结论可视化、直观化，达到学生印象深刻、课堂活跃的效果；

➢ 教师着重点评课堂活动及学生成果的客观性和全面性。

教学视频：创业者画像

➲ 创业者画像是根据一些创业者在创业过程中所表现出来的优秀品质进行归纳总结得出的。

➲ 结合本校学生案例/竞赛中的创业案例，讲授创业者画像。

FOCUS

核心知识点 3：创业素质评估

核心内容

☆ 创业素质评估的重要性：“知己知彼，百战不殆”。在创业之前，需要进行充分的准备，其中对自己的创业素质进行正确的评估是非常重要的一个环节。采用科学的方法对创业特质进行正确评估，找出自己的不足，不断完善自己，以提高创业成功的概率。

☆ 创业素质评估手段：教师可以利用《大学生创业素质评估表》对学生创业素质进行评价，所有的测评都是用于帮助学生认识自己，“劣势”不代表具有不良属性或者缺陷。

创业素质评估的基本方法

参考资料：大学生创业素质评估表

课堂活动

➢ 使用模拟练习法开展教学活动；

➢ 利用创业素质评估表，评估学生的创业素质；

➢ 指导学生在对应指标下，确定优势数量、劣势数量和不确定数量，要求学生在课下让另外一位家庭成员或者比较熟悉的朋友对他再次进行评价；

➢ 教师进行点评和总结，并对学生的测评给出建议；

➢ 教师着重点评学生成果的客观性和真实性。

教学视频：反思的三种方法

➡ 创业素质测评的相关资料非常丰富，教师可以利用互联网或者相关教材进行选择。

➡ 评估表测评法在教学中经常使用，教师要结合所讲内容选择具体测评指标，指标不在多，重在能否用于评估你的学生。

➡ 通过创业素质测评，得出优势、劣势、不确定的具体分数，然后进行比较。如果优势多，说明学生创业潜质较高；如果劣势多，说明学生目前还存在短板；如果不确定较多，说明学生的自我认知或别人对他的认识不足，需要进一步使用其他的测评方法。

➡ 评估结束后，教师需要提醒学生成功的创业者一般都具有某些相同的处事态度和行为方式，有些可以量化，有些却无法衡量。学生现在也许在某些方面存在劣势，但要鼓励他们不要灰心，这些劣势方面可以随着知识的积累与实践的增加而有所提高。

FOCUS

核心知识点 4：创业素质培养

核心内容

☆ 没有人天生就是创业者，每个人都有成为创业者的潜力。某个人是否成为创业者，是环境、生活经历和个人选择的结果。

☆ 每一个创业者的经验与才能都是不一样的，或许没办法模仿与复制，但创业者的管理水平、看问题的眼界、处理问题的方法都能通过后天的努力得到提高。

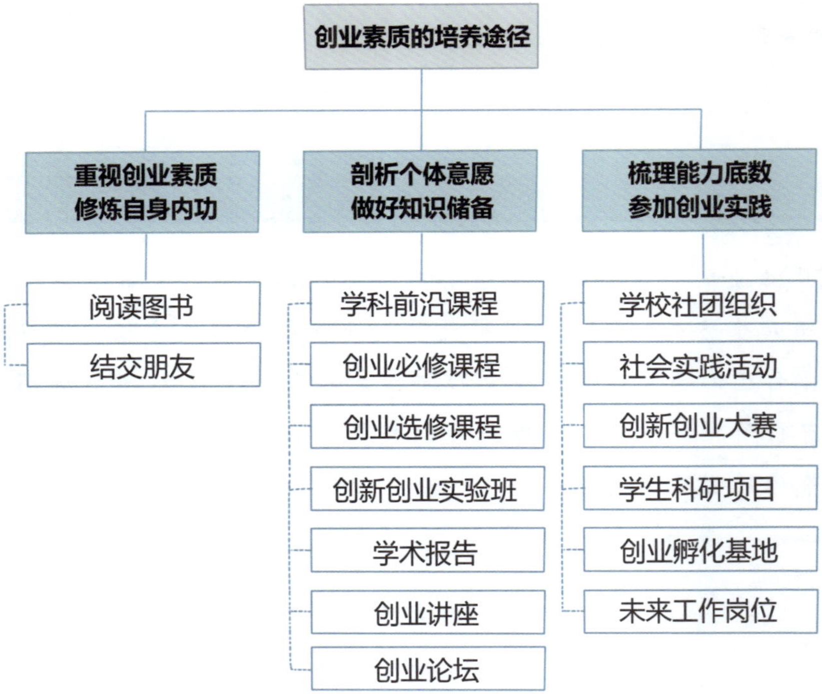

创业素质培养的具体途径

课堂活动

- 综合使用案例分析法、小组讨论法开展教学活动；
- 通过本校案例引导学生思考“创业者的培养途径”；
- 组织学生间互评，教师进行点评和总结，并给出具体建议；
- 教师着重点评学生成果的全面性和可行性。

教学视频：创业者能教出来吗？

- 使用在校生或毕业生的创业案例，学生会有强烈的亲近感，容易接受这部分教学内容。
- 教师可以从以下几个方面，让学生了解提升创业素质的有效途径：通过学校选课系统或公开慕课平台选择适合自己的创业类课程；举办讲座或论坛时，要利用好提问互动环节；参加各种创新创业类比赛与科研项目，可以帮助你开阔眼界，完善你的创业思路；入驻孵化器等实践平台，在实践中培养你的创业素质。

FOCUS

教学结尾

➲ 创业者素质这一主题的教学内容偏重理论，实操性较差。如果只采用讲授法，一般来说效果不佳，建议采用参与式教学方法，学生能够描述出创业者需要具备的创业素质即可，无需占用过多学时。

➲ 讲授企业家精神时，选用成功企业家的案例；讲授创业者画像知识点时，选用大学生创业案例。

➲ 创业素质培养是教学难点，学生设计出的培养计划通常不具备可行性，教师要给予针对性指导，鼓励学生多参加各类实践活动，强调创业素质只有通过长时间的反复练习与实践才能得以提升，只通过课程是很难培养出来的。

FOCUS

教学总结

➢ 通过提问的方式，总结教学知识点；

➢ 利用教学软件检查学生掌握程度，再次强调教学重点。

布置个人作业

➢ 完成创业素质评估表中他人评价的部分；

➢ 针对自身的不足，设计一份详细的创业素质提升计划；

➢ 将形成的成果上传至教学软件；

➢ 对其他同学的成果进行评价/投票。

创业素质提升计划表

实施时间	计划内容

第 7 章 准备创新创业

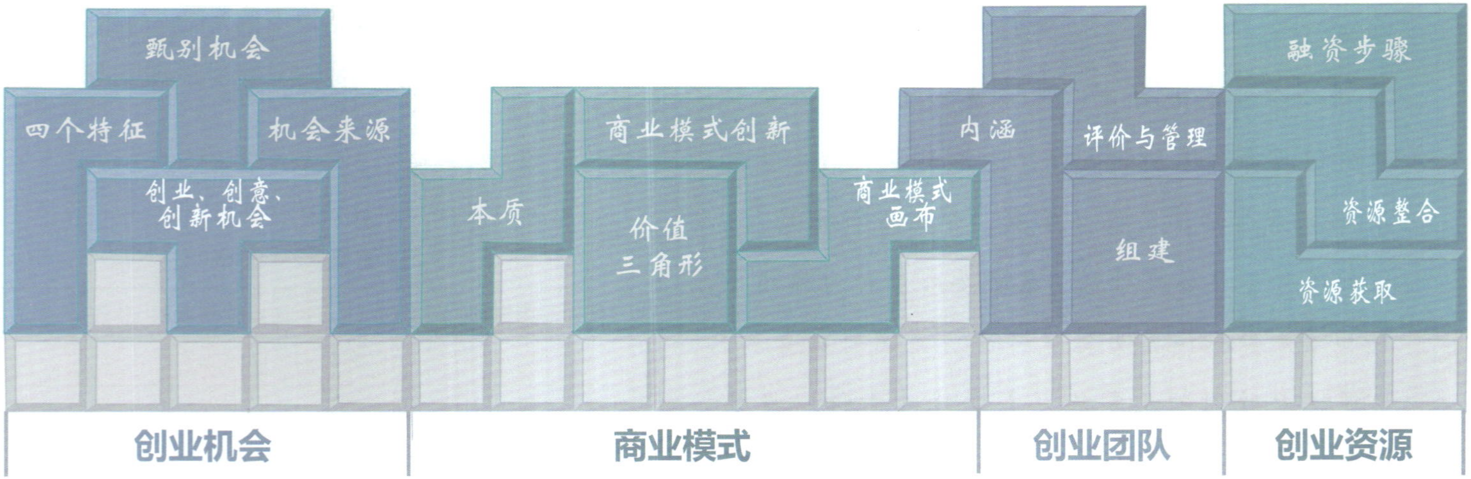

甄别机会
四个特征
机会来源
创业、创意、创新机会
本质
商业模式创新
价值三角形
商业模式画布
内涵
评价与管理
组建
融资步骤
资源整合
资源获取
创业机会
商业模式
创业团队
创业资源

第 1 节　创业机会

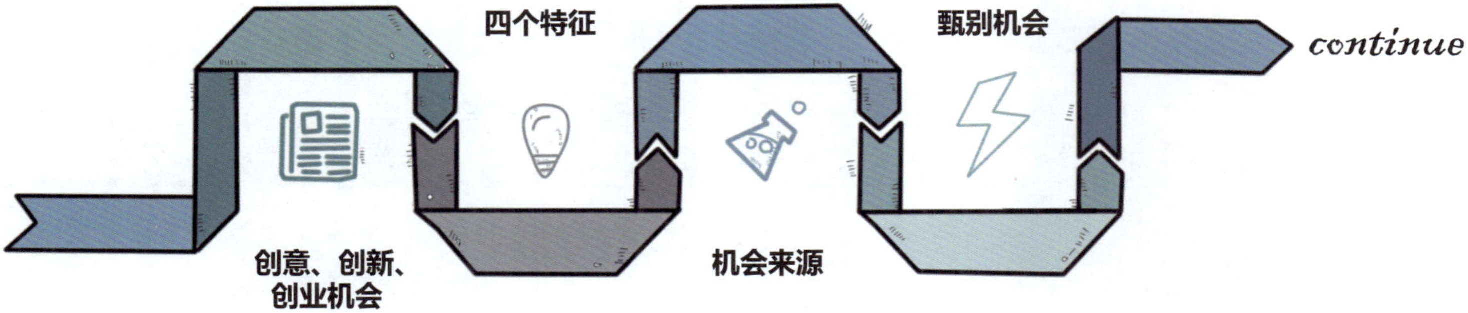

教学目标

- 描述创意、创新、创业机会的联系与区别
- 阐释创业机会所具备的基本特征
- 运用创业机会识别的具体方法，识别创业项目
- 应用四步创业机会选择法，确定创业项目

教学内容

- 创意、创新、创业机会的联系与区别
- 创业机会的四种特征
- 创业机会识别方法
- 四步创业机会选择法

教学重点

- 创业机会识别方法
- 四步创业机会选择法

教学难点

促使学生转变思维方式，根据教学内容，识别出创业机会，并能够熟悉运用四步创业机会选择法的操作流程与操作技巧，选择出优质的创业机会。

教学设计

教学过程	教学内容	教学活动	教学准备
开篇	课程导入 明确目标	1. 利用教学软件，随机选择 2 名同学分享个人作业 2. 教师对学生的分享给予点评和建议，回顾上节课教学内容 3. 通过案例导入/故事导入/问题导入，启发学生思考，引出本节课主题 4. 明确本节课教学目标 5. 强调教学重点和教学难点	演示课件 教学软件
主体	核心知识点 1：创意、创新、机会	1. 使用案例分析法，启发学生思考“创意、创新、创业机会的区别和联系”（发放阅读材料） 2. 随机选择 2 名学生分享讨论结果，教师进行点评和总结 3. 通过举例的方式和播放教学视频，讲授“创意、创新、创业机会的区别和联系”	演示课件 阅读材料 教学视频
	核心知识点 2：创业机会的四个特征	1. 利用教学软件进行提问，让学生思考“创业机会具有哪些特征？” 2. 将学生的答案进行分类总结，归纳出“创业机会的四个特征”（创业机会特征呈现在彩色卡片上） 3. 使用案例分析法，让学生解释“创业机会的四个特征”，教师进行点评和总结	演示课件 教学软件 彩色卡片
	核心知识点 3：创业机会来源	1. 使用头脑风暴法，引导学生说出“你的身边的创业机会”，并分享小组成果 2. 对学生的分享进行点评及总结，启发学生思考“创业项目是如何产生的？” 3. 将学生的回答进行归纳，通过举例的方式，讲授“寻找创业机会的具体途径”（具体途径呈现在彩色卡片上） 4. 启发学生根据讲授内容，识别创业机会，填写创业机会汇总表（发放机会汇总表）	演示课件 机会汇总表 彩色卡片
	核心知识点 4：甄别创业机会	1. 使用小组讨论法，引导学生思考：“如何在众多创业项目中选择出重点项目？” 2. 根据学生的讨论结果，讲授“四步创业机会选择法”的操作流程（创业机会选择的四个步骤呈现在彩色卡片上） 3. 使用模拟练习法，组织各小组运用“四步创业机会选择法”确定主选项目和备选项目，并将成果上传至教学软件，组织学生互评，教师进行点评和总结	演示课件 教学软件 彩色卡片
结尾	课程小结 布置作业	1. 通过提问的方式进行总结（用思维导图呈现教学逻辑和知识点） 2. 布置团队作业：根据各小组确定的主选项目和备选项目完成两份项目简介，将作业上传至软件平台，并对其他小组进行评价/投票	思维导图

教学开篇

创新创业的实质是具有创业精神的个体对具有价值的机会进行挖掘、开发、利用的过程。在一些创业故事中，创业机会的确定似乎可以瞬间完成，这是一种错觉和误导。一般来说，创业者在发现了某一创意后，并不是立刻进行公司的创建和运营，而是通过查阅相关资料及询问相关人士等多种方法进行大量的市场调研。根据调研的结论，再次剖析和重塑创业机会，最终才会创建公司。事实上，创业机会确定是非常复杂的，包括机会的来源、形成、甄选、评价等过程。作为创业者，这些问题你都要进行学习，并发现其中的规律。

故事导入

你知道机会女神波洛斯吗？在泰国有一个很奇怪的雕像：从雕像的正面看是一个非常婀娜多姿的女人…

教学视频：机会女神波洛斯

引出教学主题、明确教学目标、强调重点难点……

问题导入

创业活动始于创业机会的识别，如何能找到一个创业机会？好的创业机会具备什么样标准？如何评估？

引出教学主题

明确教学目标

强调重点难点

……

案例导入

☆ 通过一个苹果三种机会/本校学生的创业案例，让学生认识到创业机会的重要性。

引出教学主题

明确教学目标

强调重点难点

……

教学主体

核心知识点 1：创意、创新、创业机会

核心内容

☆ 任何重要的行动都来自某种想法，创业活动更不例外。每个想法都是创业机会吗？它可能是一种创意或创新，但不一定就是创业机会。

☆ 为了突出创业机会的重要性，强调识别创业机会更加注重甄别和评估，这里将三者区分开来阐述。

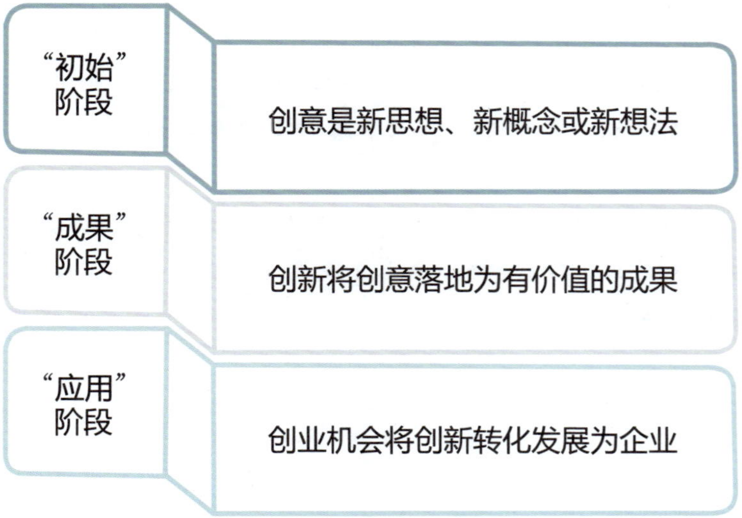

三个阶段

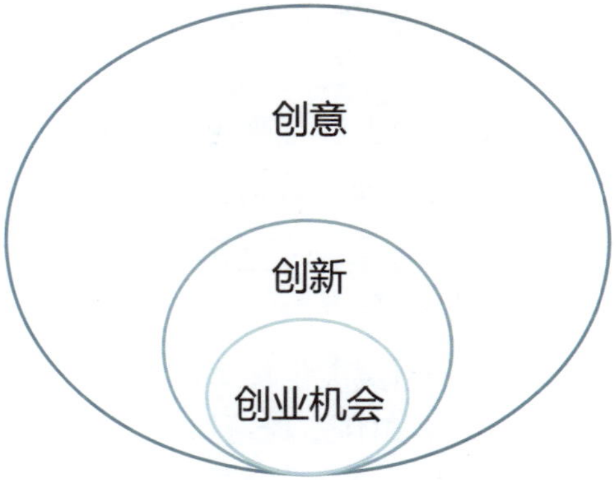

创意、创新与创业机会之间的区别和联系

课堂活动

☆ 综合使用案例分析法、小组讨论法开展教学活动；

☆ 组织学生讨论生活中的不同创意，可提供几个的创意小例子（可参考“参考资料”中的创意）；

☆ 引导学生思考“如果你是 VC（风险投资），你会为他们投资吗？为什么?”，分享讨论成果；

☆ 教师进行简要点评和总结，着重点评学生阐述原因的科学性和全面性，着重总结各种创意的优势和不足。

参考资料

创意 1：在传统门铃上进行改变。这种新的门铃可以实现多种铃声，根据不同的需求可以播放不同的铃声，还可以增加录音功能，如播放：“我不在家，请您稍后联系。”

创意 2：随着人们对于养生健康的追求日益上升，保健按摩行业发展较快。现根据该市场需求，开发一款新产品：保健按摩衣。将人体穴位在按摩衣上进行标注，可实现在家保健按摩。

教学视频：别把创意当机会

➲ 创意是机会的起点，教师要提醒学生多留意身边的创意。

➲ 举例时用的创意可以是历届学生产生的，也可以是学生在创新认知章节中产生的，教师要注意前期的创意积累。

➲ 创新是创意的深化阶段，其结果要求产生有价值的成果，而创业机会才能将创新转化发展为企业。这一过程就是创业机会的识别。

FOCUS

核心知识点 2：创业机会的四个特征

核心内容

很多创业的例子都告诉我们，机会识别是非常复杂、微妙、困难的过程。

如果连世界上非常聪明、有见识、经验丰富的投资家都错过了阿里巴巴这样的投资机会。那么，我们可以断言：从想法转变成高潜力创业机会的历程是难以捉摸和充满高风险的。

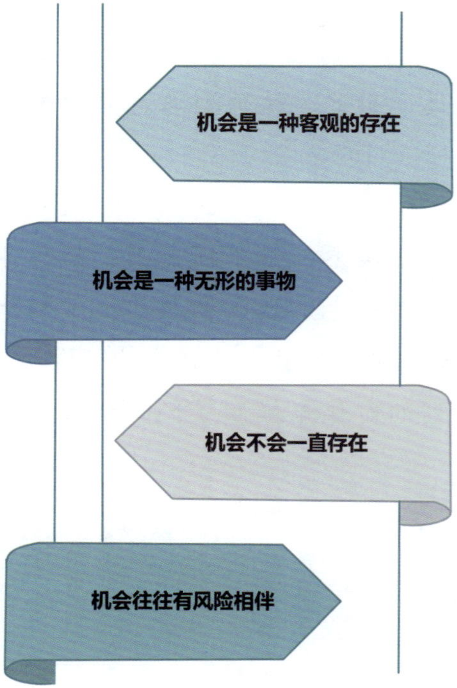

创业机会的四个特征

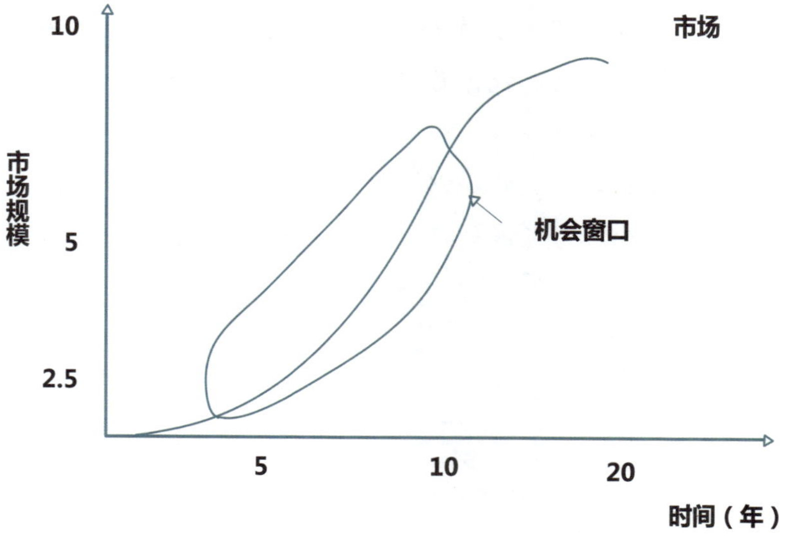

机会窗口

课堂活动

☆ 综合使用头脑风暴法、小组讨论法、案例分析法开展教学活动；

☆ 通过本校学生案例或相关新闻报道，让学生进行讨论“创业机会具备哪些特征?”，要求每个小组总结三点，并将讨论后的答案上传至教学软件；

☆ 教师将学生的结果进行归纳和总结，结合案例利用彩色卡片讲解创业机会的四个特征。

在讲授创业机会的特征时，结合相应案例效果会较好，建议选用贴近学生的创业失败案例或自编案例，以引起学生兴趣，易对知识点产生深刻理解。

教师要善用形象亲切的话语引导、启发学生，如：

机会的识别就像你进行一段未知的旅程。想象一下，这就像一次要经过不同地形、经历各种天气条件的旅行。这个历程不仅要有阳光、笔直平坦的高速公路，也有迂回曲折、上下起伏的羊肠小路，这些小路可能把你逼到绝境，沿途你也可能遇到龙卷风、沙暴、飓风和火山爆发。你最常遇到的可能是在荒无人烟时耗尽了汽油，或在你最想不到的时候车爆胎了！而这就是你在创业路上即将进行的旅程。

FOCUS

核心知识点 3：创业机会来源

核心内容

☆ 很多人深感创业项目难找，这往往是对市场洞察不透彻造成的，就像培根说过的一句话："善于识别与把握时机是极为重要的。在一切大事业上，人在开始做事前要像千眼神那样审视时机，而在进行时要像千手神那样抓住时机。"

☆ 创业机会既可能是自然生成的，也可能是你创造出来的，而大多数属于后者情况。若想把握创业机会，就必须清楚知道创业机会从何而来，并思考究竟如何去创造。

☆ 机会就在你的身边，它可能在你最熟悉的班级、校园、城市中，也可能蕴藏在你最擅长的专业、兴趣、经验中。多留意生活中的细节，会有意想不到的收获。

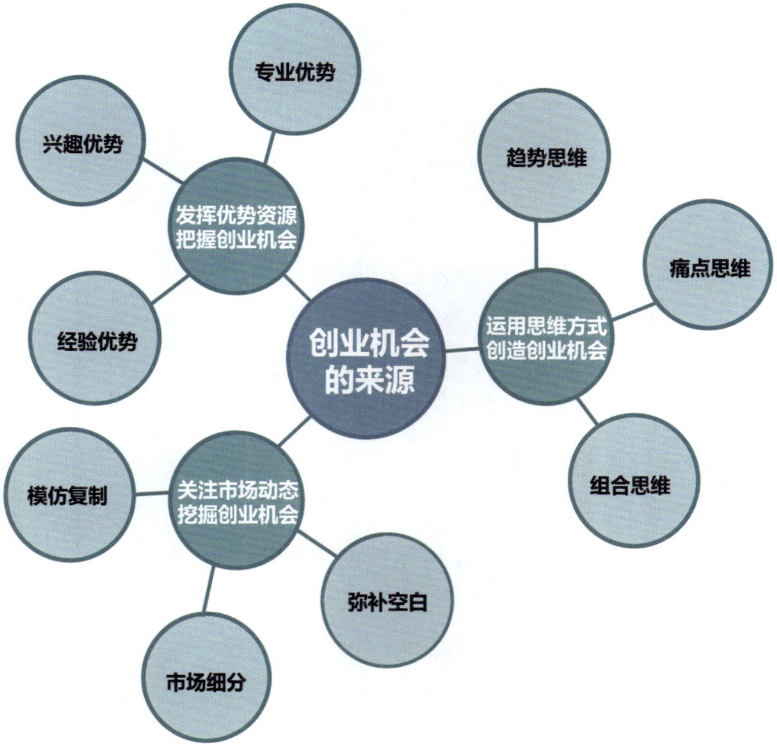

创业机会的来源

创业案例：核心技术撬动企业发展

创业案例：#FFFFFFT

教学视频：你身边的创业机会

教学视频：未来 10 年 5 个必然趋势和流行思维

课堂活动

☆ 综合使用案例分析法、头脑风暴法、小组讨论法、模拟练习法开展教学活动；

☆ 组织学生讨论“你身边存在哪些创业机会？”；

☆ 通过本校案例或竞赛中的案例，讲授创业项目的来源；

☆ 指导学生尽可能多的寻找创业机会，形成创业机会汇总表；

☆ 分享学生成果，教师进行点评和总结，点评时要启发学生更进一步思考创新点，总结时要肯定学生成果的优秀之处。

- 寻找创业机会的方法除上述归纳的九种方法以外，教师要有意结合自身经验、区域经济、地域特色等探索出更多方法供学生选择。
- 建议教师着重强调，大学生创业要尽可能结合所学专业产生项目。教师可帮助学生了解本校的学科优势、教师的科研项目、科研成果等，从中产生创业想法，并通过初步研究确定是否可作为创业项目去实践；或者以产学合作的形式，了解行业所需，与企业共同发展项目。大学生创业仍要倾向于科转项目，鼓励师生共创，进而提高成果质量和市场竞争力。

FOCUS

核心知识点 4：甄别创业机会

核心内容

☆ 甄选创业机会，就是在众多创业机会中选择出既适合你又具有高潜力商业价值的创业机会。很多创业者都会产生很多创业想法，针对每一个想法，他们都会一一研究，最终才能确定创业机会。马克·扎克伯格（Mark Zuckerberg）就是具有代表性的范例。他认为，最坏的创业是没有选择的机会，最有希望的创业是有较多机会可选的创业。但若不能识别和选择机会，创业者又必会陷入最坏的境地。

☆ 如果你要把所能想到的所有机会都仔细研究一遍，一个季度不够，一年也不一定够，甚至十年都不一定够，这就是残酷的现实。因此，你需要一个科学高效地判断方法，这就是由先做加法、再做减法、标准排序、重点测试这四个步骤组成的快速筛选创业机会的过程。

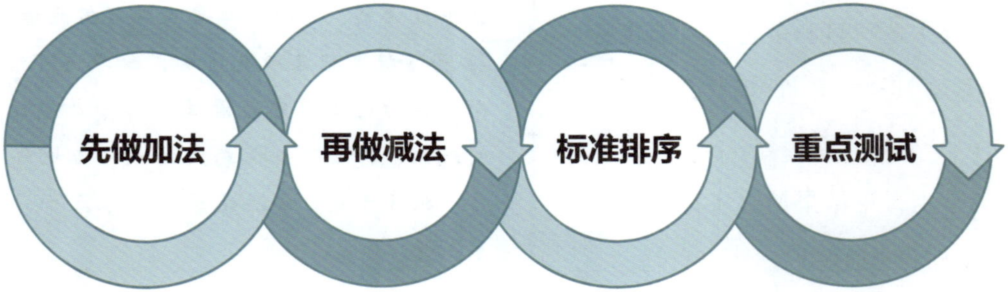

四步创业机会选择法

课堂活动

☆ 综合使用头脑风暴法、模拟练习法、小组讨论法开展教学活动；

☆ 组织学生将产生的创业机会汇总表与小组其他成员进行交流、分享和汇总；

☆ 指导学生运用“再做减法”删减小组产生的创业机会；

☆ 指导学生根据市场需求与团队优势共同讨论剩下的创业机会；

☆ 组织学生将确定主选项目和备选项目上传至教学软件，其他小组对其进行评价/投票，教师进行点评和总结；

☆ 教师着重点评学生讨论结果的真实性和客观性及考虑问题的科学性和全面性。

教学视频：四步让你选商机

➲“四步创业机会选择法”为指导学生进行选择创业机会提供了一个教学思路，适用于创业机会的初步判断，系统性评估创业机会是非常复杂的过程，需要经过大量的市场调研工作（具体详见第八章第一节）。

➲ 教学视频中各步骤对应的具体指标属于大多数法则，教师可调整、更换，但要有理有据地讲清楚。

➲ 为了提高创业项目质量，教师还可增加限制条件，如所选择的创业项目必须满足与专业密切结合、存在技术创新点、存在商业模式创新点、与现代信息技术紧密结合、服务于地方经济建设等要求之一。具体操作可参见第三章。

FOCUS

教学结尾

教学总结

☆ 通过提问的方式，总结教学知识点；

☆ 利用教学软件检查学生掌握程度，再次强调教学重点。

布置个人作业

☆ 根据各小组确定的主选项目和备选项目完成两份项目简介；

☆ 将成果上传到软件平台；

☆ 对其他小组的成果进行评价/投票。

➲ 创业机会这一教学主题是创业课程的核心，后面的教学知识点几乎都是围绕创业机会展开的。通过讲、练并行的课程教学，让学生选择一个优质的创业机会，不论过程还是结果，都会让学生感受到运用独特、多维的思维和视角去审视身边的事物后，找到或发现问题并积极解决问题所带来的喜悦和前所未有的自我价值的存在，能够极大地调动学生探索未知的兴趣，也是培养学生创新创业意识与思维的有效途径。如果教师细心引导，会挖掘出一些有价值的创业项目，成就学生的同时，也提升自己。

➲ 这部分教学可适当延长学时，重点内容可反复练习，让学生熟练应用具体操作方法。

➲ 为深入达到专创融合的效果，可与相关专业教师合作完成这部分教学。专业教师着重讲授专业前沿热点问题、专业核心技术的应用领域、相关专业的创新创业方向及案例，开扩学生的专业视野。

➲ 教师要提醒学生注意创业机会的选择只是创业路上的第一步，为了能使这充满意义的旅程更加顺利，还要制定相应的创业计划，而在形成计划书的过程中，仍须不断完善、调整、重塑所选择的创业机会。

FOCUS

第 2 节　商业模式

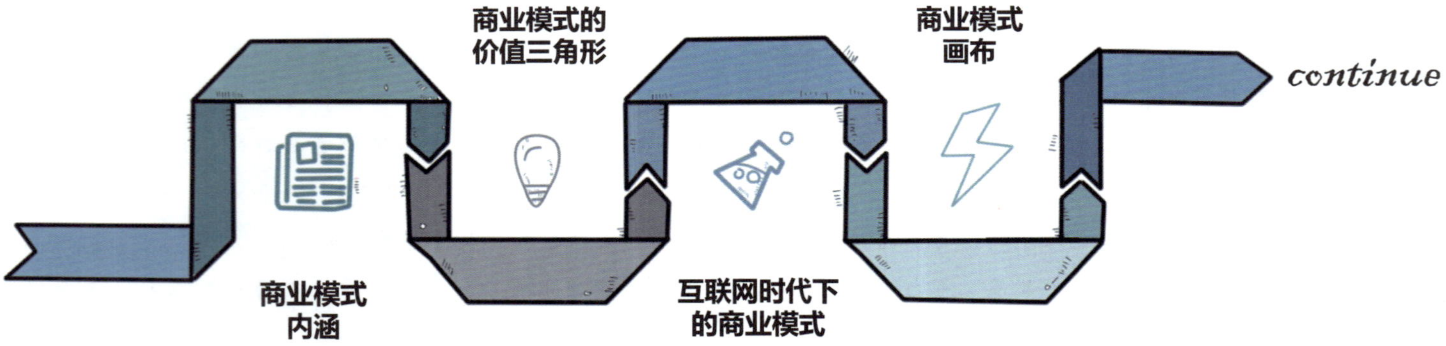

教学目标

- 说出商业模式概念
- 描述商业模式价值构成
- 比较商业模式特征
- 构建互联网时代下的商业模式
- 运用商业模式画布

教学内容

- 商业模式的内涵与意义
- 商业模式的价值三角形
- 互联网时代下的商业模式
- 商业模式画布

教学重点

- 商业模式的价值三角形
- 互联网时代下的商业模式
- 商业模式画布

教学难点

- 将讲授的商业模式经典工具、典型案例运用于学生的创业项目，指导学生设计出初步的商业模式画布，并结合后续的学习内容验证所构建的商业模式。

教学设计

教学过程	教学内容	教学活动	教学准备
开篇	课程导入 明确目标	1. 利用教学软件，随机选择 2 组同学分享团队作业 2. 其余各组学生利用教学软件对分享组进行评价/投票 3. 教师对学生的分享给予点评和建议，回顾上节课教学内容 4. 通过问题导入/案例导入，启发学生思考，引出本节课主题 5. 明确本节课教学目标 6. 强调教学重点和教学难点	演示课件 教学软件
主体	核心知识点 1：商业模式的价值三角形	1. 利用教学软件提问，启发学生思考“什么是商业模式?” 2. 将学生的回答进行归纳，通过举例的方式，讲授“商业模式的内涵” 3. 使用案例分析法，讲授“商业模式的价值三角形” 4. 使用模拟练习法，指导学生设计本组的“商业模式价值三角形”，并将讨论结果呈现在活页挂纸上 5. 教师对学生的成果进行点评，并给出针对性建议	演示课件 教学软件 阅读材料 活页挂纸
	核心知识点 2：互联网时代下的商业模式	1. 通过举例的方式，讲授“互联网时代下商业模式的基本类型”（四个类型呈现在彩色卡片上） 2. 使用模拟练习法，指导学生结合项目设计符合互联网思维的商业模式，并将讨论结果上传至教学平台 3. 教师对学生的成果进行点评，并给出针对性建议	演示课件 教学软件 彩色卡片
	核心知识点 3：商业模式画布	1. 通过举例的方式，讲授“商业模式画布” 2. 使用小组讨论法，组织学生排列“商业模式九个构造块的逻辑顺序”，并将讨论结果上传至软件平台（九个构造块呈现在彩色卡片上） 3. 教师对学生的成果进行点评，重点讲解“商业模式九个构造块的逻辑顺序”	演示课件 教学软件 彩色卡片
结尾	课程小结 布置作业	1. 通过提问的方式进行总结（用思维导图呈现教学逻辑和知识点） 2. 布置团队作业：根据课上讨论的内容，设计小组项目的商业模式画布，将成果上传到教学软件，对其他小组进行评价/投票	思维导图

教学开篇

新经济时代下，无数的商业模式创新不断涌现，颠覆性的全新商业模式是我们这个时代的标志。那些全新商业模式的设计者和执行者成为商业世界的新贵，他们发现新的挖掘顾客价值的秘密，改变着行业的竞争规则。传统的商业运营模式正在经受前所未有的考验，有的被无情淘汰，有的却能绝处逢生。如何用模式突围、如何用模式创造新的传奇，是所有创业者的困惑。本节课我们一起探寻应对市场竞争的利器——商业模式，共同找到它的创新路径。

问题导入

☆ 什么是商业模式？

☆ 商业模式的构成要素有哪些？

☆ 新经济下的商业模式都有哪些特点？

引出教学主题

明确教学目标

强调重点难点

……

案例导入

☆ 通过小米公司/良品铺子/名创优品的创业案例，逐步揭开商业模式的神秘面纱，让学生认识到商业模式的重要性。

创业案例：小米的商业模式　　创业案例：良品铺子的商业模式

引出教学主题、明确教学目标、强调重点难点……

教学主体

核心知识点1：商业模式的价值三角形

核心内容

☆ 正如管理学大师彼得．德鲁克所说："21世纪企业间的竞争，已经不再是产品和服务间的竞争，而是商业模式之间的竞争。"

☆ 既然商业模式这样重要，到底什么是商业模式呢？商业模式（Business Model）是企业成长的利器，是以价值为核心，描述了企业如何创造价值、传递价值和获取价值的基本原理。

☆ 价值主张、价值创造与价值获取构成了一个稳定的三角形结构，帮助企业构建自己的核心商业模式。

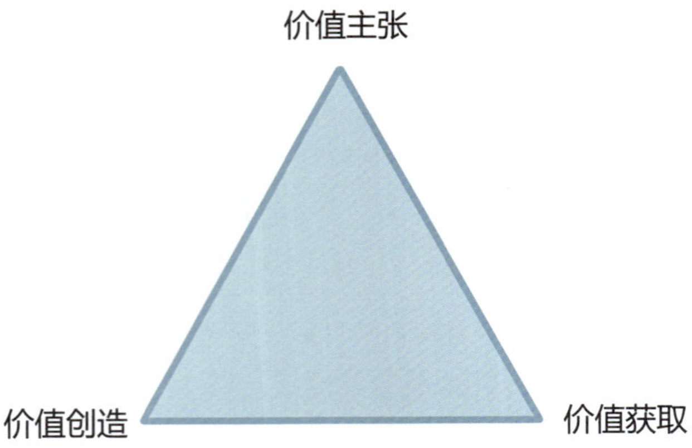

商业模式的价值三角形

客户价值创新创造

创业案例：唯品会的核心价值

创业案例：卡洛驰的蓝海沉浮

创业案例：东北饺子王喜家德的模式创新

课堂活动

☆ 综合使用案例分析法、头脑风暴法、模拟练习法、小组讨论法开展教学活动；

☆ 通过创业案例，引导学生总结商业模式价值三角形；

☆ 组织学生讨论并设计出本组创业项目的商业模式价值三角形；

☆ 组织学生分享讨论成果，教师进行点评和总结，着重点评学生成果的科学性和可行性。

FOCUS

- 明确的客户价值主张是构建商业模式的出发点，价值创造是企业在创业中所追求的最高目标，是企业获取经济收益最理想的状态。
- 学生在设计项目商业模式价值三角形时，教师要积极正确的进行引导。使学生明白价值主张必须着眼于客户的“痛点”，价值创造则要勇于突破创新，每一步的设计都要考虑能否实现价值获取。
- 教师可以通过五种方式引导学生设计盈利模式：

  第一，利润来自直接客户的盈利模式

  第二，利润来自“产品＋内容”的盈利模式

  第三. 利润来自第三方的盈利模式

  第四，利润来自“主业＋副业”的盈利模式

  第五，利润来自“授权收费”的盈利模式

核心知识点 2：互联网时代下的商业模式

核心内容

☆ 随着工业时代演进到万物互联时代，商业模式发生了极大的改变。

☆ 在互联网的不确定性下，以往的商业模式被颠覆，传统意义上可依托的壁垒被打破，任何的经验主义都显得苍白无力。

☆ 诺基亚、东芝、摩托罗拉等多家国外著名传统电子厂商被兼并或者倒闭的消息接踵而至，而苹果公司成为世界上市值最高的公司。

☆ 互联网改变了交易场所，拓展了交易时间，丰富了交易品类，加快了交易速度，减少了中间环节。互联网颠覆了以往的商业模式。

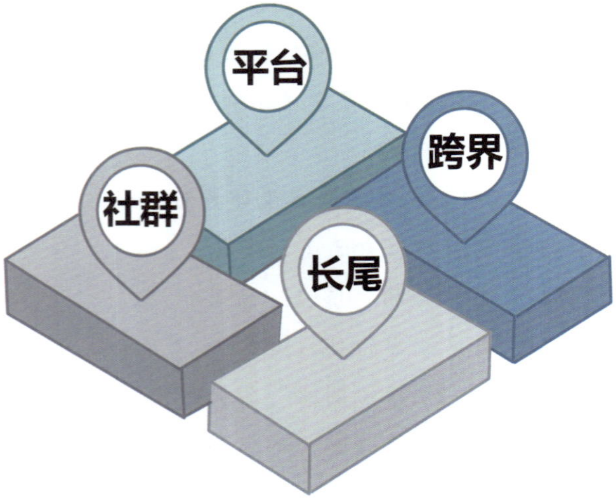

四种基本类型

商业模式图

课堂活动

☆ 综合使用头脑风暴法、模拟练习法、小组讨论法开展教学活动；

☆ 组织学生观看《互联网思维》，启发学生思考“互联网思维的特点”；

☆ 通过创业案例，引导学生总结商业模式的四种基本类型；

☆ 组织学生讨论“你的创业项目最契合哪一种商业模式？”；

☆ 教师进行点评和总结，着重点评学生成果的科学性和可行性。

教学视频：互联网思维

- 互联网时代下的商业模式，是人的聚合，更是连接信息、产品、服务、内容、商业等的载体。
- 互联网既消除了空间的地理距离，又改变了信息不对称的主动方和被动方的地位，使消费者的主导地位得以确定。这意味着整个商业从此将由企业主导转为用户主导，用户真正的主权时代到来了。提醒学生要善于利用时代的风口，迎风起舞，乘势创业。
- 教师可以启发学生利用互联网精神（平等、开放、协作、分享）来颠覆和重构整个商业价值链。

FOCUS

核心知识点 3：商业模式画布

核心内容

☆ 瑞士学者亚历山大·奥斯特瓦德（Alexander Osterwalder）与比利时学者伊夫·皮尼厄（Yves Pigneur）合著的《商业模式新生代》一书，将商业模式设计成简洁易懂的可视化版式，以绘图形式将其呈现为一个商业模式画布（Business Model Canvas）。

☆ 画布由九个方格组成，每一个方格都代表着成千上万种可能性和替代方案，你要做的就是找到最佳的那一个。

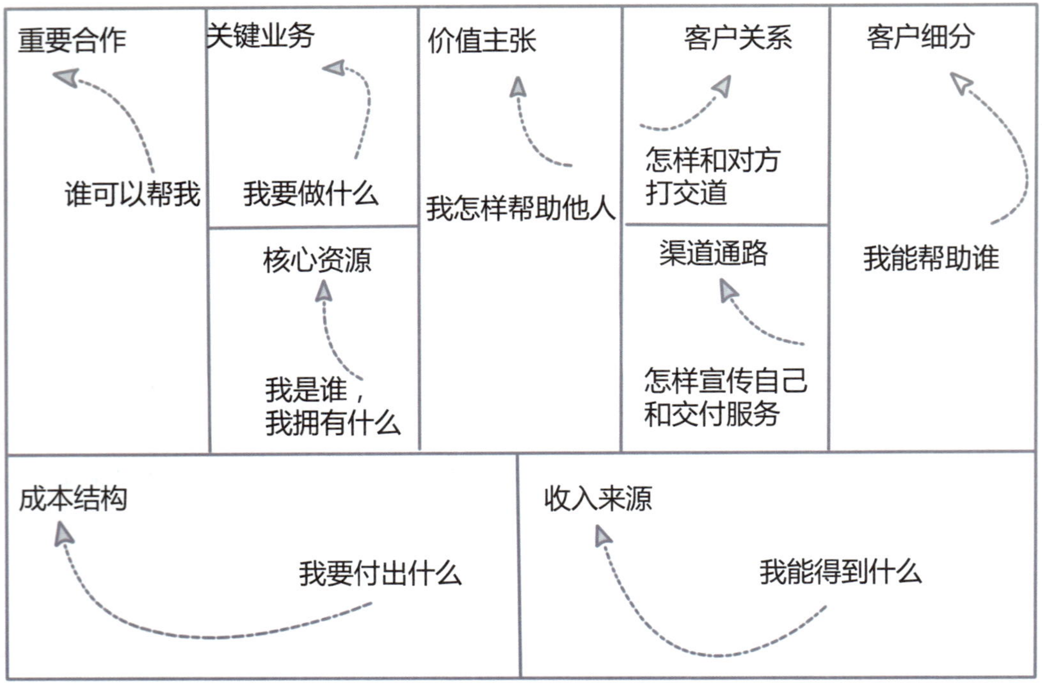

商业模式画布

课堂活动

☆ 综合使用案例分析法、小组讨论法、模拟练习法开展教学活动；

☆ 通过创业案例，让学生总结出商业模式的九个构造块；

☆ 组织学生根据收到的商业模式九个构造块的无序卡纸，按照 1 ~ 9 的顺序排列；

☆ 要求各小组对活动结果进行展示，并结合各组差异进行讨论；

☆ 教师进行点评和总结，着重点评学生成果的逻辑性。

教学视频：揭开 BM 的神秘面纱

➲ 在教学中，教师要注意强调商业模式是围绕“价值”进行描述的。通过课堂活动，启发学生以自己的方式去思考，体会商业模式的本质，并讨论确定本组项目构建商业模式时的出发点和落脚点。

➲ 引导学生理解商业模式画布仅仅是一个工具，可以清晰地描述出项目的商业模式。画布中的九个构造块相互支撑，共同展示出企业创造盈利的逻辑，覆盖了商业的四个核心方面，即客户、产品或服务、基础资源和财务能力。

FOCUS

教学结尾

教学总结

☆ 通过提问的方式，总结教学知识点；

☆ 利用教学软件检查学生掌握程度，再次强调教学重点。

布置个人作业

☆ 根据课上讨论的内容，设计小组项目的商业模式，并绘制商业模式画布；

☆ 广泛与身边的同学、朋友、家人和相关领域人士交流，听取他们的意见来检验与修正自己的商业模式；

☆ 将成果上传到软件平台；

☆ 对其他小组的成果进行评价/投票。

➲ 商业模式是企业安身立命、健康成长的根本。它能够帮助创业者梳理创业思路，也可以为企业寻找打造核心竞争能力的突破口。

➲ 学时充足的情况下，要求学生课上完成初步的商业模式画布，并根据教师的点评和建议，课下做进一步调整和优化；如果学时不足，则留为课后团队作业，并在下一节课组织分享。

➲ 教师在总结时，要强调：

构建的商业模式不是固定不变的，在经过市场测试后，需要根据市场反馈的结果不断优化与升级。

FOCUS

第 3 节　创业团队

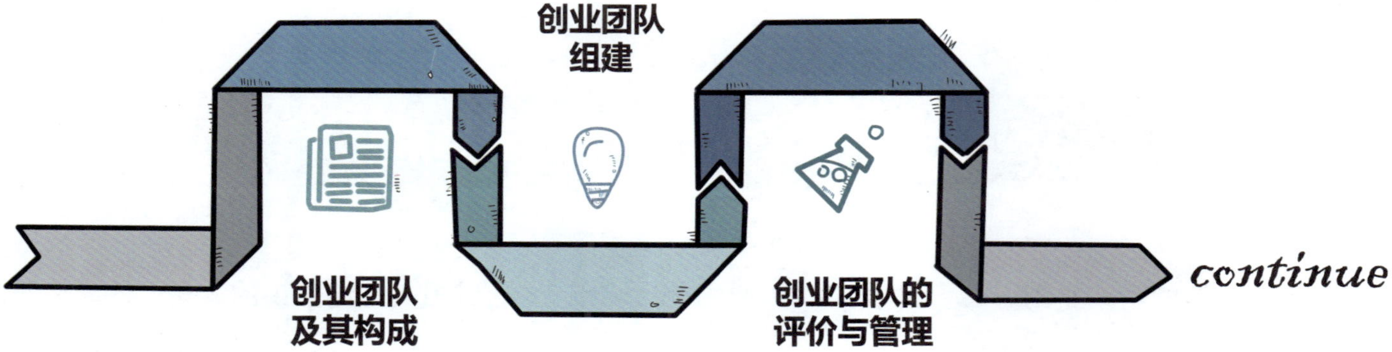

教学目标

- 描述团队角色构成
- 解释创业团队组建的基本原则
- 运用团队组建的基本流程，设计团队组建计划
- 评价创业团队，制定创业团队管理计划

教学内容

- 创业团队的内涵
- 创业团队的角色构成
- 创业团队组建的基本原则
- 创业团队的组建流程
- 高效创业团队的特征
- 创业团队的评价与管理

教学重点

- 创业团队组建的基本原则
- 创业团队的组建流程
- 高效创业团队的特征
- 创业团队的评价与管理

教学难点

• 通过相关理论知识的讲授，使学生充分认识到创业团队的重要性，指导学生分析和评估现有团队，并根据项目需要和创业团队实际情况，制定团队优化和管理计划。

教学设计

教学过程	教学内容	教学活动	教学准备
开篇	课程导入 明确目标	1. 利用教学软件，随机选择 2 名同学分享团队作业 2. 其余各组学生使用教学软件对分享组进行评价/投票 3. 教师对学生的分享给予点评和建议，回顾上节课教学内容 4. 通过问题导入/案例导入，启发学生思考，引出本节课主题 5. 明确本节课教学目标 6. 强调教学重点和教学难点	演示课件 教学软件
主体	核心知识点 1：创业团队	1. 通过播放视频的方式，引导学生思考“团队的重要性”，教师进行总结 2. 通过举例的方式，讲授“什么是创业团队”，分析创业团队的基本特征 3. 使用案例分析法，讲授“创业团队的角色及其构成”（创业者的八种角色呈现在彩色卡片上） 4. 使用模拟练习法，组织学生分析创业团队的角色及构成状况，分享讨论结果，教师进行点评和总结	演示课件 教学软件 教学视频 彩色卡片
	核心知识点 2：创业团队的组建	1. 通过观看视频及举例的方式，讲授“创业团队组建的基本原则” 2. 使用案例分析法，启发学生思考：“创业团队如何进行股权设计”，教师进行总结 3. 通过举例的方式，讲授：“创业团队的组建流程” 4. 使用模拟练习法，组织学生根据项目设计团队股权和结构图，并将讨论结果向其他小组展示分享，教师进行点评和总结	演示课件 教学视频 阅读材料 教学软件
	核心知识点 3：创业团队的评价与管理	1. 通过举例的方式，讲授“高效创业团队的特征” 2. 分发《创业团队评价表》，组织学生以项目为依托，进行项目团队评价。并将讨论结果上传至教学软件，教师进行点评和总结 3. 通过举例的方式，启发学生思考“团队冲突的表现及原因”，讲授“创业团队的管理技巧”	演示课件 教学软件
结尾	课程小结 布置作业	1. 通过提问的方式进行总结（用思维导图呈现教学逻辑和知识点） 2. 布置课后团队作业：根据课上讨论的内容，制定创业团队优化和管理计划，将成果上传到教学软件，对其他小组进行评价/投票	思维导图

教学开篇

智者云："若要走得快，就独自前行；若要走得远，那就结伴同行。"一个人的能力和资源是有限的，团队的重要性不言而喻。对于没有合伙人，单打独斗的创业项目是很难拿到投资的。由各种人才组成的创业团队决定着我们往后的创业过程失败或成功。一个好的团队，应该拥有的最重要的基因，就是"肯担当，愿意成全"。从最开始大家一起成全创业者，到最后创业者成全团队。这种互动与互进，让创业者在创业的途中，总能看清自己。无论是风光时还是失败时，都不至于过分喜悲。

问题导入

☆ 创业学之父杰弗里·蒂蒙斯提出创业的三要素为：机会、资源和团队。这三个要素中，哪一个是更为重要的基础性要素呢？创业机会和资源是需要人来挖掘与整合的，因此，团队是更为重要的创业要素。

☆ 相比个人创业，团队创业成功概率更大，团队成员间性格、能力的互补，能够助力团队快速腾飞。那么，创始人要怎样构建创业团队呢？

引出教学主题、明确教学目标、强调重点难点……

案例导入

☆ 通过新东方三驾马车/携程四君子/腾讯五虎将/阿里巴巴十八罗汉的创业案例，让学生理解创业团队组建与管理对于创办企业的重要意义。

参考资料：向大雁学习团队合作

引出教学主题、明确教学目标、强调重点难点……

教学主题

核心知识点 1：创业团队

核心内容

☆ 团队创业的重要性：一项针对美国波士顿地区 128 号公路周边科技创业公司的调查发现，成功的创业公司中有 70% 都是属于团队创业的类型。认识团队的重要性，组建合格的创业团队是创业者需要完成的第一步。

☆ 什么是创业团队呢？创业团队是由技能互补、贡献互补的创业者组成的特殊群体，具有特定的工作目标，成员间互相依赖、技能互补、成果共享、责任共担，是通过成员间的共同协作和努力完成共同目标的特殊群体。

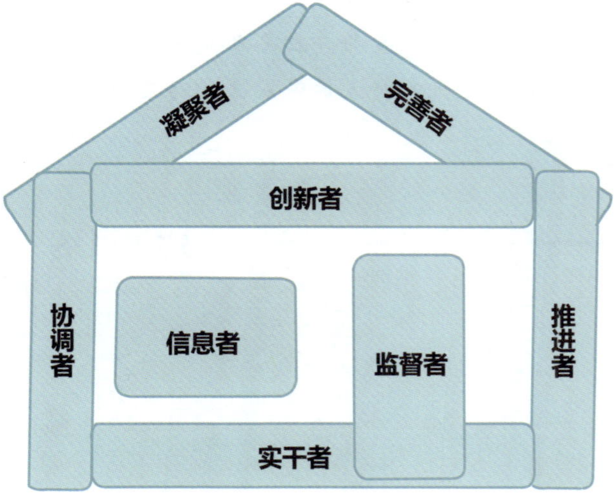

创业团队角色构成

八种角色，它们各有特点，优势互补，这种互补不仅有性格的互补，更有能力、专业知识、社会背景和实践经验的互补。如果团队中缺乏角色会怎样呢？缺乏实干者，缺乏行动；缺乏推进者，效率不高；缺乏创新者，创新能力不强；缺乏信息者，封闭；缺乏协调者，团队会乱；缺乏凝聚者，人际关系紧张；缺乏监督者，大起大落；缺乏完善者，太粗。可见，缺乏任何角色，团队都会出现这样那样的问题和不足。所以，你需要高度重视团队全面角色建设。

教学视频：蚂蚁军团

教学视频：创业的基石

教学视频：西游记团队角色分析

课堂活动

☆ 综合使用案例分析法、模拟练习法、小组讨论法开展教学活动；

☆ 通过本校学生创业案例，引导学生总结创业团队角色及其构成；

☆ 组织学生根据创业项目讨论各自创业团队的角色及构成状况，分析团队应该补充和完善的角色，并分享小组讨论成果；

☆ 教师着重点评学生成果的科学性。

关于创业团队角色，教师在教学中要强调，在创业初期，由于资源有限，创业团队中一人承担多种角色是十分常见的，也是非常正常的。重要的是要先定位自己的角色，在了解这些角色特点的基础上，为其他角色物色合适的人选。

FOCUS

核心知识点 2：创业团队的组建

核心内容

☆ 创业团队组建——“合适”才是最重要的。创业者能否走得更远，取决于创业者的基本素质和他所创建的团队。

☆ 创建团队，就是一个寻找人才的过程。大家走到一起来，多是机缘巧合。要么是兴趣相投、专业技术相似的同学朋友，要么是有着共同想法的人合伙创业。

☆ 创业团队在吸引人才上要比大企业逊色得多，这就形成了创业团队组建的困境。如何去改变这样的困境，是对团队领导者的考验。

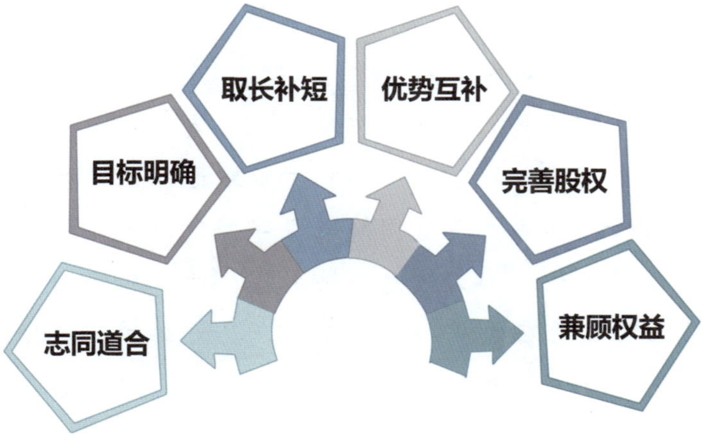

团队组建的基本原则

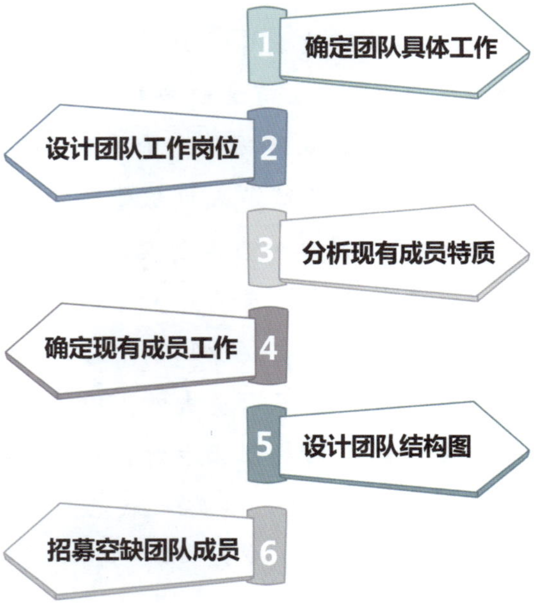

创业团队组建流程

课堂活动

☆ 综合使用头脑风暴法、模拟练习法、小组讨论法开展教学活动；

☆ 通过观看教学视频，帮助学生理解股权设计的重要性；

☆ 组织学生讨论，设计自己的“团队结构图”并进行小组展示；

☆ 教师着重点评学生成果的科学性和合理性。

教学视频：团队组建原则

教学视频：马化腾的股权之计

➲ 创业团队组建教学，教师应重点把握纠正“创业团队组建的随意性”，强化“团队组建的合理性”，引导学生有意识去扩大交际范围，积累人脉资源，以备未来之需。

➲ 教师讲授股权结构时，着重强调创业者要具有股权意识，关于股权设计的内容可以在这部分讲授，也可以在融资或组织管理中讲授。

➲ 教师可以列举一些典型实例，加强学生对这部分知识的理解。如：

马云曾直言，自己是世界上最幸运的人，这么多有才能的人加入阿里巴巴，完美的团队是阿里巴巴成功的重要原因。“有时一个工程师去说服别人可能很难，那我去说服他，但做程序我不行，要让技术人员去做。投资人讨厌我，因为我谈的方式不是围绕着数字，所以我让蔡崇信去谈。而当面对创业者时，蔡崇信知道创业者不喜欢他，因为他总是聊数字，所以我和创业者去谈。”马云说，这是一个完美的团队，阿里巴巴成功在于此。可以看出，良好的团队，合理的分配以及团队中每个人的协作意识就是决定这个团队走向成功的关键。

FOCUS

核心知识点 3：创业团队的评价与管理

核心内容

☆ 团队组建之初，其凝聚力、创造力、竞争力和协作力都不能达到最好的状态，不会马上成为理想型团队。随着企业的成长，团队的权力分配、理念分歧、利益冲突等问题也会浮出水面。

☆ 虽然初建团队有着各种各样的问题，但可以通过科学的评价与有效的管理，依然可以实现 1 + 1 > 2。

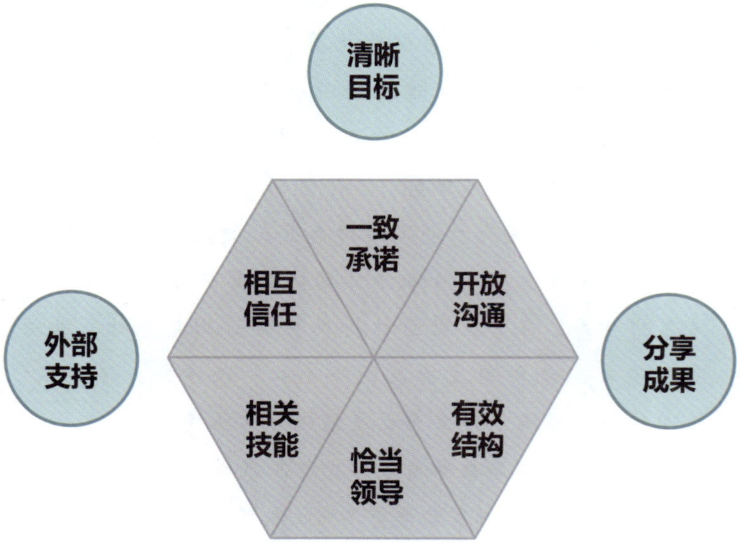

高效创业团队的特征

创业团队的管理技巧

参考资料：创业团队评价表

教学视频：你需要一支高效的创业团队

教学视频：打造高效的创业团队

教学视频：新东方打造高效的创业团队

课堂活动

☆ 综合使用案例分析法、模拟练习法、小组讨论法开展教学活动；

☆ 通过西游记创业团队/本校学生创业案例，引导学生总结高效创业团队的特征、团队冲突的表现和原因、创业团队的管理技巧；

☆ 分发《创业团队评价表》，组织学生以项目为依托，进行项目团队评价，分享讨论结果，教师给出完善措施；

☆ 教师着重点评学生所完成的“创业团队评价”的客观性。

➲ 在创业团队评价与管理的教学中，教师应着重强化团队管理的方法与技巧，这里面隐含了另外一层含义，就是提升创业者的领导力。建议教师以典型案例为切入点，加深学生对领导力的理解。

➲ 创业团队组建是一个不断动态变化的过程。教师要提醒学生：课堂上同一专业学生组建的团队在结构上是非常不科学的，在申报国创计划或参加创业竞赛时，必须要从项目实施的角度出发，跨专业、跨学科、跨年级、跨学校组建团队，师生同创更能增加团队竞争力。

➲ 创业团队管理的教学内容要根据课程的学时安排适当延展，团队管理与企业管理略有不同，教师要注意区分。

FOCUS

教学结尾

教学总结

☆ 通过提问的方式，总结教学知识点；

☆ 利用教学软件检查学生掌握程度，再次强调教学重点。

布置个人作业

团队作业

☆ 根据课上讨论的内容，制定创业团队优化与管理计划；

☆ 将成果上传到软件平台；

☆ 对其他小组的成果进行评价/投票。

➲ 在实际情况中，创业者组建团队时具有很强的自我性、随意性和盲目性，教师必须强化学生对团队的正确认识。

➲ 创业团队这部分内容理论性较强，内容较空，实操性较弱。因此，在教学设计时，教师可考虑使用游戏教学法、案例选取本校或学生创业实例（正反面结合）。如果条件允许，也可采用模拟训练，具体操作参见第十一章。

FOCUS

第 4 节　创业资源

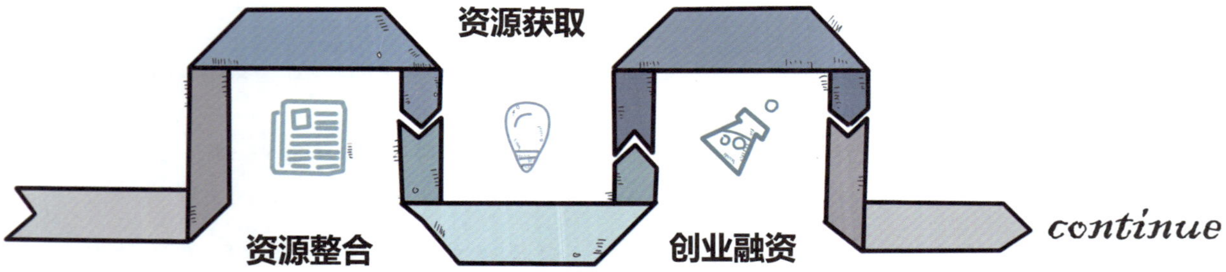

教学目标

- 描述创业资源的分类和资源整合的策略
- 总结资源获取的多样性，结合项目制定资源获取计划
- 评价股权融资和债权融资
- 描述创业融资的基本流程

教学内容

- 创业资源的分类
- 资源整合的策略
- 资源获取的渠道
- 股权融资和债权融资的区别
- 创业融资的五个步骤

教学重点

- 资源整合的策略
- 资源获取的渠道
- 创业融资的五个步骤

教学难点

引导学生转变思维模式，能够将资源整合策略运用到创业项目的实践中，在明确项目发展方向的前提下，制定可行的资源获取计划。

教学设计

教学过程	教学内容	教学活动	教学准备
开篇	课程导入 明确目标	1. 利用教学软件，随机选择 2 名学生分享团队作业 2. 其余各组学生使用移动教学软件对分享组进行评价/投票 3. 教师对学生的分享给予点评和建议，回顾上节课教学内容 4. 通过问题导入/案例导入，启发学生思考，引出本节课主题 5. 明确本节课教学目标 6. 强调教学重点和教学难点	演示课件 教学软件
主体	核心知识点 1： 创业资源整合	1. 通过提问的方式，启发学生思考“创业资源有哪些?”，将学生成果投屏 2. 结合学生的分享，归纳总结“创业需要的核心资源”（核心资源呈现在彩色卡片上） 3. 使用游戏教学法，组织学生模拟“航空公司的经营决策”，公布决策结果，要求学生分享感受 4. 教师对模拟过程及学生分享进行点评和总结，结合案例讲授“创业资源整合的策略”（资源整合策略呈现在彩色卡片上） 5. 使用模拟练习法，引导学生结合创业项目明确努力方向，将讨论结果上传至软件平台，教师结合学生分享的情况，进行点评并给出相应建议	演示课件 黑（白）板 彩色卡纸
	核心知识点 2： 创业资源获取	1. 将五种不同资源类型分派给不同的小组，使用小组讨论法，组织学生思考“资源的获取渠道”，将讨论结果呈现在活页挂纸上 2. 教师对学生的分享进行点评和总结，引导学生说出更多的获取渠道 3. 结合案例讲解“创业资源的获取渠道”，重点讲授“创业资金的获取渠道”	演示文档 活页挂纸
	核心知识点 3： 创业融资步骤	1. 播放视频“乔布斯的创业融资”，鼓励学生分享感受 2. 教师对学生的分享进行点评和总结，强调创业融资的重要性 3. 播放视频资料，讲授“创业融资的五个步骤”（五个步骤呈现在彩色卡片上）	演示课件 教学视频 彩色卡片
结尾	课程小结 布置作业	1. 通过提问的方式进行总结（用思维导图呈现教学逻辑和知识点） 2. 布置团队作业：结合学习内容，制定创业资源获取计划，将成果上传到教学软件，对其他小组进行评价/投票	思维导图

教学开篇

“资”，不是单单的资金，而是众多资源。在这个竞争激烈的时代，资源的争夺也愈加激烈，新企业的第一要务是生存，这就要找到足够的资源来支持自身的发展。创业者能否成功地开发出机会，进而推动创业活动向前发展，通常取决于他们掌握和能整合到的资源，以及对资源的利用能力。其中，资金的获取能力可谓是重中之重，大多数创业者会说，创建企业最难的就是筹集资金。

问题导入

☆ 创业需要哪些资源？

☆ 如何获取资源？

☆ 如何有效的整合并利用这些资源？

引出教学主题

明确教学目标

强调重点难点

……

案例导入

☆ 通过分众传媒的融资档案，引起学生对于创业资源的重视，理解其对于创业成功的重要意义。

创业案例：分众传媒的融资故事

引出教学主题、明确教学目标、强调重点难点……

教学主体

核心知识点1：创业资源整合

核心内容

☆ 随着知识经济的深入发展，资源整合越来越成为新企业经营中提升核心竞争力的关键，它不仅是系统论的思维方式，还是优化配置的重要决策。

☆ 创业者不仅要成为生产经营的高手，还要成为一个富有成效的资源整合专家。

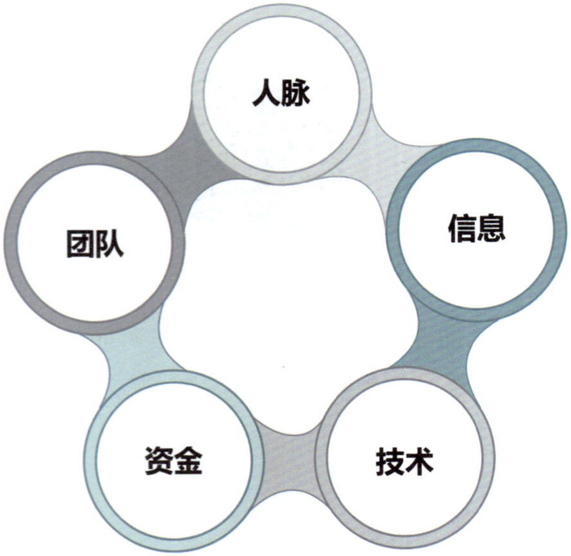

创业资源的五种类型

资源整合的五种表现

课堂活动

☆ 综合使用游戏教学法、小组讨论法开展教学活动；

☆ 启发学生思考："创业资源有哪些？"；

☆ 答案上传至软件平台，教师进行投屏展示与归纳总结；

☆ 介绍游戏教学的相关要求，规则如下：

第一，每个组将分别代表一家航空公司进行经营决策；

第二，所有航空公司的利润率都维持在 9%；如果三分之一以下的公司采取降价策略，降价的公司由于薄利多销，利润率可达 12%，而没有采取降价策略的公司利润率则为 6%；如果达到或超过三分之一的公司同时降价，则所有公司的利润都只有 6%；

第三，小组经过三分钟讨论之后，需要作出最终的决策：降还是不降？并将决定写在纸条上，同时交给教师；

☆ 教师要对学生在模拟过程中的整体表现进行点评，引导学生分享做此决策的原因，启发学生反思决策的后果及影响，着重总结资源整合策略。

教学视频：资源整合 创造共赢

- 教师结合学生活动进行总结，正确引导学生认识价格竞争只是竞争策略之一，还有众多提高竞争力的方式方法，通过获取创业资源并科学整合利用，竞争能力才能长久持续。
- 在资源整合过程中，切忌单方追求利益最大化，而是必须设计共同获利的盈利模式。
- 共赢理念既适用于创业的合作伙伴，也适用于产业上下游的商业伙伴，甚至同行业的竞争对手。如果双方达到共赢，将会为下次合作奠定良好的基础。

FOCUS

核心知识点2：创业资源获取

核心内容

☆ 缺乏资源是大多数创业团队面临的大考验，尽管创业团队可以通过利用自身资源、寻求外部帮助等方式来维持团队运营，但如何从外界获取持续且长久的资源支持是所有初创团队面临的首要问题。

☆ 初创团队的个人声誉、资历、信用较弱，不能像大企业一样提供背书，包括提供经营业绩、现金流水、企业历史等。资源持有者提供资源的目的是盈利，如何能够打动资源持有者，甚至说服资源持有者为存在风险和不确定性的创业项目提供资源是创业者非常关注的问题。

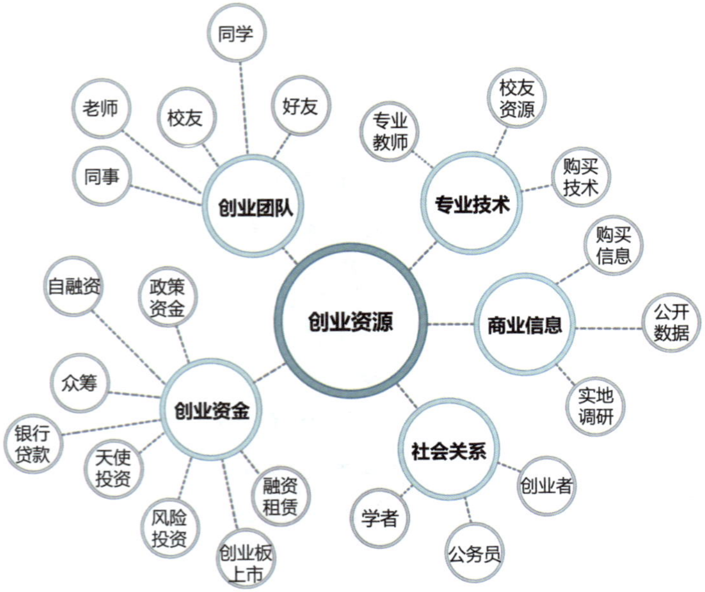

创业资源

股权融资与债券融资的优缺点

比较项目	债权融资	股权融资
本金	到期归还本金	不能从企业抽回，可以向第三方转让
资金成本	按照事先约定固定金额的利息	估计企业经营情况变动
风险承担	高风险	低风险
企业控制权	不破坏企业的控制权	按比例或约定享有，分散企业控制权

课堂活动

☆ 综合使用模拟练习法、小组讨论法开展教学活动；

☆ 根据教师分配的资源类型进行小组讨论“资源的获取渠道”；

☆ 将小组的讨论结果呈现在活页挂纸上，向全班同学展示和分享，小组间相互补充；

☆ 教师着重点评学生成果的全面性。

教学视频：股权与债权

教学视频：天使投资

教学视频：天使徐小平

教学视频：风险投资的逻辑

在准备教学素材时，教师要在丰富的案例中选取某一方面具有代表性的。在创业过程中，要允许自己失败，但要从中积累资源，就像雷军和王兴，在多次的创业中，积累了丰富资源和经验，最终成就了现在的小米和美团。项目可以失败，但人生不能轻易言败。要善于在低谷时积累资源，积蓄能量，然后顺势而为，待机而发。

FOCUS

核心知识点3：创业融资步骤

核心内容

☆ 融资维艰。在融资的路上，你需要用很大一部分精力与投资公司打交道。

☆ 只有熟识融资流程，才能与风险投资缔造一段“完美姻缘”。

☆ 一般来说，融资的流程包括以下八个步骤，你要做的就是：认真走好每一步，step by step！

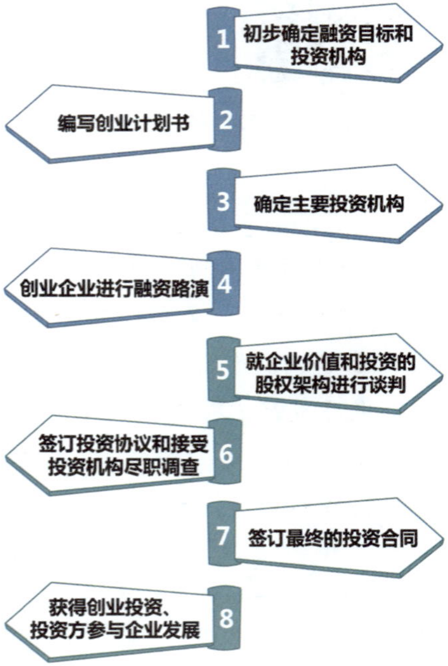

创业融资的流程

投资方与创业者目标比较

投资方目标	创业者目标
较低的风险和较高的回报	领导自己创办的企业
保障投资增值	足够的资金实现自己的理想
方便投资退出	较高的回报
通过董事会影响企业决策	保留较多股权和企业控制权
有管理能力和良好经营记录的企业	易于合作、有良好记录的投资商
持续的营业额及市场份额的增长	除了资金之外其他的帮助

课堂活动

☆ 综合使用案例分析法、小组讨论法开展教学活动；

☆ 组织学生观看“乔布斯的创业融资”；

☆ 小组讨论后，选择一位代表分享观后感；

☆ 教师进行点评，着重总结融资中创业者及创业团队发挥的重要作用以及融资策略。

教学视频：乔布斯的创业融资

创业案例：KEEP 的融资和变现逻辑

教学视频：创业融资“step by step”

➡ 选取本校学生创业实例或者竞赛中的创业案例，可缩短学生与案例中主人公的距离感，有利于学生建立自信心。

➡ 如果学生有志愿创办一家高估值的公司，商战路上“弹药不能断”是一件无比重要的事情。融资需要策略，尤其是生死攸关的早期融资。

➡ 作为一个精明的创业者，不要把鸡蛋放到同一个篮子里。选择投资人时，提醒学生为企业确定主融资渠道的同时，也要有其他融资渠道或投备选资人。永远要为企业准备一个 Plan B，以应对融资的不确定性。

FOCUS

教学结尾

教学总结

☆ 通过提问的方式，总结教学知识点；

☆ 利用教学软件检查学生掌握程度，再次强调教学重点。

布置个人作业

☆ 结合学习内容，制定团队的创业资源获取计划；

☆ 完成表格，并将形成的计划上传至教学软件；

☆ 对其他小组的成果进行评价/投票。

项目名称		
所需资源	获取渠道	行动计划
团队成员		
创业资金		
专业技术		
商业信息		
社会关系		

➲ 创业资源教学内容可设置的教学活动较多，可设计与学生项目紧密结合的问题开展课堂讨论活动。

➲ 教学内容结束后，要向学生强调：

创业历程不是一场百米冲刺，而是一次马拉松的旅程。像马云、史玉柱这样的企业家，在创业的道路上都经历过浮浮沉沉、九死一生，但他们对创业的执着之心从未动摇。资源持有者投资的是未来，伴随着巨大的不确定性，他们更愿意将资源交付给那些永不言败，持之以恒，笃定所从事项目未来的创业者。

FOCUS

第 8 章　走进创新创业

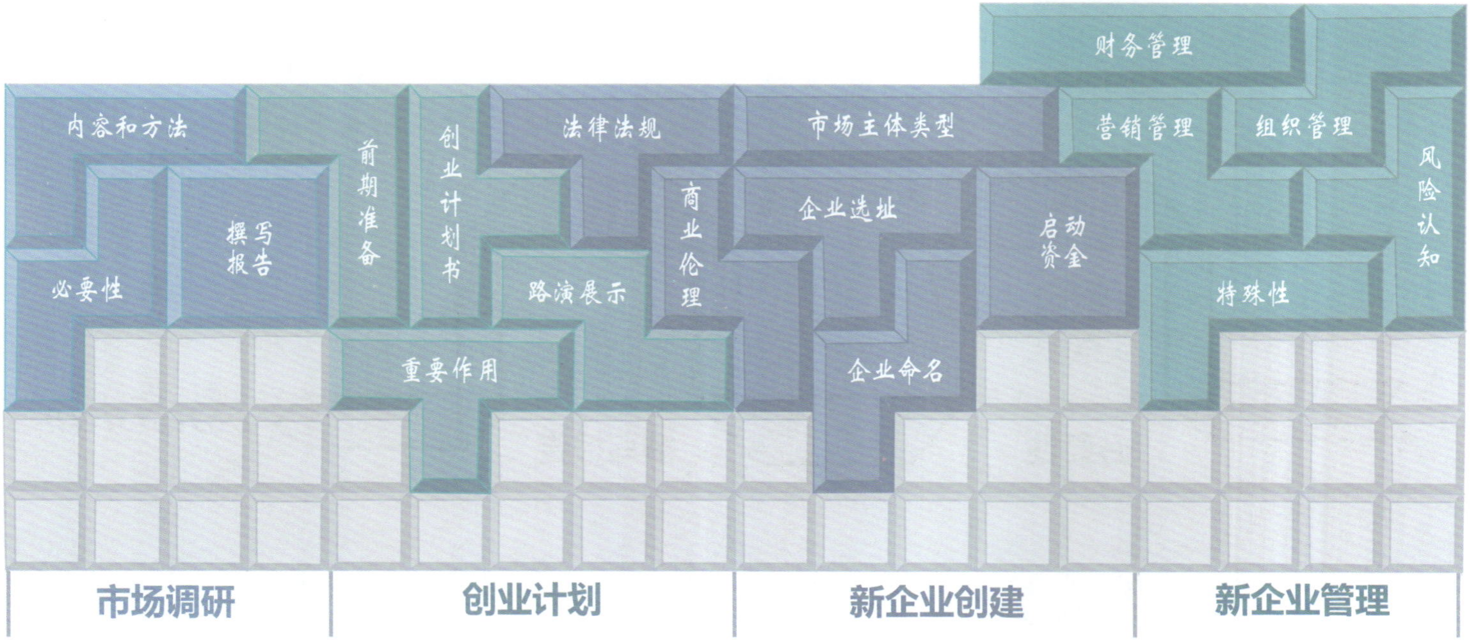

内容和方法
必要性
撰写报告
前期准备
创业计划书
法律法规
路演展示
重要作用
商业伦理
市场主体类型
企业选址
企业命名
启动资金
财务管理
营销管理
组织管理
风险认知
特殊性
市场调研
创业计划
新企业创建
新企业管理

第 1 节 市场调研

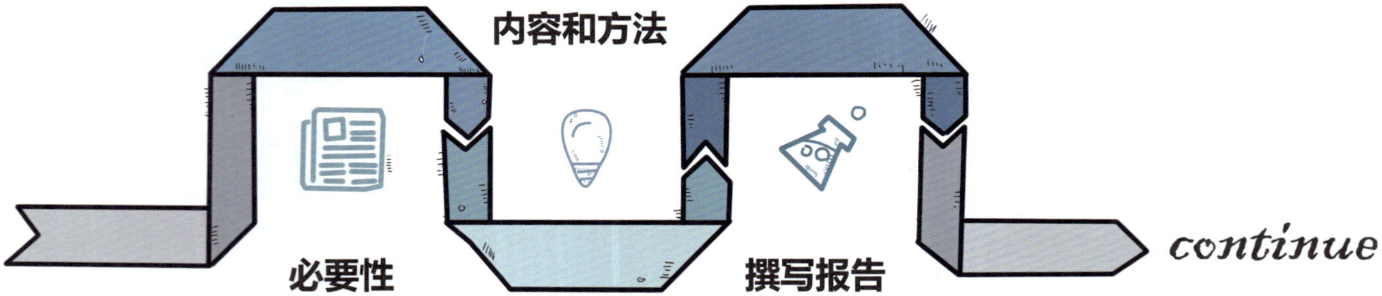

教学目标

- 说出市场调研的重要性及其作用
- 描述市场调研的内容和方法
- 结合市场调研结果，撰写市场调研报告

教学内容

- 市场调研的意义
- 市场调研的步骤与程序
- 市场调研的内容
- 市场调研的方法
- 创业项目深度评估
- 撰写市场调研报告

教学重点

- 市场调研的内容
- 市场调研的方法
- 创业项目深度评估
- 撰写市场调研报告

教学难点

- 指导学生能够结合具体项目，确定市场调研的内容，使用有效的方法开展调研，分析调研数据和信息，并撰写调研报告。

教学设计

教学过程	教学内容	教学活动	教学准备
开篇	课程导入 明确目标	1. 利用教学软件，随机选择 2 名学生分享团队作业 2. 其余各组学生使用教学软件对分享组进行评价/投票 3. 教师对学生的分享给予点评和建议，回顾上节课教学内容 4. 通过问题导入/案例导入，启发学生思考，引出本节课主题 5. 明确本节课教学目标 6. 强调教学重点和教学难点	演示课件 教学软件
主体	核心知识点 1：市场调研的必要性	1. 使用案例分析法，启发学生思考“市场调研的重要性及意义” 2. 通过举例的方式，讲授“市场调研定义及调研的原则和程序” 3. 使用模拟练习法，指导学生制定调研方案，讨论调研方案的可行性，并将讨论结果上传至教学软件，教师进行点评和总结	演示课件 教学软件
	核心知识点 2：市场调研的内容和方法	1. 使用案例分析法，讲授“创业项目深度调研的六个方面” 2. 通过举例的方式，讲授“市场调研的主要方法” 3. 通过举例的方式，讲授“如何设计调研问卷” 4. 使用模拟练习法，指导学生结合创业项目，设计针对目标市场的调研问卷，并将讨论结果上传至教学软件，教师进行点评和总结	演示课件 阅读材料 教学软件
	核心知识点 3：撰写市场调研报告	1. 使用案例分析法，讲授“SWOT 分析法及其应用”（优势、劣势、机会、威胁呈现在彩色卡片上） 2. 通过案例对比的方式，讲授“市场调研报告撰写的基本内容和要求” 3. 使用模拟练习法，指导学生结合项目进行 SWOT 分析，形成 SWOT 分析矩阵图，并将讨论结果上传至教学软件，教师进行点评和总结	演示课件 教学软件 彩色卡片
结尾	课程小结 布置作业	1. 通过提问的方式进行总结（用思维导图呈现教学逻辑和知识点） 2. 布置团队作业：结合创业项目进行市场调研，验证项目的可行性，并撰写创业项目市场调研报告，将报告上传到教学软件，对其他小组进行评价/投票	思维导图

教学开篇

创业项目的识别、评估和运营是创业活动的核心与重点，各种创业资源也都是围绕着创业项目整合在一起的，所以通过市场调研的方式进一步梳理与优化创业思路就显得尤为重要。市场是创业的根本点和出发点，了解市场是企业生产经营的前提，你若想提高创业成功的概率，必须实事求是，从市场的实际情况出发，运用科学的方法，制定详细的调研方案，切切实实地去了解市场环境、消费者需求、行业现状、竞争情况等，为深度评估项目和优化商业模式提供必要的依据，也为新创企业运营提供现实参考。

问题导入

☆ 在准备创新创业时，我们设计出了众多方案与计划，这些方案与计划是否具备可行性？

☆ 如何验证我们的方案与计划？

☆ 如何优化我们的方案与计划？

引出教学主题

明确教学目标

强调重点难点

……

案例导入

☆ 通过飞龙医药/睿思口香糖/本校学生的创业案例，让学生认识到市场调研的重要意义，引导学生树立市场调研意识。

创业案例：飞龙医药的“失误”

创业案例：睿思口香糖

引出教学主题、明确教学目标、强调重点难点……

教学主体

核心知识点 1：市场调研的必要性

核心内容

☆ 市场调研就是要以市场为对象，运用科学的方法，有目的、有步骤、系统地搜集、记录、整理有关市场信息和资料，分析市场情况，了解市场的现状及其发展趋势，为市场预测和营销决策提供客观可靠的资料和数据的过程。

☆ 课程中侧重于对创业项目的市场调研，为项目优化和实施提供现实依据。

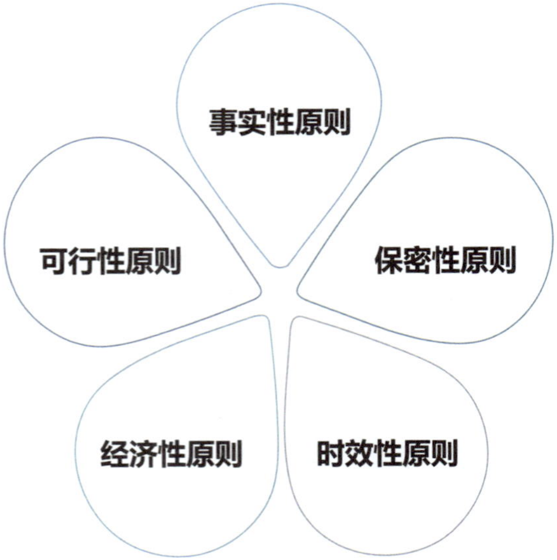

市场调研的基本原则

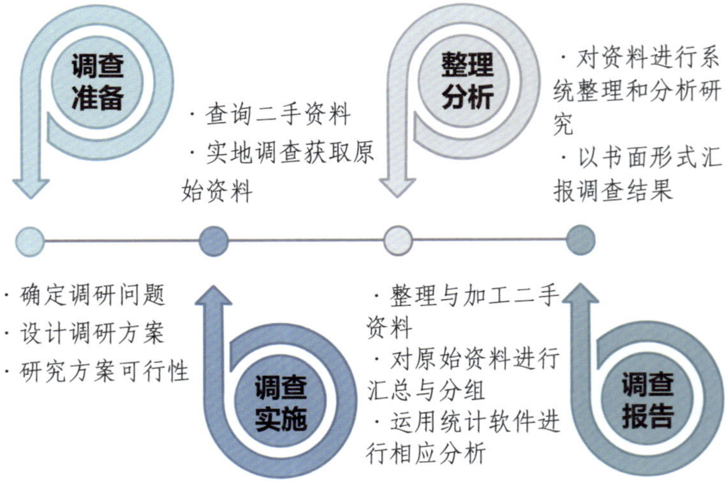

市场调研的一般程序

课堂活动

☆ 综合使用案例分析法、模拟练习法、小组讨论法开展教学活动；

☆ 教学活动主要围绕制定调研方案进行设计；

☆ 形成的调研方案要具体明确，包括具体事务、完成人、完成时间等内容；

☆ 教师着重点评调研方案设计的科学性和可行性。

序号	具体事务	完成人	完成时间
1			
2			
3			
4			
5			
…			

教学视频：向史玉柱学生商机评估

- 市场调研是“雷达”，是“眼睛”，可以帮助学生把握准确的市场信息。
- 教师要引导学生建立市场调研意识，并强调市场调研的严肃性，切不可弄虚作假，不可管中窥豹。
- 指导学生结合项目设计调研方案时，教师要强调方案必须具有可操作性，并要做好有效的监督。

FOCUS

核心知识点 2：市场调研的内容和方法

核心内容

☆ 市场调研的内容和方法需要根据市场调研目的进行确定和选择。

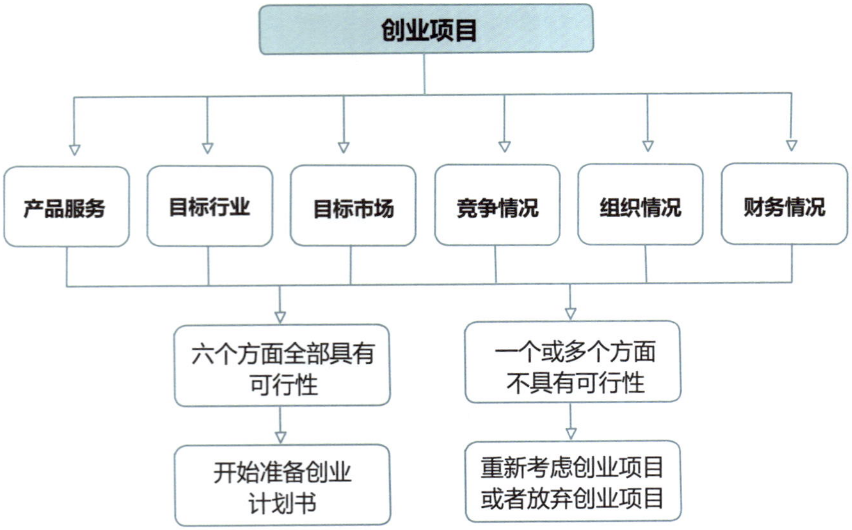

创业项目调研的内容

创业项目调研的方法

课堂活动

☆ 综合使用案例分析法、头脑风暴法、模拟练习法、小组讨论法开展教学活动；

☆ 教学活动主要围绕调研方法选择、调查问卷设计展开；

☆ 调查问卷由小组结合项目进行讨论产生；

☆ 教师着重点评调查问卷设计的科学性和全面性。

参考资料

教师要提醒学生在使用调查问卷时，问题设置和数据分析十分关键，教师可参考以下内容：

☆ 问题设置

· 基本信息（3~5 道）——消费者画像（定量分析）

· 需求/使用（5~8 道）——需求信息（定量分析）

· 消费习惯（5~8 道）——信息接触习惯（定量分析）

· 访谈（3~5 道，不在正文中体现）——目标客户（定性分析）

☆ 数据分析

· 构成分析：一般是针对消费需求的单选题，用饼状图呈现；

· 比较分析：一般是针对消费习惯的多选题或排序题，往往存在交叉信息，用柱状图呈现；

· 变化趋势：一般是针对财务等存在规律因素的问题，用折线图呈现。

➲ 创业项目调研的六个内容中，目标行业和目标市场较为重要。

➲ 教师要提醒学生注意以下三点：

· 要根据调研目的、对象和内容，有针对性地选择调研方法；

· 为了确保调研结果的有效性，可组合并用多种调研方法；

· 在使用问卷星等网络调研工具时，必须考虑问卷的有效性。

➲ 在实际教学和真实创业中，调查问卷都是使用率最高的数据收集工具。因此，教师可将调查问卷作为调研方法中的重点讲授内容。

FOCUS

核心知识点3：撰写市场调研报告

核心内容

☆ 市场调研报告是经济写作中常用的文种，通过对市场进行深入调查，并对调查中获得的资料和数据进行归纳研究之后形成的书面报告。

☆ 市场调研报告主要作用是为创业团队进行市场预测和经济决策提供科学的依据，因此市场调研报告具有科学性和客观性。

☆ 市场调研报告不仅是对市场现状的一种反映，还是在对市场现状了解的基础上，归纳出市场经济发展规律的结论，并提出相应的对策。

调研数据的分析——SWOT分析

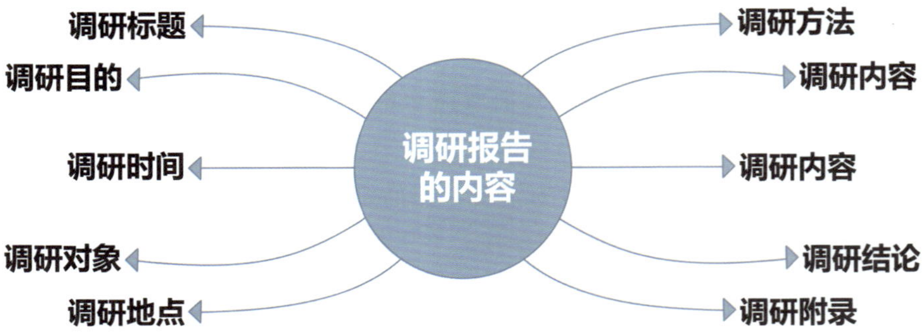

调研报告内容

课堂活动

☆ 综合使用案例分析法、模拟练习法、小组讨论法开展教学活动；

☆ 教学活动主要围绕 SWOT 分析、市场调研报告内容进行设计；

☆ 要求学生结合项目进行 SWOT 分析；

☆ 教师着重点评 SWOT 分析的科学性；

☆ 要求学生能够描述调研报告的基本内容。

创业案例：一次市场调研失败的教训

创业案例：雀巢速溶咖啡的市场调查

参考资料

官方数据库：国家统计局、万方数据库、中国知网

互联网领域研究报告：DCCI、站长之家数据中心、易观网、199IT、艾瑞网

企业数据研究中心：百度数据中心、摩根斯坦利、麦肯锡季刊、尼尔森

报告分享平台：百度文库、豆丁网、MBA 智库文档、新浪 V 盘、华为网盘

财务数据库：投资界、新浪财经数据中心、纳斯达克官网、纽交所官网

市场营销：梅花网、ALEXA、百度指数、谷歌趋势、新浪微指数、淘宝指数、数据魔方

人力资源：中人网、分智网

教学结尾

教学总结

☆ 通过提问的方式，总结教学知识点；

☆ 利用教学软件检查学生掌握程度，再次强调教学重点。

布置个人作业

☆ 结合创业项目进行市场调研，验证项目的可行性，并撰写创业项目市场调研报告；

☆ 将成果上传到教学软件；

☆ 对其他小组的成果进行打分评价/投票。

➡ 市场调研是学生深入探索和调动学习积极性的重要环节，也是提升学生自主学习能力和团队合作精神的重要实践环节，是课程学习的高潮部分，教师要正确引导学生进行创业项目的市场调研。

➡ 这部分内容具有较强的灵活性，在实际情况中，也是贯穿于整个创业过程中的。因此，教师可根据教学目标和内容选择讲授时机。一般来说，可以融入创业机会、商业模式、创业计划等教学主题中，也可独立成为一个教学主题。但要注意的是，融入不同的教学主题，其讲授的重点也不同。

➡ 市场调研可作为双创课程的实践环节，也可作为课程的期中考核内容。

FOCUS

第 2 节　创业计划

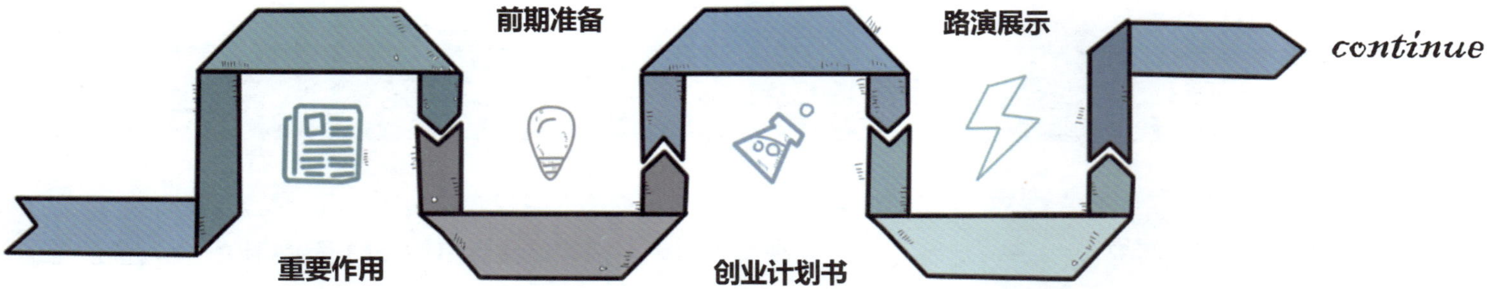

教学目标

- 描述创业计划的内涵和作用
- 解释创业计划的前期准备
- 撰写创业计划书
- 设计创业计划路演 PPT

教学内容

- 创业计划的作用
- 创业计划的“5W&1H ”
- 创业计划的前期准备工作
- 创业计划书的基本结构和编写内容
- 创业计划的路演展示

教学重点

- 创业计划书的基本结构
- 创业计划书的撰写内容
- 创业计划的路演展示

教学难点

指导学生运用讲授的理论知识，撰写高质量的创业计划书，制作高品质的创业计划路演PPT，进行高水平的创业计划路演展示

教学设计

教学过程	教学内容	教学活动	教学准备
开篇	课程导入 明确目标	1. 利用教学软件，随机选择 2 名学生分享团队作业 2. 其余各组学生使用教学软件对分享组进行评价/投票 3. 教师对学生的分享给予点评和建议，回顾上节课教学内容 4. 通过问题导入/案例导入，启发学生思考，引出本节课主题 5. 明确本节课教学目标 6. 强调教学重点和教学难点	演示课件 教学软件
主体	核心知识点 1：创业计划的作用	1. 通过提问的方式，启发学生思考“创业计划有用吗？” 2. 通过举例的方式，讲授“创业计划的作用” 3. 通过举例的方式，讲授“创业计划的‘5W&1H’”（5W&1H 呈现在彩色卡片上）	演示课件 彩色卡片
	核心知识点 2：创业计划的前期准备	1. 通过提问的方式，启发学生思考“创业计划的前期准备？” 2. 通过举例的方式，讲授“创业计划的前期准备”（前期准备呈现在彩色卡片上）	演示课件 彩色卡片
	核心知识点 3：创业计划书的结构与内容	1. 通过案例对比的方式，讲授“创业计划书的基本结构” 2. 使用小组讨论法，引导学生总结“创业计划书的主要内容”，教师进行点评和总结 3. 使用案例分析法，讲授“创业计划书的写作技巧” 4. 使用模拟练习法，指导学生结合项目讨论“创业计划书的撰写内容”，并将讨论结果上传至教学软件，教师进行点评和总结，引导学生进行撰写分工	演示课件 教学软件
	核心知识点 4：创业计划的路演展示	1. 通过提问的方式，启发学生思考“什么是路演？”，教师进行总结 2. 播放视频资料，启发学生思考“路演展示的注意事项”，教师进行点评和总结 3. 通过案例对比的方式，讲授“创业路演 PPT 制作” 4. 使用模拟练习法，引导学生结合项目讨论“创业路演 PPT 的关键内容”，并将讨论结果上传至教学软件，教师进行点评和总结，引导学生进行制作分工	演示课件 教学软件 视频资料
结尾	课程小结 布置作业	1. 通过提问的方式进行总结（用思维导图呈现教学逻辑和知识点） 2. 布置团队作业：结合创业项目形成撰写创业计划书和设计路演 PPT 的具体计划，将具体计划上传至教学软件，对其他小组进行评价/投票	思维导图

教学开篇

创办企业不是一件轻松的事情，在你选择行动之前，你应该学会冷静，要 AUM（Awareness、Understanding and Meditation）一下，静下心去问自己三个问题：创业想法是否真的清晰、创业目标是否足够明确、创业资源是否准备完毕。越问自己，你越会感觉到，好像还差点什么。是团队？是市场？还是资源？你会陷入苦恼之中。当你面临这样的问题时，如何行之有效地解决呢，通常制定创业计划是便捷的、有效的解决方法。把你的创业想法落到纸面上，再让你的团队成员、合作伙伴、投资人和未来潜在顾客去评价，会让你的创业思路更加清晰。创业之路在脚下，秉持计划踏歌而行，你成功的可能性就会增加。

问题导入

☆ 你认为什么是创业计划？

☆ 你看过创业项目路演吗？谈谈你的认识。

引出教学主题

明确教学目标

强调重点难点

……

案例导入

☆ 通过你熟知的本校大学生的创业实例，介绍其所经历的各种状况，创业计划是如何迭代升级的，帮助其解决了什么样的问题。实例的选择最好可以贯穿整个创业计划讲授的内容。

创业案例：宋振东的创业故事

引出教学主题、明确教学目标、强调重点难点……

教学主体

核心知识点 1：创业计划的作用

核心内容

☆ 创业计划有用吗？创业计划的制定就是创业者理清思路、提升本领、增强信心和勇气的过程。

☆ 创业计划也叫“商业计划”，是由创业者准备的一份书面计划材料，用以描述创办一个新企业所有相关的要素，也是在创业过程中重要的内容。

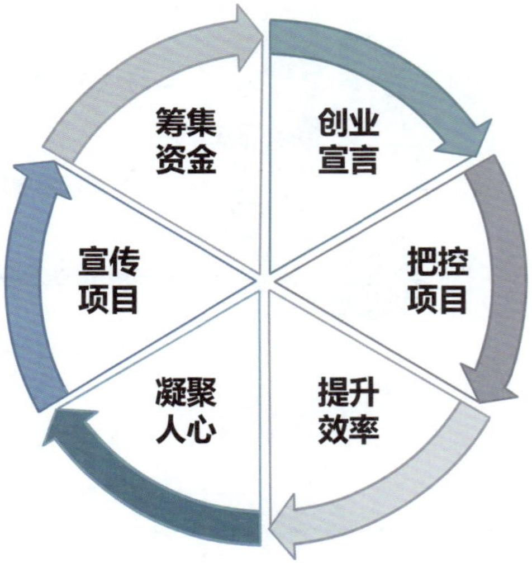

创业计划的六个作用

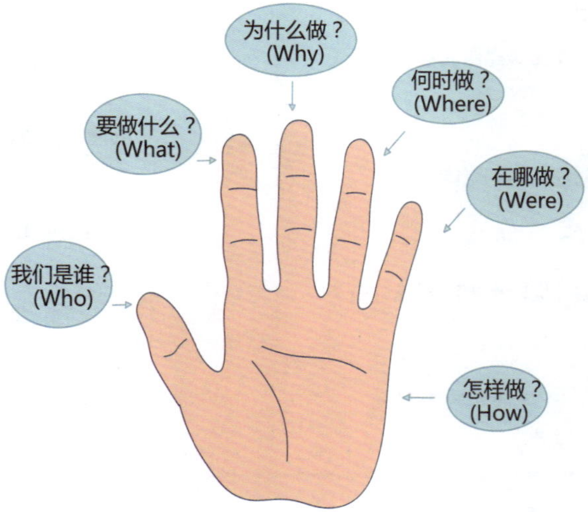

创业计划的“5W&1H”

教学视频：创业计划有用吗？

核心知识点 2：创业计划的前期准备

核心内容

☆ 如何能够撰写出优质的创业计划书呢？这就好似修炼武功前必须掌握“心法”。

☆ 创业计划的“心法”就是你着手撰写前的三项准备，即进行市场的调研和信息收集、分析创业项目可行性、完善创业计划的构想。市场调研和信息收集的具体内容详见本章第一节。

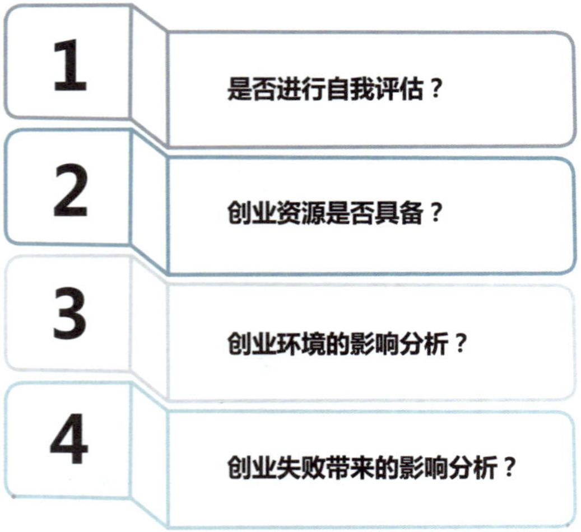

分析创业项目可行性的四个问题

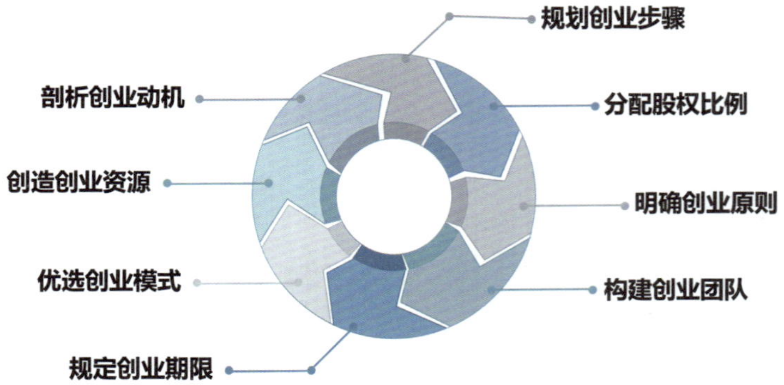

完善创业计划构想的八个方面

➲ 完善创业构思是重要的，它会影响创业计划的质量，要给学生充分的时间去思考与讨论。

FOCUS

核心知识点 3：创业计划书的结构与内容

核心内容

☆ 撰写优质的创业计划书需要首先了解基本结构、撰写内容、撰写技巧三个方面，再聚集多方资源，利用团队的智慧协同完成。

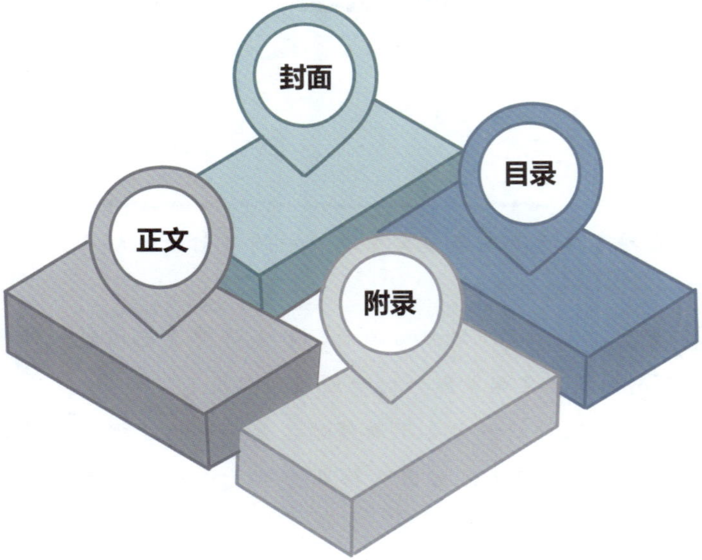

基本结构

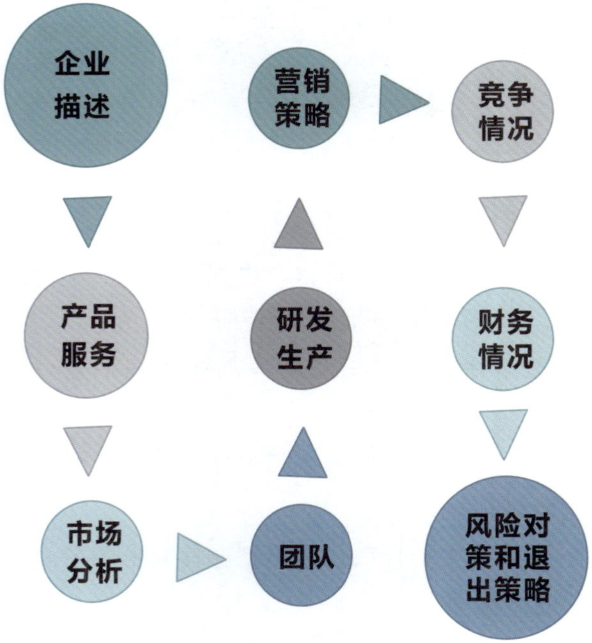

撰写内容

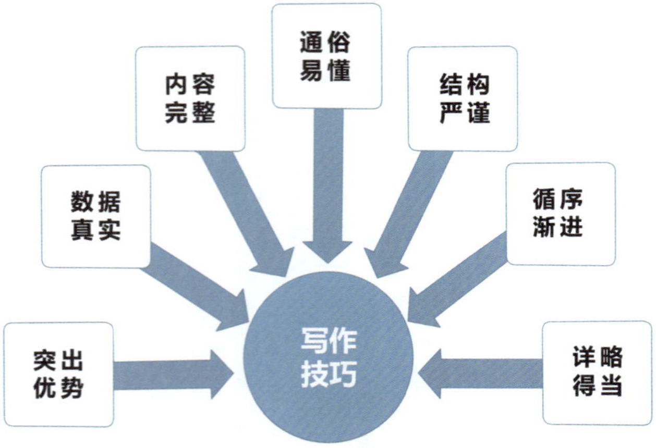

撰写技巧

教学视频：制定完善的创业计划

创业案例：郝建龙的创业故事

课堂活动

☆ 综合使用案例分析法、模拟练习法、小组讨论法、头脑风暴法开展教学活动；

☆ 教学活动主要围绕撰写创业计划书进行设计；

☆ 通过样例对比的方式，引导学生辨识优质的创业计划书；

☆ 要求学生结合项目列出创业计划书的核心内容，进行撰写分工；

☆ 教师着重点评创业计划书核心内容的逻辑性和全面性。

➲ 教师可挑选多本不同类型项目的优质创业计划书，协助学生梳理撰写思路。

➲ 通过劣质创业计划书的展示，着重讲解常见问题；针对个别问题，建议采取一对一的指导形式。

➲ 优质创业计划书需要不断修改，优化迭代。建议教师将创业计划书留为课后团队作业，不宜作为限时的期末试卷考题。

FOCUS

核心知识点 4：创业计划的路演展示

核心内容

☆ 创业计划的展示形式分为书面展示和陈述展示。陈述展示就是我们常说的路演（Road Show），是展示创业计划最普遍且最重要的形式。

☆ 路演是创业者在公共场所进行演说、演示产品、推介理念，让行业专业人士、创业评审专家、投资方和顾客在短时间内了解你的创业项目最有效的方式。

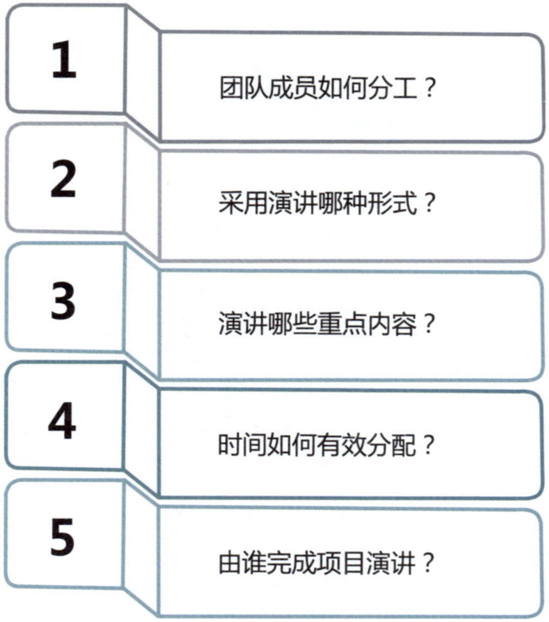

路演展示准备工作

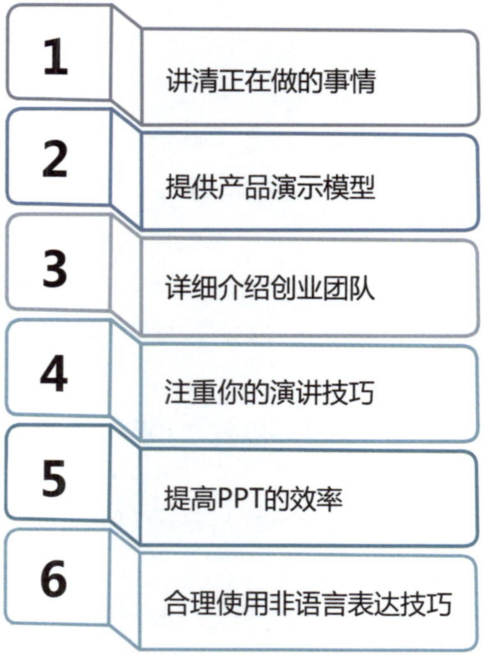

路演展示注意事项

教学视频：如何展示你的创业计划

路演展示视频：大鲸 OS

课堂活动

☆ 综合使用案例分析法、模拟练习法、角色扮演法、小组讨论法开展教学活动；

☆ 教学活动主要围绕创业项目路演展示进行设计；

☆ 通过案例对比的方式，让学生辨识优质的路演 PPT；

☆ 通过角色扮演法，组织学生进行 60 秒的电梯演讲；

☆ 要求学生结合项目列出路演 PPT 的核心内容，进行制作分工；

☆ 教师着重点评路演 PPT 核心内容的逻辑性和全面性。

- 教师可挑选多个不同类型创业项目的优质路演 PPT 和视频进行展示，激发学生的创意灵感。
- 路演 PPT 是创业计划书的精华部分，路演展示则是将精华部分通过语言进行呈现。前者需要不断修改和优化，后者需要反复演练。
- 教师要着重强调路演 PPT 的展示逻辑和制作要点，必要时可提供路演 PPT 的内容模板。
- 建议教师将路演 PPT 制作留为课后团队作业。

FOCUS

教学结尾

教学总结

☆ 通过提问的方式，总结教学知识点；

☆ 利用教学软件检查学生掌握程度，再次强调教学重点。

布置个人作业

☆ 根据课上讨论结果和教师的点评，完善课堂活动的成果，最终形成撰写创业计划书和设计路演 PPT 的工作计划；

☆ 将成果上传到教学软件；

☆ 对其他小组的成果进行打分评价投票。

- 创业计划这部分内容可结合创业竞赛进行教学设计，将“课赛一体化”的理念融入教学中。
- 创业计划书的撰写与创业计划路演 PPT 是学生在课程中形成的重要成果，可在课堂教学中进行模拟路演，路演的整体表现作为学生成绩评价的重要指标之一。
- 教师可鼓励课程中产生优质作品的学生申报国创计划、参加双创竞赛和项目路演活动，不仅可以展现项目，获得行业资深专家对项目的剖析和点评，更可以提高学生的综合能力。国创计划和双创竞赛的相关内容详见本书第九章和第十章。

FOCUS

第 3 节　新企业创建

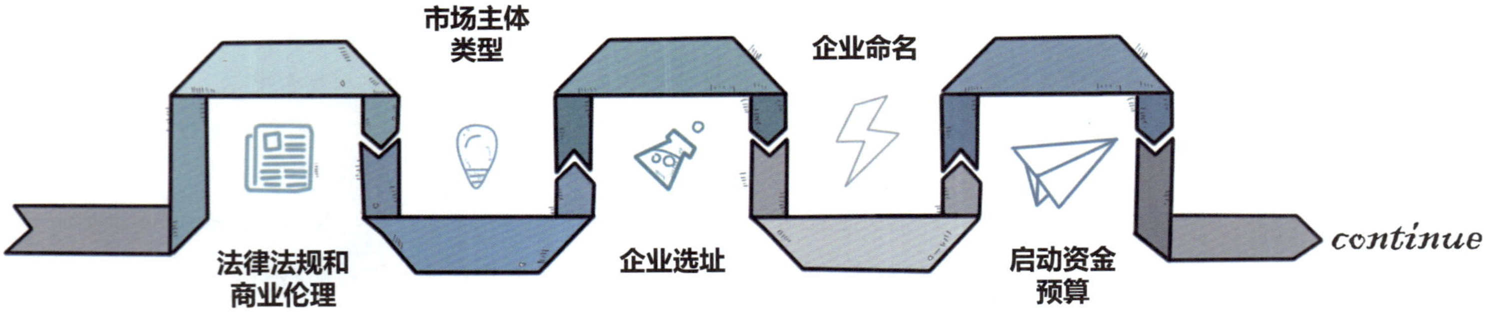

教学目标

- 辨认相关法律法规和商业伦理
- 描述新企业创建形式
- 运用选址和命名策略
- 计算新企业开办所需资金

教学内容

- 与新企业创建相关的法律法规、伦理和社会责任问题
- 市场主体类型的选择
- 注册流程
- 地址选择策略
- 命名方法
- 启动资金预算

教学重点

- 市场主体类型的选择
- 选址策略
- 命名方法
- 启动资金预算

教学难点

- 将讲授的理论知识与学生的创业项目结合，指导学生选择适合的市场主体、经营地点、企业名称，预测创业项目的启动资金，进而降低创业风险。

教学设计

教学过程	教学内容	教学活动	教学准备
开篇	课程导入 明确目标	1. 利用教学软件，随机选择 2 名学生分享团队作业 2. 其余各组学生使用教学软件对分享组进行评价/投票 3. 教师对学生的分享给予点评和建议，回顾上节课教学内容 4. 通过问题导入/案例导入，启发学生思考，引出本节课主题 5. 明确本节课教学目标 6. 强调教学重点和教学难点	演示课件 教学软件
主体	核心知识点 1：相关法律法规和商业伦理	1. 通过举例的方式，引导学生树立良好的法律法规意识和商业伦理意识 2. 使用案例分析法，讲授“与新企业相关的法律法规” 3. 通过举例的方式，讲授“必须考虑的伦理问题”以及“如何解决伦理问题” 4. 使用案例分析法，讲授“要做有社会责任的新企业” 5. 使用模拟练习法，引导学生讨论“你们的项目涉及哪些法律问题和伦理问题”，并将讨论结果上传至教学软件，教师进行点评和总结	演示课件 阅读材料
	核心知识点 2：市场主体类型的选择	1. 通过提问的方式，启发学生思考“你知道的市场主体类型有哪些？” 2. 通过举例的方式，讲授“新企业的市场主体类型”（市场主体类型呈现在彩色卡片上） 3. 使用模拟练习法，引导学生讨论“根据项目选择适合团队的市场主体类型”，并将讨论结果上传至教学软件，教师进行点评和总结	演示课件 教学软件 彩色卡片
	核心知识点 3：选址策略与技巧	1. 通过举例的方式，讲授“选址的影响因素” 2. 使用案例分析法，引导学生总结“选址的策略与技巧”，教师进行总结 3. 使用模拟练习法，引导学生讨论“根据项目选择适合地址”，并将讨论结果上传至教学软件，教师进行点评和总结	演示课件 教学软件
	核心知识点 4：命名策略与技巧	1. 通过举例的方式，讲授“命名的策略与方法” 2. 使用模拟练习法，引导学生讨论“根据项目设计适合的名称与 Logo”，并将讨论结果上传至教学软件，教师进行点评和总结	演示课件 教学软件
	核心知识点 5：新企业启动资金预算	1. 使用案例分析法，引导学生总结“启动资金包括的类型”，教师进行总结（启动资金类型呈现在彩色卡片上） 2. 通过举例的方式，讲授“启动资金预算的步骤” 3. 使用模拟练习法，引导学生讨论“根据项目预测启动资金”，并将讨论结果上传至教学软件，教师进行点评和总结	演示课件 教学软件 彩色卡片
结尾	课程小结 布置作业	1. 通过提问的方式进行总结（用思维导图呈现教学逻辑和知识点） 2. 布置团队作业：根据课上讨论的内容，确定项目的市场主体、经营地点、企业名称，预测项目启动资金，将完善的计划上传至教学软件，对其他小组进行评价/投票	思维导图

注：个体工商户、农民专业合作社不属于目前我国法律意义上的企业，因此本书中的企业泛指市场主体类型，后同。

教学开篇

狭义创业的最终产物是创建一家新企业。之前所有的内容，都是为了新企业的“诞生”而做的准备工作。新企业，也可称为创业企业，是创业者利用商业机会并通过整合资源所创建的一个新的具有提供产品资格并获取盈利的组织。对于创业者来说，把握好创建新企业的时间和条件是首先要解决的问题。但是，这个问题并没有统一的标准答案。一般情况下的理想状态是，在识别到了有前景、有价值的创业机会，组建好了创业团队，筹集整合了相应的资源之后，便可以创建新企业。新企业的创建远不是拿着材料去注册那般容易，我们需要树立良好的法律意识，了解商业伦理问题，认识市场主体类型，掌握选址、命名要求，计算开办资金额度……创业的复杂，至此才刚刚开始。

问题导入

☆ 根据创业项目获取了相关资源后，还需要开展哪些工作?

☆ 新企业的创建流程应该包括哪些内容?

☆ 除此之外，还需要考虑什么问题?

引出教学主题

明确教学目标

强调重点难点

……

案例导入

☆ 通过本校大学生的创业案例，介绍其在创业过程中出现的问题，比如在登记注册前是如何开展业务的，期间遇到了什么样的问题；比如核名、经营场所等出现了什么样的问题……

参考资料：星巴克——一个关于梦想和责任的故事

引出教学主题、明确教学目标、强调重点难点……

教学主体

核心知识点1：相关法律法规和商业伦理

核心内容

☆ 遵纪守法的企业将赢得消费者的信任、供应商的合作、员工的信赖和政府的支持，甚至赢得竞争对手的尊重，为企业营造一个良好的生存发展空间。

☆ 新企业重视伦理问题，会提升整体形象与市场竞争力；忽视伦理问题，则会给生存与发展造成不利影响。

☆ 社会责任也是创业者创建新企业时必须认真思考的问题——怎样用商业模式来实现社会价值，让社会变得更美好。

相关的法律法规

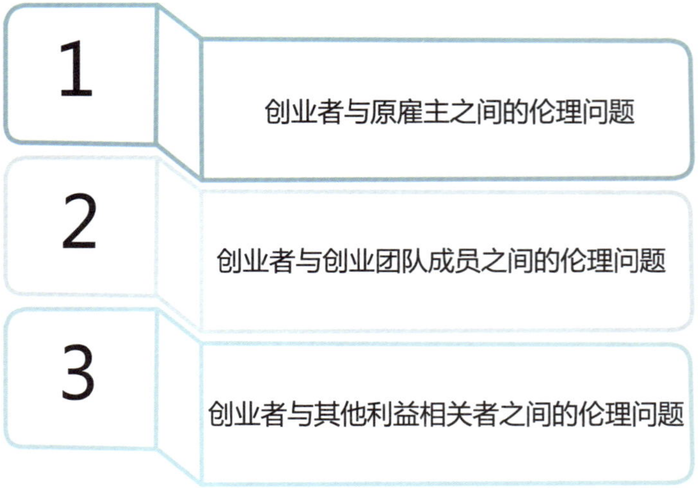

商业伦理问题

课堂活动

☆ 综合使用案例分析法、模拟练习法、小组讨论法开展教学活动；

☆ 教学活动主要围绕创业相关法律法规、商业伦理、社会责任进行设计；

☆ 发放创业案例材料，引导学生建立遵规守法、敬畏伦理的意识；

☆ 要求学生讨论“你的创业项目是否‘合法’，涉及哪些法律问题和伦理问题”；

☆ 教师着重点评学生讨论结果的全面性。

创业项目	
法律问题	
伦理问题	

创业案例：水滴互助——公益与情怀的产物

创业案例：快播的法律问题

➲ 这部分内容较为枯燥，但却是极其重要的。建议教师多搜集并选用本校学生创业实例进行教学。

➲ 教师可提前布置任务，使用翻转课堂的形式，由学生通过举例的方式讲解知识点，教师进行补充和总结。

FOCUS

核心知识点 2：市场主体类型的选择

核心内容

☆ 登记注册成为合法经营者，规模、信誉、招聘、贷款、政策、舆论等，都会有极大的不同，会给你和团队带来更广阔的发展空间。

☆ 大学生自主创业可采用的市场主体类型主要有五种，分别是个体工商户、个人独资企业、合伙企业、农民专业合作社和有限责任公司。

☆ 一般来说，个体工商户和个人独资企业的适合人群是打算在小型加工、零售商业、服务业领域开办较小规模组织的创业者；合伙制企业组织形式的推荐人群是有意涉足广告代理、咨询服务、设计事务所、会计事务所、法律事务所、股票经纪、零售商业等领域打算设立企业规模不大的创业者；有意开办未来有较大发展的中小型企业的创业者，则推荐选择设立有限责任公司；以农民为主要成员、从事促进农业和农村经济发展的创业团队，可以选择设立农民专业合作社。

课堂活动

☆ 综合使用模拟练习法、小组讨论法开展教学活动；

☆ 教学活动主要围绕市场主体类型的选择进行设计；

☆ 组织学生讨论“各市场主体类型的优缺点”，并结合创业项目和团队的实际情况，选定市场主体类型；

☆ 教师着重点评学生选择原因的科学性和全面性。

教学视频：创业平台的搭建

- 根据法律规定，提醒学生并讲授清楚，在这五种市场主体类型中，个体工商户不属于目前我国法定意义上的企业。
- 实际情况中，对于大学生创业来说，除了传统服务型项目，建议选择市场主体类型时，优先考虑有限责任公司。
- 市场主体类型并非一劳永逸、永远不变的，创业者需要定期反思当前的类型是否仍然适合团队和项目的发展需求。相关事宜也可以求助相关专业人士，比如律师、工商局工作人员等，在他们的指导下，帮助学生做出较为正确的选择。
- 如果学生选择的市场主体类型是有限责任公司或者合伙企业，提醒学生在课下查找相关资料，拟定出公司章程或者合伙协议。

FOCUS

核心知识点 3：选址策略与技巧

核心内容

☆ 选择地址首先是选择一个地区，主要考虑经济、技术、文化、政治等总体状况，比如我们熟知的一些品牌，如肯德基、星巴克、宜家等，在进入中国市场时，一般都是通过分析人口、商业、文化、政治及城市影响力等整体环境选择投资目标地，并作为市场的开拓基地。

☆ 选择地址其次是在这个地区选择一个具体地点，主要包括商业区、住宅区、郊区、路段等，比如家乐福，永远都是将“Carrefour（十字路口）”作为选址标准的底线，这就是考察路段得到的结果。

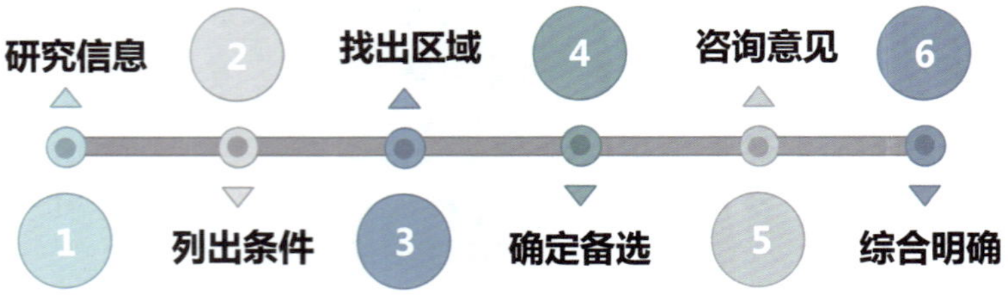

选址的步骤

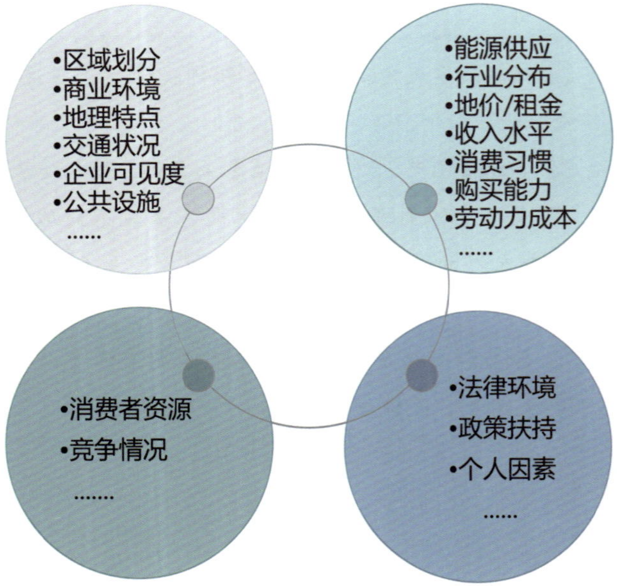

选址的影响因素

案例分析样例

刘铭住在东北的一个中等城市，一直想开一个韩版服装店。她有很好的货源渠道，近年来，她家附近逐渐新建了若干个小区，并且当地政府新近规划了商业街，门店充足，且价格合理，具体位置如下图所示。如果你是刘铭的话，在图中标明的 A \ B \ C \ D 四处门店中，你会选择哪一处？请说明理由。

课堂活动

☆ 综合使用案例分析法、头脑风暴法、模拟练习法、小组讨论法开展教学活动；

☆ 教学活动主要围绕企业选址进行设计；

☆ 组织学生讨论“企业选址的因素”，并结合创业项目拟选出企业地址；

☆ 教师着重点评学生选址的科学性和可行性。

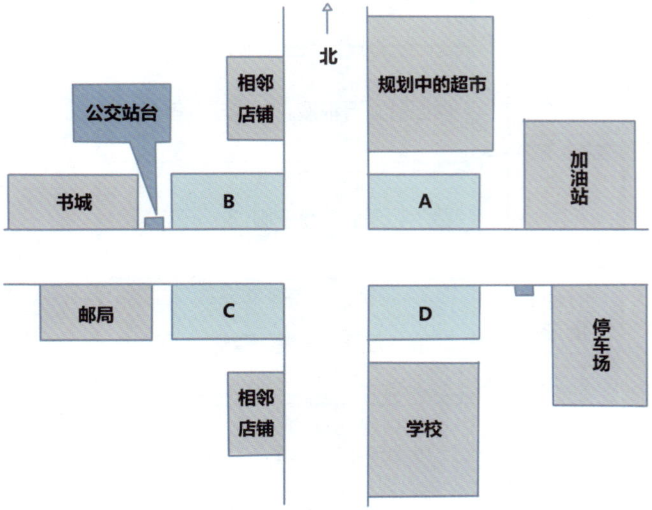

“双创”时代的到来，大量人才涌入到创新创业的队伍中，各类创新创业孵化器冲破土壤。全国各地建立起的创业园、创意产业园、创新中心、创新大厦、创客空间、创业咖啡等特别场所，纷纷走到创业者的面前。这些特别场所得到了公众、政府、传媒等各方的支持，入驻手续简化，费用较低，基本上是专门为创业型企业提供经营场地的。

FOCUS

核心知识点 4：命名策略与技巧

核心内容

☆ 好的名字能够引起消费者的关注，能够树立良好的形象，成为一种无形资产。

☆ 新企业命名要把握好三大原则，一是合法性——能够取得名称权，在法律上得到保证；二是识别性——消费者易建立鲜明的认知，具有独创意义，力避雷同，让人记忆犹新；三是传播性——简单清晰，易记忆，易唤起，易相传。

样例

哈尔滨（市）		嗨皮士		旅行社		有限责任公司
行政区划	+	字号	+	经营性质	+	组织形式

寓意美好	全聚德、金利来、好运来、太太乐
专用词字	同仁堂、怀仁堂、明视达、美视达
俗语幽默	大娘水饺、狗不理包子、傻子瓜子
原料功效	两面针、五粮液、肠炎宁、鲜橙多
人名地名	希尔顿酒店、李宁服饰、长江集团、贵州茅台
几何图形	五菱、三星、双环
记忆深刻	阿里巴巴、苹果、瓜子、西瓜

常用的命名方法

课堂活动

☆ 综合使用案例分析法、头脑风暴法、模拟练习法、小组讨论法开展教学活动；

☆ 教学活动主要围绕企业命名、徽标构思进行设计；

☆ 组织学生讨论“结合创业项目进行企业命名、徽标设计”；

☆ 教师着重点评学生企业命名、徽标设计的创意性。

教学视频：选址、命名须知

➲ 引导学生在命名时大胆跳出给出的七种方法，激发出更多的设计创意，并尝试归纳为新的命名方法。提醒学生在进行名称核准登记时，尽可能多的提供字号，避免由于重名等原因导致无法登记。

➲ 名称核准登记前也可使用天眼查 APP、企查查 APP 等软件或登录国家企业信用信息公示系统（http://www.gsxt.gov.cn）预先进行字号查重。

➲ 企业名称和徽标是企业的无形资产，可以进行商标注册。此外，未工商登记注册，对所设计的徽标可申请登记著作权。

FOCUS

核心知识点5：新企业启动资金预算

核心内容

☆ 启动资金，顾名思义就是企业能够开始运作所需要的资金，一般指的是必须购买的物资和必要的其他开支的费用总和。

☆ 启动资金按照资金的用途可分为投资资金和流动资金。投资资金是你为企业购买的价值较高、使用寿命较长的物品，以及开业前所作准备工作需要支出的开办费用；流动资金就是保证企业日常运转所需要支出的资金。

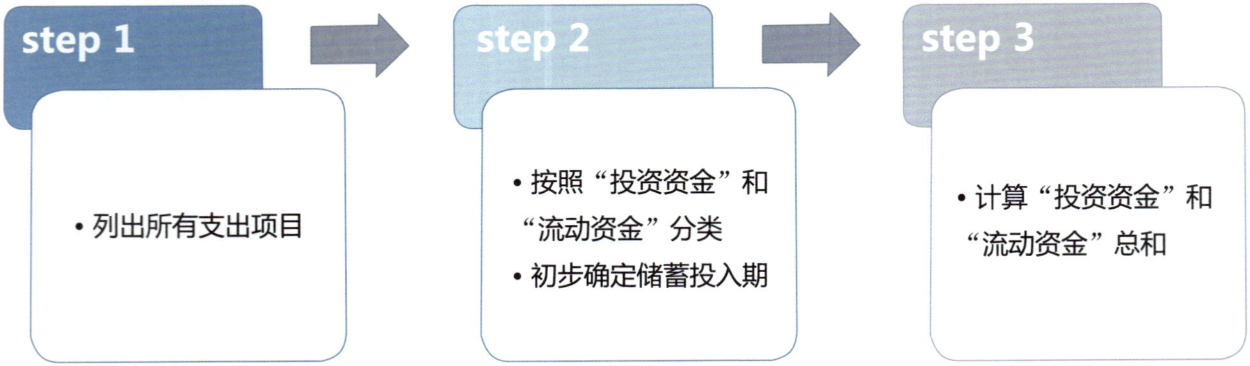

启动资金预算的“三步走”

课堂活动

☆ 综合使用案例分析法、头脑风暴法、模拟练习法、小组讨论法开展教学活动，教学活动主要围绕预测启动资金进行设计；

☆ 通过自编案例或本校学生案例分析，引导学生总结启动资金包括的类型；

☆ 组织学生讨论“预测创业项目所需的投资资金和流动资金”，引导学生完成启动资金预算表；

☆ 教师着重点评学生完成启动资金预测表的科学性和全面性。

启动资金预算表

资金类型		金额（元）
投资资金		
流动资金		
合计		

低估启动资金的需求，创业者会在没盈利前就捉襟见肘；高估成本，创业者又会较难获取数额较大的启动资金。教师可以向学生推荐几种了解启动资金预算相关知识的途径，如同行、供应商、行业商会、投资人、连锁加盟机构、创业相关文章、创业顾问等。

FOCUS

教学结尾

教学总结

☆ 通过提问的方式，总结教学知识点；

☆ 利用教学软件检查学生掌握程度，再次强调教学重点。

布置个人作业

☆ 根据课上讨论结果和教师的点评，确定项目的市场主体、经营地点、企业名称，预测项目启动资金；

☆ 将最终完善的成果上传到教学软件；

☆ 对其他小组进行评价/投票。

➲ 创建新企业是一个过程，核心内容主要包括市场主体类型的选择、地址选择、字号名称设计、启动资金预算这四个方面。但在教学过程中，必须先正确引导学生认识法律法规、道德伦理、社会责任的重要性。

➲ 创建新企业除了我们提炼的核心知识点外，还涉及企业刻章、银行开户、依法纳税、社会保险等相关内容，教师可根据本校的课程设置自行添加或减少教学知识点。

➲ 自 2016 年 10 月 1 日起，国家正式实施“五证合一、一照一码”，简化了办证流程。

➲ 教师要向学生说明，办理工商登记注册可以请相关代办公司完成；对于创建新企业所需的个性化设计，创业团队自行完成或请相关设计公司完成均可。

FOCUS

第 4 节　新企业管理

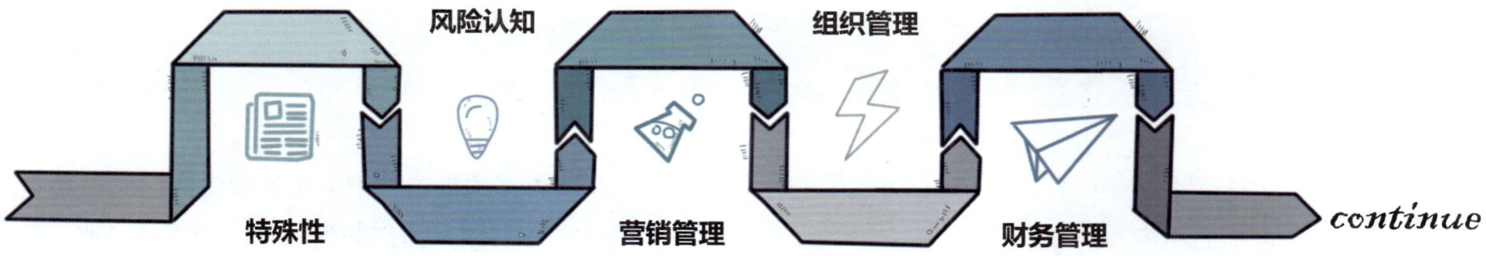

教学目标

- 指出新企业的特殊性和可能面临的风险
- 描述市场营销的重要组成要素
- 制定市场营销计划
- 讨论组织管理的关键任务
- 运用预测成本和收入的方法
- 解释现金流管控策略

教学内容

- 新企业的特殊性
- 新企业可能面临的风险
- STP分析
- 4P营销组合核心内容
- 新企业组织管理的关键任务
- 新企业财务预测的方法

教学重点

- STP分析
- 4P营销组合核心内容
- 新企业组织管理的关键任务
- 新企业财务预测的方法

教学难点

• 将讲授的理论知识运用到学生的创业项目中，指导学生在面对风险时如何运作和管理新企业，包括市场营销的计划、股权结构的设计、组织结构的构建、绩效方式的选择、薪酬激励的制定等，以及如何管理新企业的财务问题，进而使新企业在市场中最大几率地“活”下来。

教学设计

教学过程	教学内容	教学活动	教学准备
开篇	课程导入 明确目标	1. 利用教学软件，随机选择 2 名学生分享团队作业 2. 其余各组学生使用教学软件对分享组进行评价/投票 3. 教师对学生的分享给予点评和建议，回顾上节课教学内容 4. 通过问题导入/话题导入/案例导入，启发学生思考，引出本节课主题 5. 明确本节课教学目标 6. 强调教学重点和教学难点	演示课件 教学软件
主体	核心知识点 1：新企业的特殊性和可能面临的风险	1. 通过提问的方式，引导学生总结“新企业的特殊性”，教师进行总结 2. 使用案例分析法，讲授“新企业不同阶段可能面临的风险” 3. 使用模拟练习法，引导学生讨论“你的企业可能面临的风险以及规避措施”，并将讨论结果上传至教学软件，教师进行点评和总结	演示课件 教学软件
	核心知识点 2：新企业的营销管理	1. 使用角色扮演法，引导学生说出“市场营销的概念与意义”，教师进行总结 2. 通过举例的方式，讲授各类市场营销组合策略 3. 通过举例的方式，讲授“S”“T”“P”的内容与方法 4. 使用模拟练习法，引导学生结合项目讨论“设计 S、T、P”，并将讨论结果上传至教学软件，教师进行点评和总结 5. 使用角色扮演法，讲授“4P 营销组合”（产品、价格、渠道、促销呈现在彩色卡片上） 6. 通过举例、讲故事、观看视频等方式，讲授“产品策略”“价格策略”“渠道策略”“促销策略” 7. 使用模拟练习法，引导学生结合项目讨论“设计 4P 策略”，并将讨论结果呈现在活页挂纸上，教师进行点评和总结	演示课件 阅读材料 教学软件 彩色卡片 活页挂纸
	核心知识点 3：新企业的组织管理	1. 通过提问的方式，启发学生思考“什么是组织管理？” 2. 通过举例、观看视频等方式，讲授“新企业组织管理的关键任务”（关键任务呈现在彩色卡片上） 3. 使用模拟练习法，引导学生结合项目讨论“股权结构、组织结构、文化建设等”，并将讨论结果上传至教学软件，教师进行点评和总结	演示课件 阅读材料 教学软件 彩色卡片
	核心知识点 4：新企业的财务管理	1. 通过举例的方式，讲授“需要知道的几个财务概念”（核心概念呈现在彩色卡片上） 2. 通过举例的方式，讲授“财务预测的方法” 3. 使用小组讨论法，组织学生讨论“现金流和利润哪个更重要，为什么？你们打算如何管控现金流？”，随机选择 2 名学生分享讨论结果，教师进行点评和总结 4. 通过举例的方式，讲授“现金流管控策略”	演示课件 教学软件 彩色卡片
结尾	课程小结 布置作业	1. 通过提问的方式进行总结（用思维导图呈现教学逻辑和知识点） 2. 课程复盘（课程核心问题呈现在彩色卡片上）	思维导图 彩色卡片

教学开篇

再好的项目，再好的商机，再难得的机遇，管理跟不上，最终也是一场空。管理的地位，举足轻重。新企业在生存与成长过程中，会面临来自各方、形式各样的风险，它们无时不在。惧怕风险，会让我们停止前进。但是，若你能够正视风险，并在经营企业时运用合适的管理方式，便可能化解风险，持续成长下去。

问题导入

☆ 一个市场主体，要想在市场上屹立不倒，需要有到位的什么呢？

☆ 你认为一个新企业的管理问题，都包括哪些方面？能否举出相关的例子？

引出教学主题

明确教学目标

强调重点难点

……

话题导入

☆ 选择时下热门企业管理话题，如文案、广告、短/微视频等，调动学生积极性。

引出教学主题

明确教学目标

强调重点难点

……

案例导入

☆ 通过李一男/ofo/本校学生创业的案例，引导学生认识企业管理的重要性。

创业案例：别了，港湾

参考资料：专家分析 ofo 失败 4 大原因

引出教学主题、明确教学目标、强调重点难点……

教学主体

核心知识点 1：新企业的特殊性和可能面临的风险

核心内容

☆ 新企业绝非大型企业的缩微版，它是一个寻找可升级、可重复与可盈利商业模式的新组织，处于企业生命周期的初创期。

☆ 创业者要充分了解新企业管理的特殊性，从而对症下药，进行有效管理。

☆ 创业者要始终意识到，创业风险无处不在，必须深入研究与思考怎样应对不同阶段的创业风险。

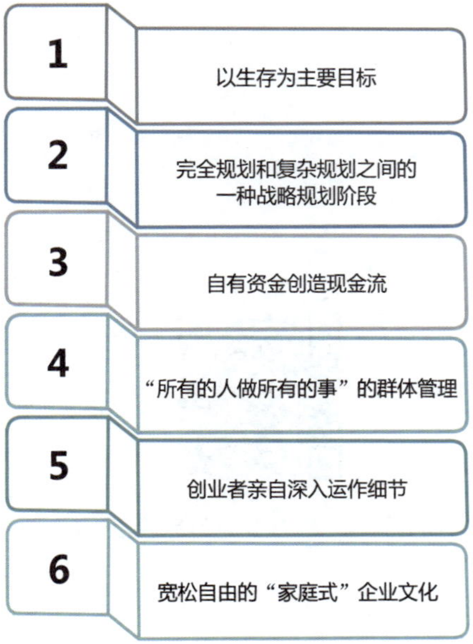

新企业管理的特殊性

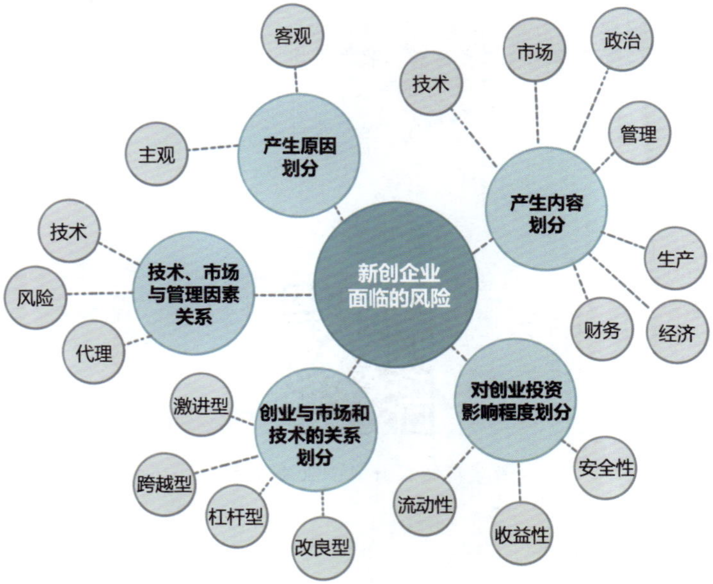

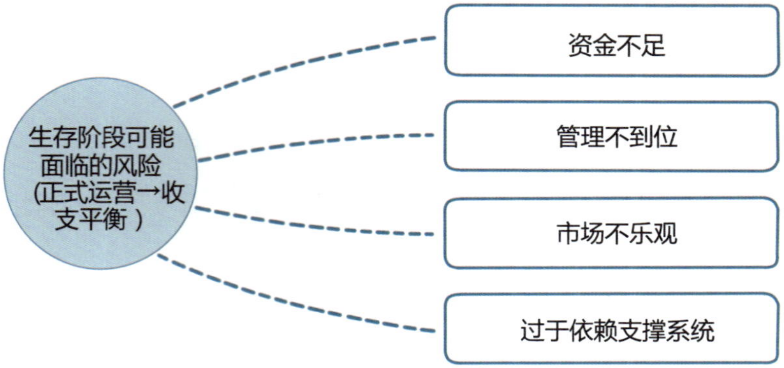

生存阶段（正式运营→收支平衡）可能面临的风险

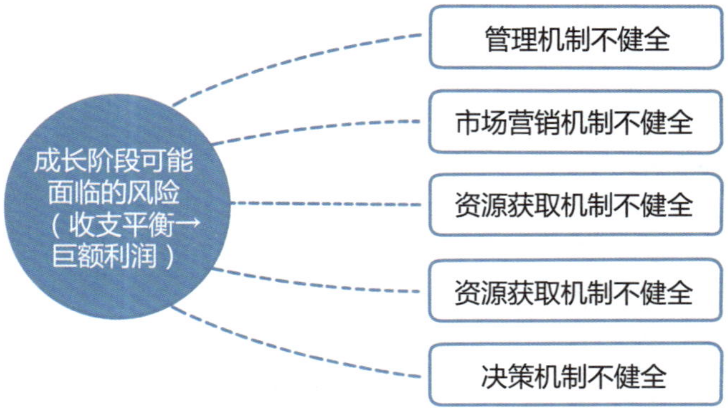

成长阶段（收支平衡→巨额利润）可能面临的风险

教学视频：新创企业的特殊性

教学视频：连续创业失败的 90 后

课堂活动

☆ 综合使用案例分析法、头脑风暴法、模拟练习法、小组讨论法、角色扮演法、游戏教学法开展教学活动，教学活动主要围绕新企业的特殊性和可能面临的风险进行设计；

☆ 通过本校学生案例或相关新闻报道，让学生进行分析，总结出创业风险类型，并引导学生进行风险分类；

☆ 通过游戏教学法或角色扮演法组织学生讨论“你的企业可能会遇到哪些风险?”，引导学生建立风险意识，并帮助学生设计解决方案或应对措施；

☆ 教师着重点评学生讨论结果的全面性和解决方案的可行性。

- 讲授新企业的特殊性时可以结合企业生命周期。
- 讲授创业风险这部分内容，要准备不同阶段的创业失败案例。
- 学时允许的情况下，可以使用游戏教学法进行“风险投球”。也可使用角色扮演法，将失败案例进行场景化重现，加强学生对风险的理解。

FOCUS

核心知识点 2：新企业的营销管理

核心内容

☆ 市场营销不是我们理解中简单地将产品卖出去。在实操中，市场营销是价值实现的具体措施和方法，是商业模式的具体落地。

☆ 营销的过程是如何辨识消费者未被满足的需要，量度目标市场的规模和利润潜力，找到最适合企业进入的市场细分和适合该细分的市场供给品以满足目标市场的需求，同时获取利润。

☆ 市场营销策略历经了“P”“C”“R”“S”“V”“I”六个组合阶段。无论怎样演变，都脱离不了市场营销的本质理念——通过交换实现价值。

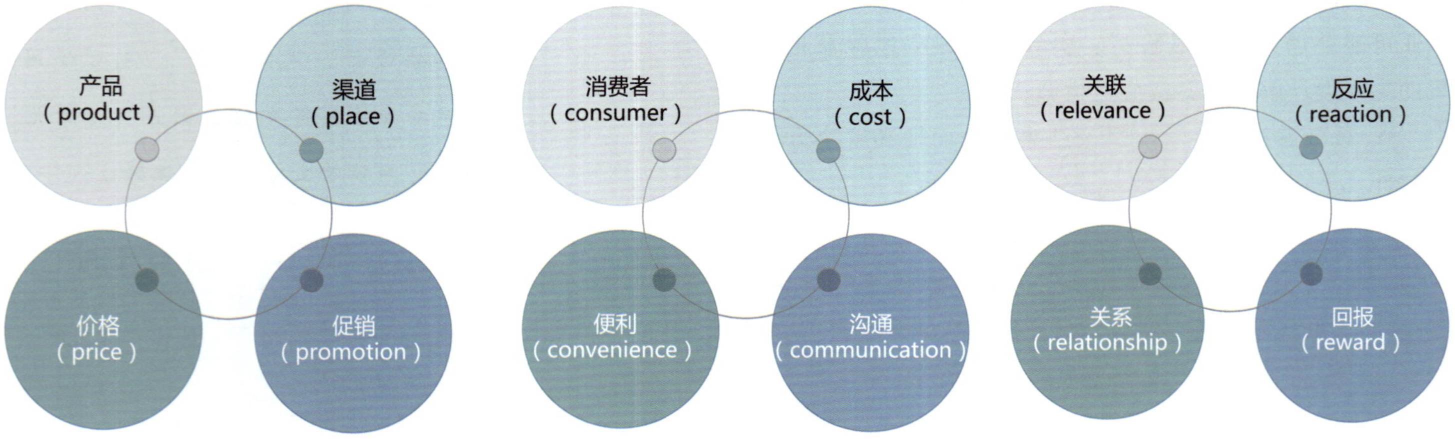

4P 营销组合　4C 营销组合　4R 营销组合

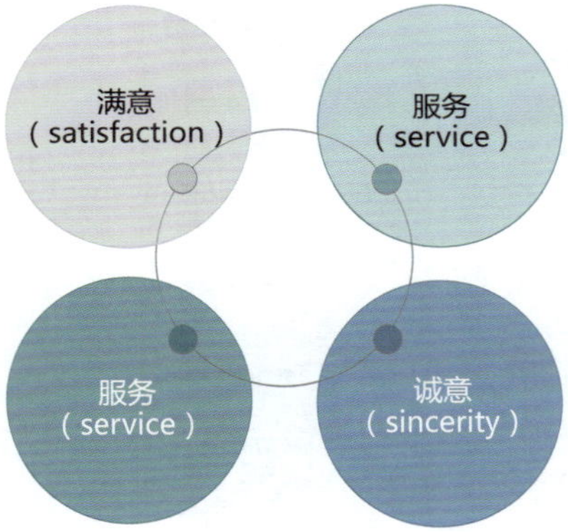

4S 营销组合

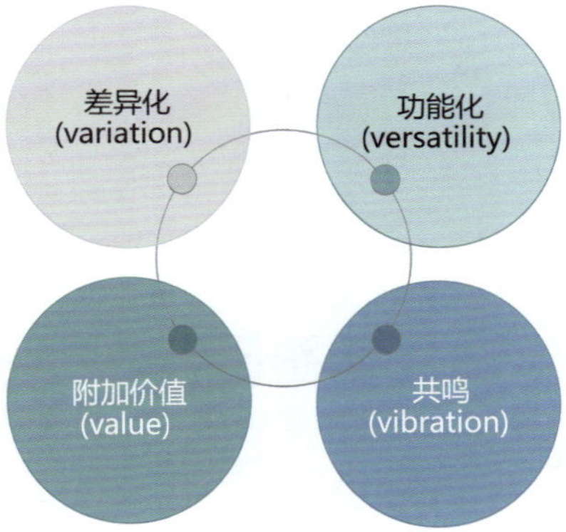

4V 营销组合

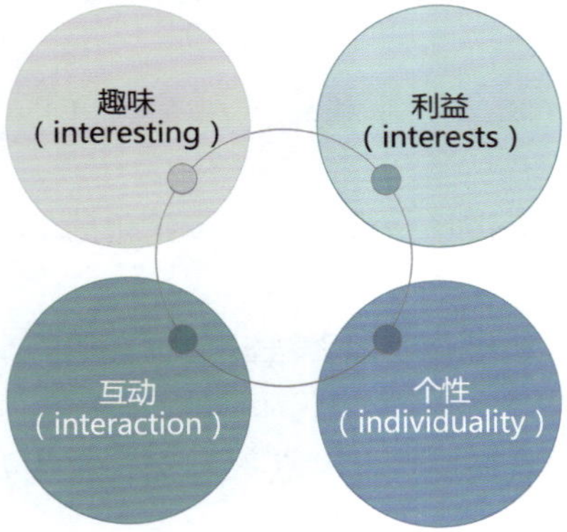

4I 营销组合

➲ 在讲授市场营销相关知识点前，建议教师选择学生案例，如“嗨皮士”的营销策略，引导学生说出“市场营销的概念与意义”。

➲ 提醒学生，除了表格中的组合理论，在社交媒体时代，还有诸如波纹营销理论、圈层营销理论、金字塔理论等很多营销理论。我们不能完全倡导某一种市场营销理论，不同行业、不同发展阶段、不同区域、不同市场下的企业，选择都存在不同。没有最好，只有合适与否。建议教师在讲授这一部分内容前，可以先学习一下较新的营销理论，以便更好地把握和设计教学内容。

➲ 在众多市场营销理论中，最为经典的还是 4P 营销组合，在后续教学内容中，也是围绕 4P 开展的，针对具有相关知识基础的专业学生，可采用翻转课堂的方式。

FOCUS

创业案例：嗨皮士的营销策略

☆ 基于大量的实际情况研究，“现代营销学之父”菲利普·科特勒（Philip Kotler）提出，市场是多层次、多元化的消费需求集合体，任何企业都无法满足所有的需求。若要推出受欢迎的产品并获取利润，首先要进行 STP 分析。STP 分析是现代市场营销战略的核心。

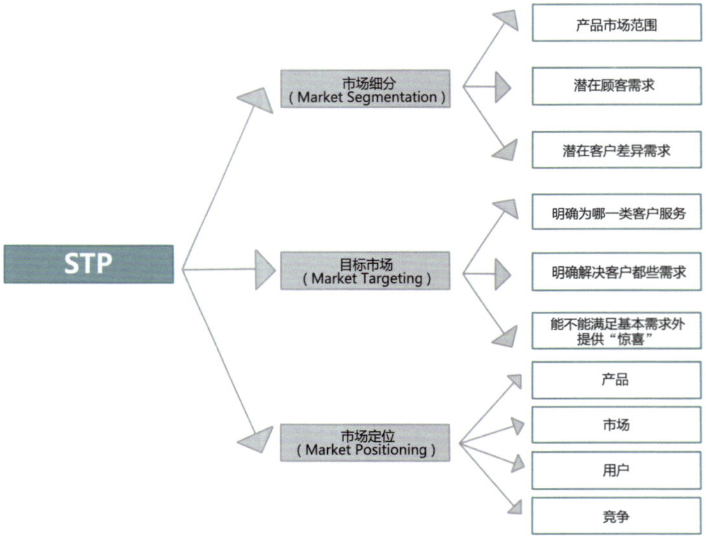

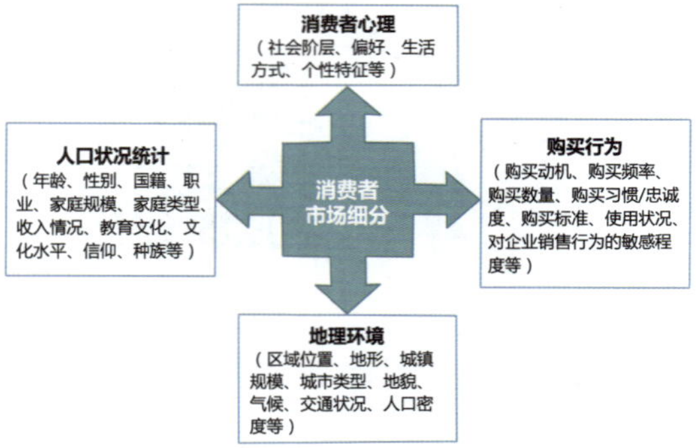

“S”——市场细分

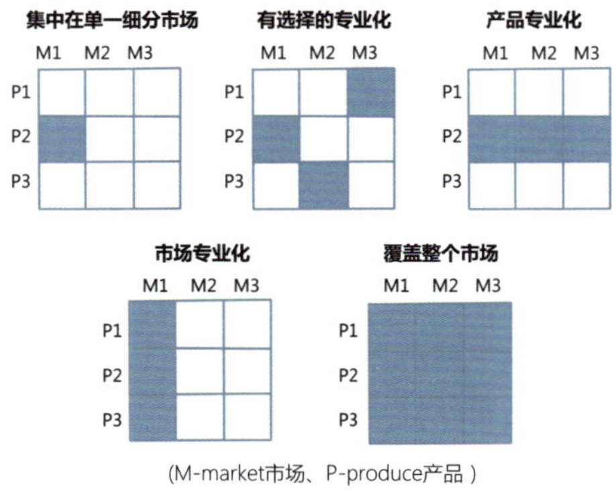

“T”——目标市场

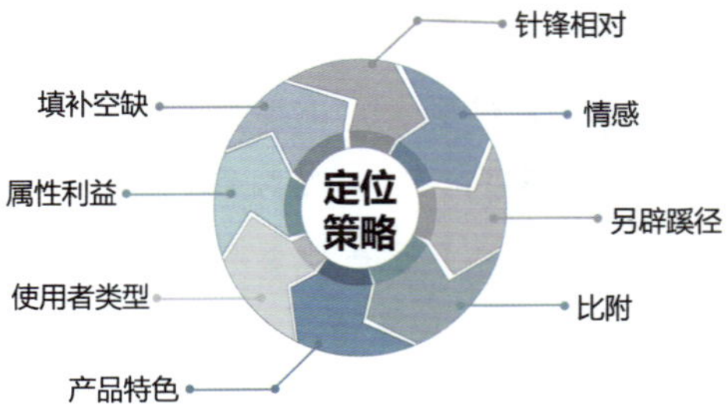

“P”——市场定位

课堂活动

☆ 综合使用案例分析法、头脑风暴法、模拟练习法、小组讨论法开展教学活动；

☆ 教学活动主要围绕市场细分、目标市场、市场定位进行设计；

☆ 通过创业案例，引导学生总结出“STP”操作流程，重点强调”STP“运用技巧；

☆ 组织学生结合项目分别进行市场细分，选择目标市场，确定市场定位；

☆ 教师着重点评学生成果的科学性。

- 一般来说，“STP”可以称为是市场营销的战略规划，对创业活动起到至关重要的作用，提供相对充裕的时间让学生进行练习。
- 学生通过反复的模拟练习，不仅可以熟练运用相应技巧，还能再次梳理创业的逻辑与思路。
- 提醒学生：

没有任何一款产品能够满足天下所有人的喜好，不要贪图“大而全”，而是要合力打造“小而精”“小而专”。

FOCUS

☆ 产品是市场营销的基础。企业如何开发满足消费者需求的产品，并将产品迅速、有效地传送到消费者手中，构成了企业营销活动的主体。

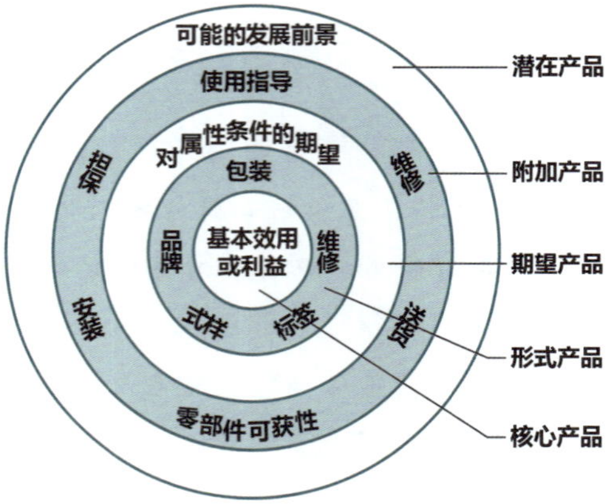

产品的五个层次

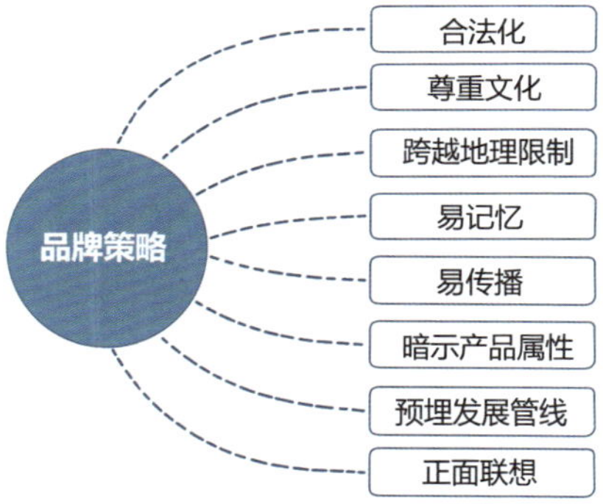

品牌策略

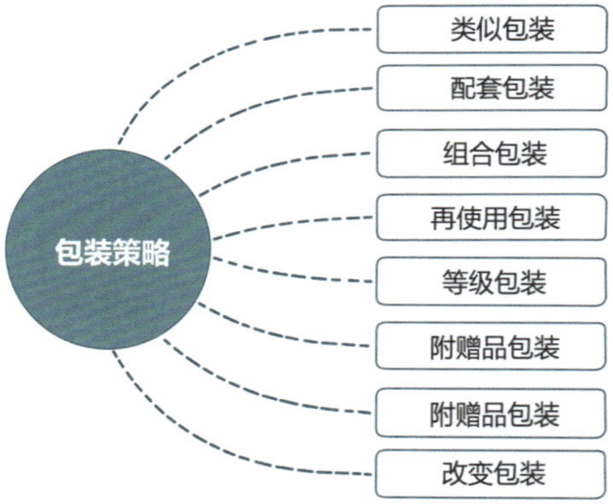

包装策略

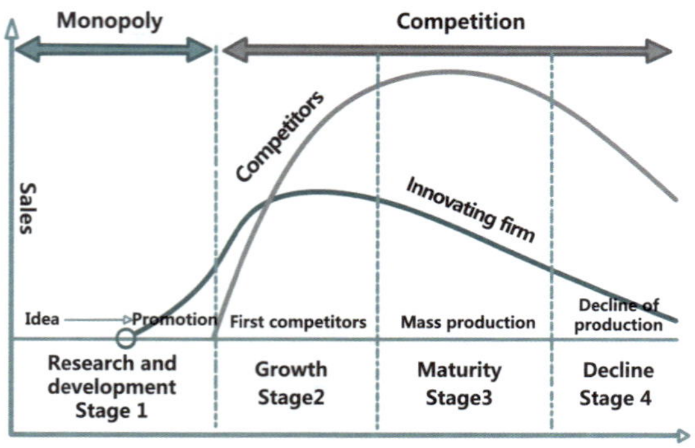

一般产品生命周期

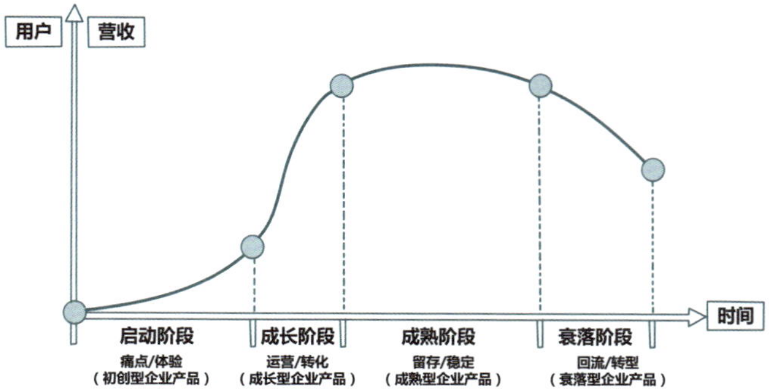

互联网产品生命周期

☆ 价格是唯一能够产生收入的因素。产品的定价合理与否，不仅关系到产品能否顺利地进入市场、占领市场、取得较好的经济效益，还关系到产品本身的命运和企业的前途。

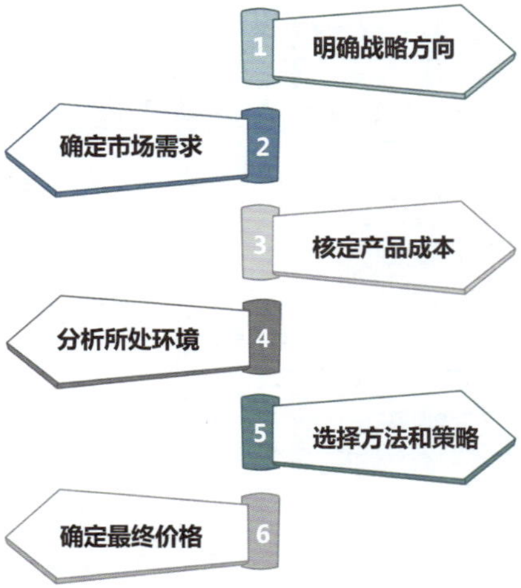

首次定价的步骤

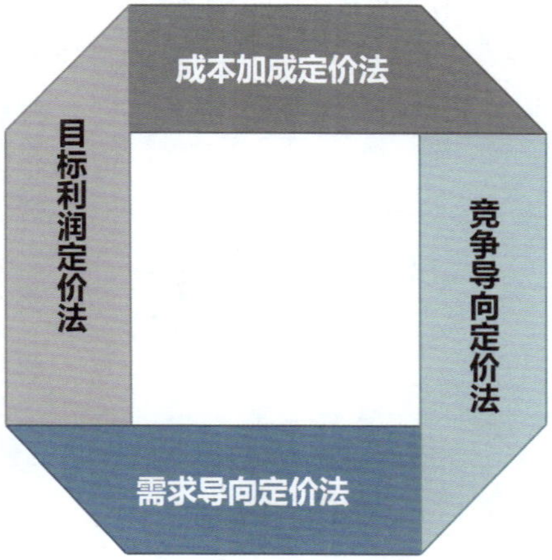

定价方法

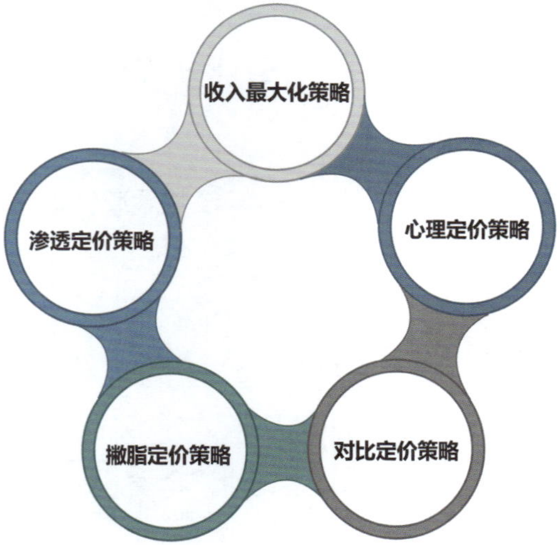

定价策略

☆ 渠道是将产品从生产者转移到消费者手中的途径或通道。任何产品最终都需要有渠道出口，这意味着企业的生命通道。如果没有渠道，再好的产品也只是废品。

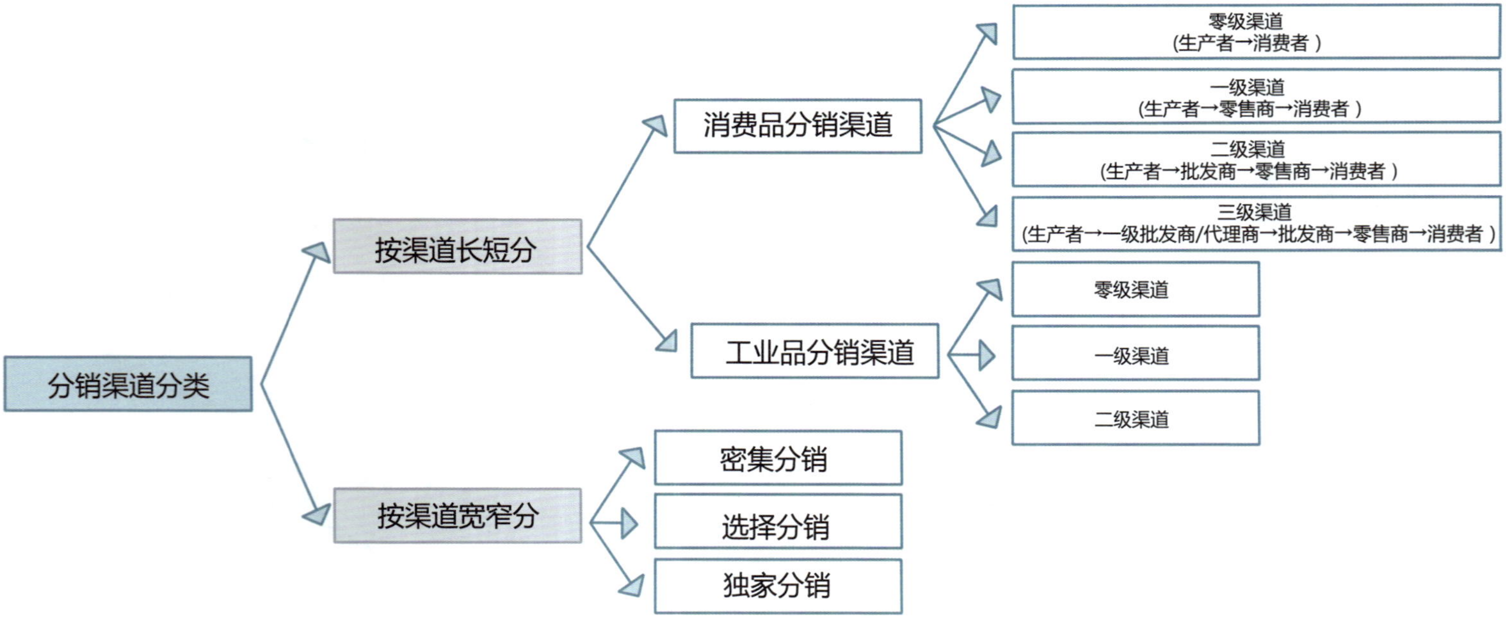

渠道分类

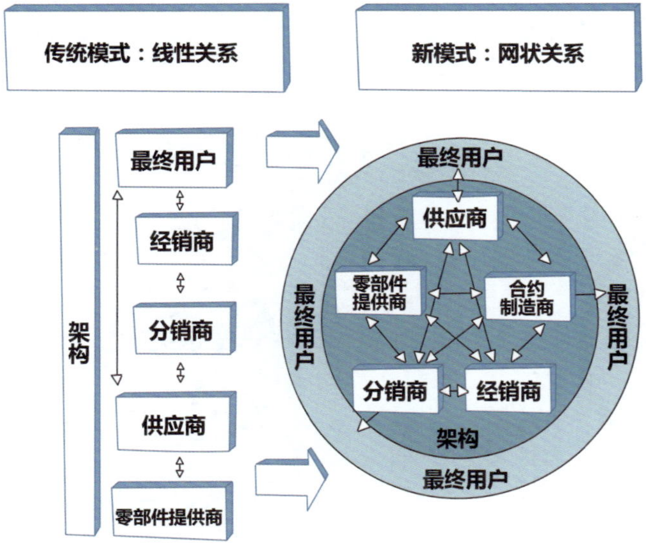

渠道模式的转变

渠道策略

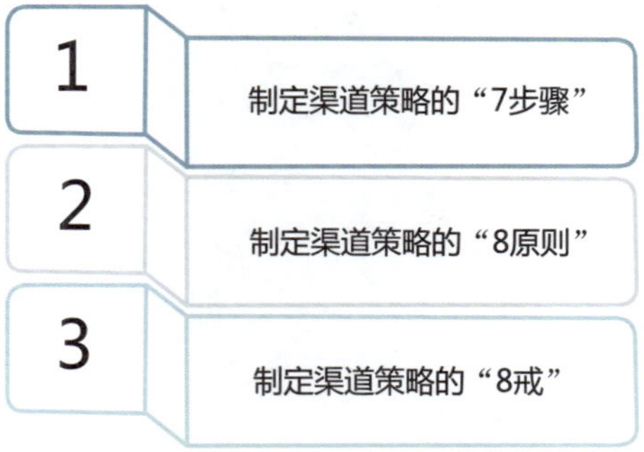

“7－8－8 法则”

☆ 促销并非“打折”，是向目标顾客传递有关本企业及产品的各种信息，说服或吸引消费者购买其产品。

☆ 促销落实到策略上，则是企业设计出可以通过人员推销、广告、公共关系和营业推广（销售促进）等各种促销方式，达到扩大销售目的的促销组合。

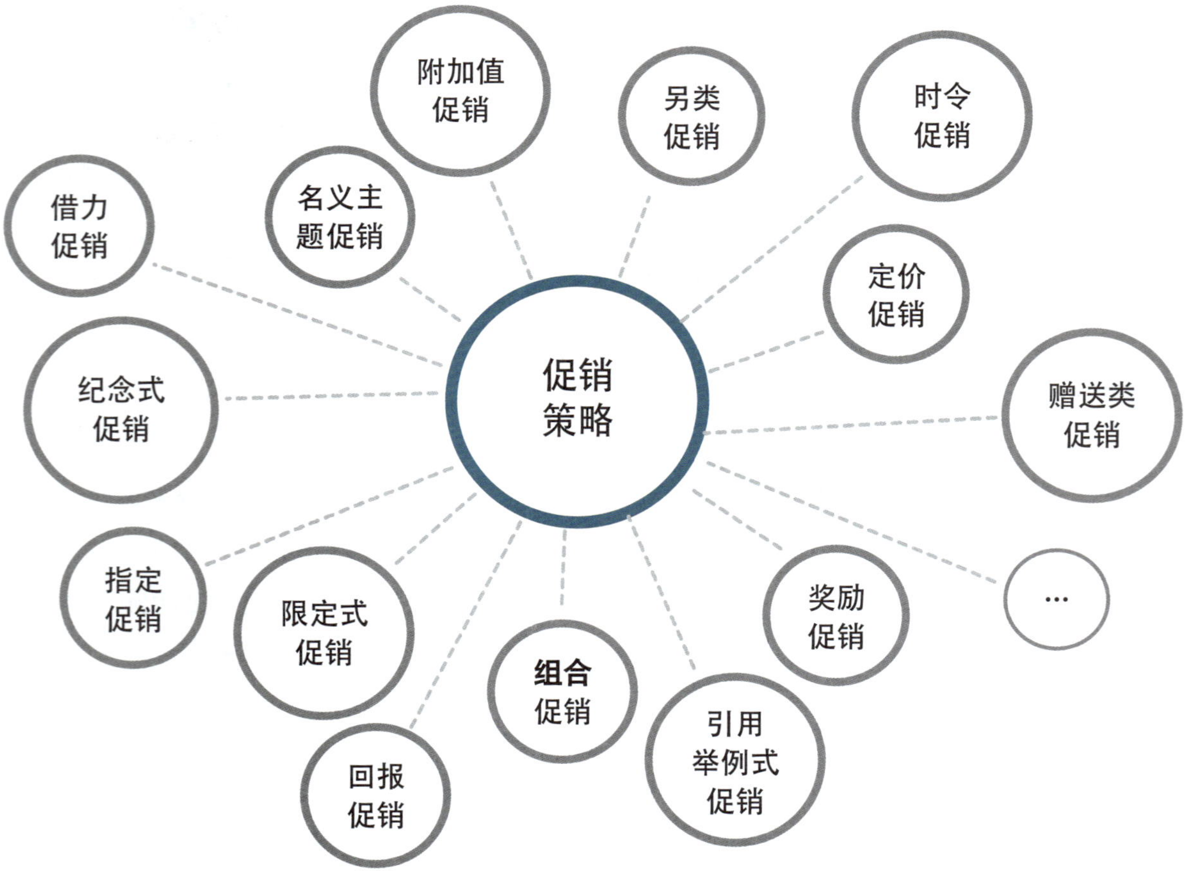

课堂活动

☆ 综合使用案例分析法、角色扮演法、头脑风暴法、模拟练习法、小组讨论法开展教学活动；

☆ 教学活动主要围绕 4P 营销组合策略进行设计；

☆ 随意拿出/提前准备一本书/一瓶水等常见物品，教师或者学生扮演销售人员，通过问答互动，概括介绍 4P 营销组合；

☆ 通过发放阅读材料，引导学生总结出营销策略，重点强调营销策略的运用技巧；

☆ 根据产品、价格、渠道、促销的关键内容，设计开放性问题，组织学生进行自由讨论/小组讨论，提高学生的创造力；

☆ 组织学生结合项目分别设计产品策略、价格策略、渠道策略、促销策略，将讨论结果呈现在活页挂纸上，并向其他小组进行展示；

☆ 教师着重点评学生成果的科学性和可行性。

教学视频：玉子屋的营销成功学

创业案例：喜茶的市场营销

创业案例：小熊电器的“网状”渠道

创业案例：江小白的营销创新

➲ 市场营销本身是一门单独学科，尤其在互联网普及的时代，更需要多下功夫，多琢磨。提醒学生，切忌盲目依照某种市场营销理论生搬硬套。

➲ 教师在设计教学内容时，要根据实际情况选择教学重点，必要时可以增加这部分的授课学时。

➲ 市场营销这部分的知识点繁多复杂，但又是学生很感兴趣的部分，建议教师做好充分准备。

FOCUS

核心知识点3：新企业的组织管理

核心内容

☆ 多数新企业本能地会将创收放在第一位，重视市场营销，却容易忽视对组织的建构和管理。

☆ 组织管理就是一个企业如何建立、运作和管理自己的组织，能够促进组织中的各个部门和岗位都能高效协作，让组织达到最大的效能，从而最终有效地达成组织的战略和管理目标。

☆ 处在初创期的新企业，组织的规模比较小，组织管理要从无到有去构建。

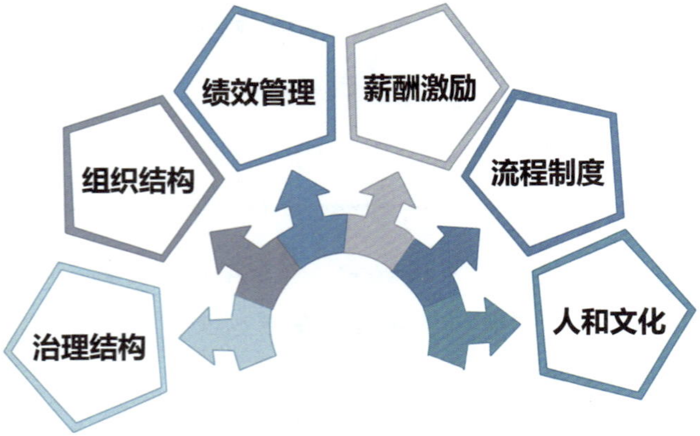

新企业组织管理的六个方面

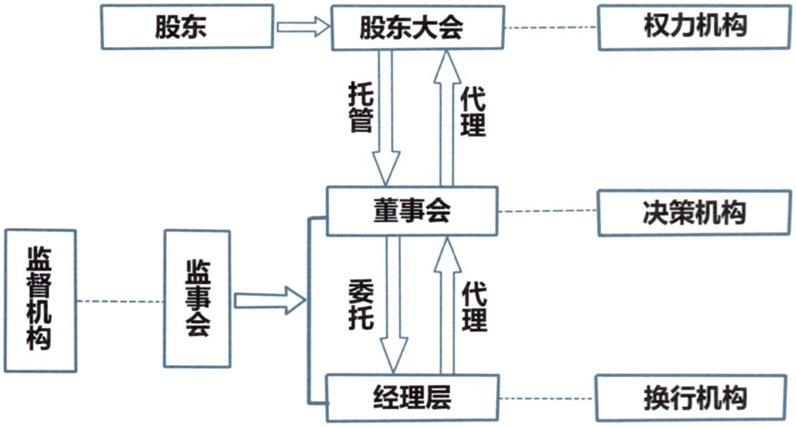

治理结构图

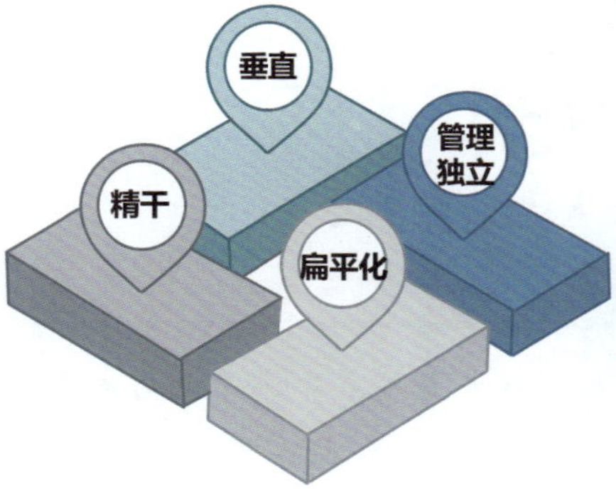

设计组织结构的四个原则

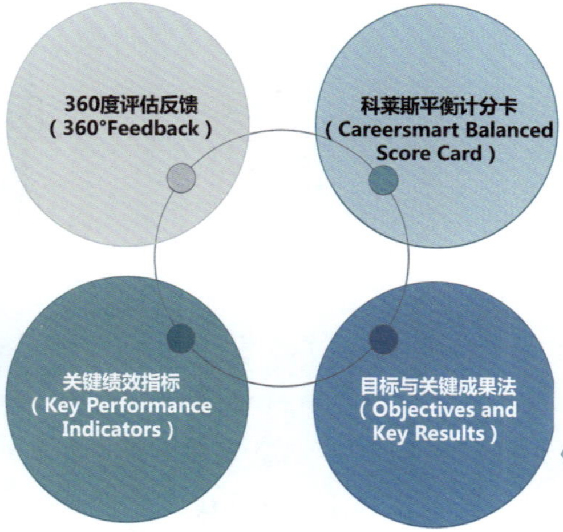

设计绩效管理的四个方法

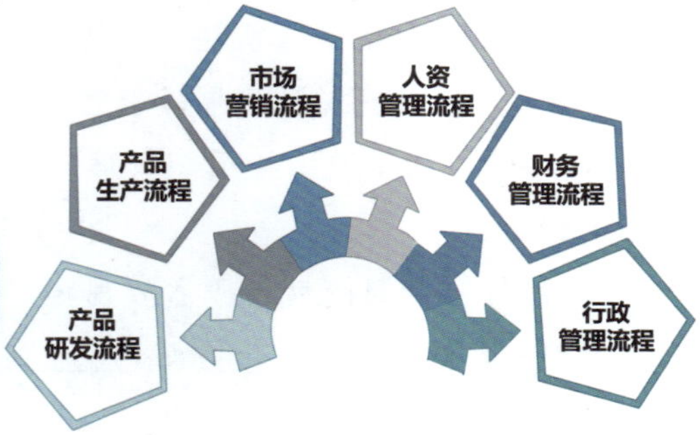

设计流程制度的六个方面

设计薪金激励的案例：Facebook

打造人和文化的案例：Google

课堂活动

☆ 综合使用案例分析法、头脑风暴法、模拟练习法、小组讨论法开展教学活动；

☆ 教学活动主要围绕组织管理的六个方面进行设计；

☆ 通过发放阅读材料或播放视频，引导学生总结出组织管理的六个方面，重点强调组织管理的运用技巧；

☆ 组织学生结合项目分别设计股权结构、组织结构图、激励方式、企业文化等内容；

☆ 教师着重点评学生成果的科学性和可行性。

教学视频：海底捞的管理智慧

➲ 这部分可以按照组织管理或者人力资源管理的框架进行讲授，教学内容更适合已经创办企业的创业者。

➲ 股权结构与组织结构是创业计划的重点内容，在课堂教学中需要重点讲授，其余四个方面在真实的企业中同等重要，教师要根据授课对象的真实需求选定教学内容。

FOCUS

核心知识点 4：新企业的财务管理

核心内容

☆ 财务是新企业必须守好的重要阵地。初创期的企业，往往是预算容易超支，利润少的可怜，现金流管控薄弱。

☆ 财务管理意识淡薄、欠缺财务管理知识、财务管理体制不健全、资金控制不当、融资困难等财务管理问题，已成为阻碍新创企业存活和成长进程的关键因素之一，亟待解决。

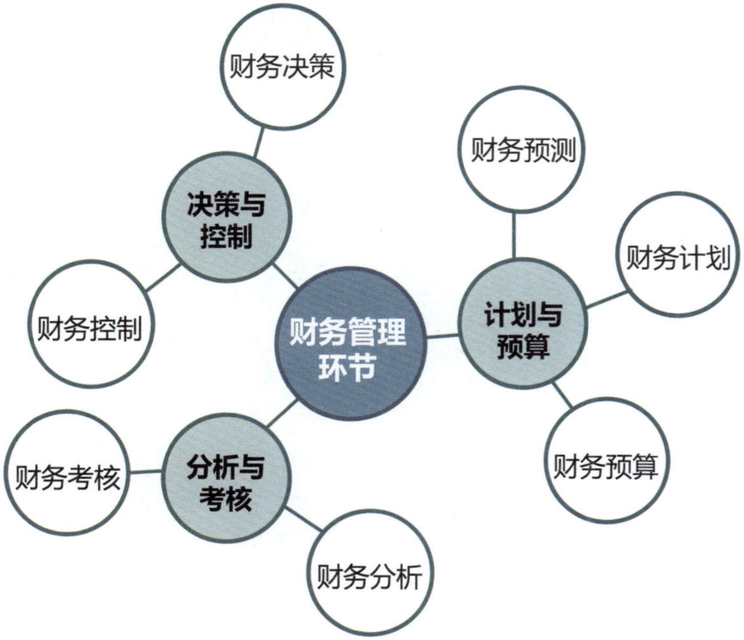

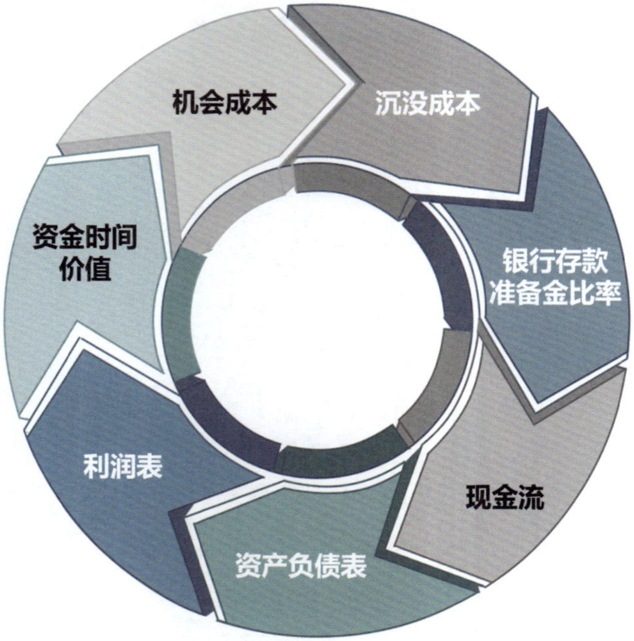

需要知道的几个概念

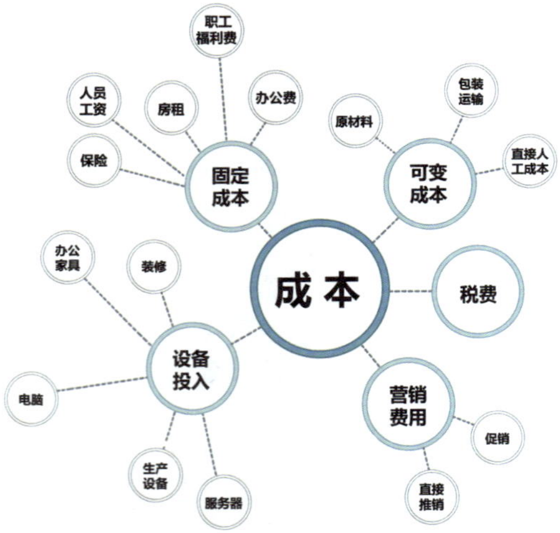

预测成本

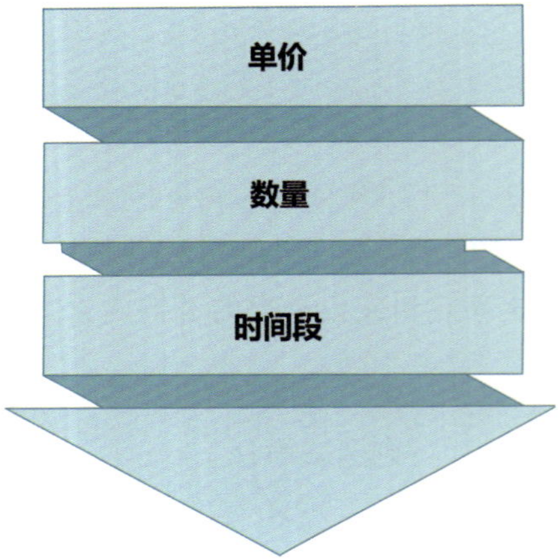

预测收入

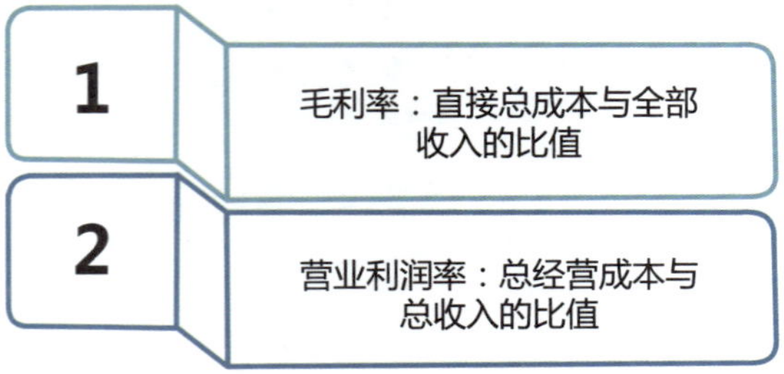

检查主要比率

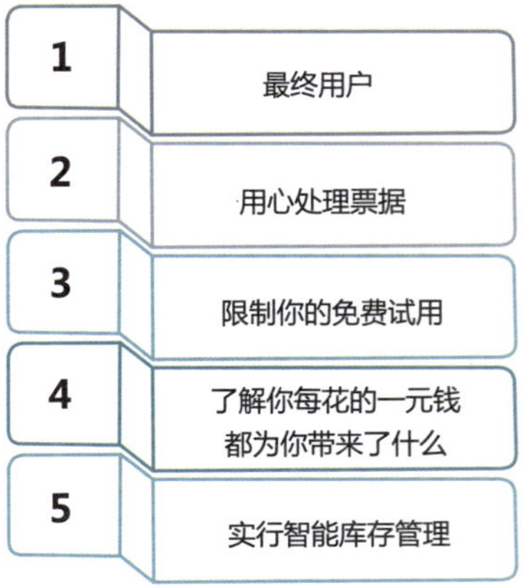

现金流管控策略

课堂活动

☆ 综合使用案例分析法、模拟练习法、小组讨论法开展教学活动；

☆ 教学活动主要围绕财务预测、现金流控制进行设计；

☆ 通过发放阅读材料，引导学生重视企业的财务管理问题；

☆ 组织学生讨论“现金流和利润哪个更重要？为什么？”；

☆ 组织学生结合项目制定财务计划；

☆ 教师着重点评学生成果的科学性和可行性。

教学视频：需要知道的几个概念

教学视频：现金流管控的主防线

创业案例：O2O 创业的生死劫

创业案例：巨人集团的兴衰史

- 财务管理教学内容具有一定的专业性，教师需要注重自身学习和相关知识的积累。
- 在给非经管类专业学生授课时，要避免使用过于专业的词语，不可讲授过于专业的内容。
- 财务预测与前面的启动资金预测有重复之处，但并不相同，教师要把握好各部分的侧重点。

FOCUS

教学结尾

教学总结

☆ 通过提问的方式，总结教学知识点；

☆ 利用教学软件检查学生掌握程度，再次强调教学重点；

☆ 利用彩色卡片，对课程进行复盘。

教学视频：TIPS 集锦

- 企业管理涉及多门学科，教师首先要良好掌握相关学科知识的要点和关键之处。
- 这一主题的教学内容较多，后半程的教学知识点多数属于企业管理的范畴，教师结合本校实际情况和课程的总体教学目标，选取重要内容设置学时安排。
- 建议在课程的最后或者预留 1 学时对本课程的核心知识点进行教学复盘。
- 本课程的主要讲授内容至此告一段落，建议教师选择灵活的考评方式，将过程性考核与结果性考核相结合，鼓励做中学、学中做，将知识点内化。
- 课程结束后要做教学效果评价，自我复盘，对本课程的教学设计、教学过程进行调整和优化。

FOCUS

实践指导篇

第9章　国创计划

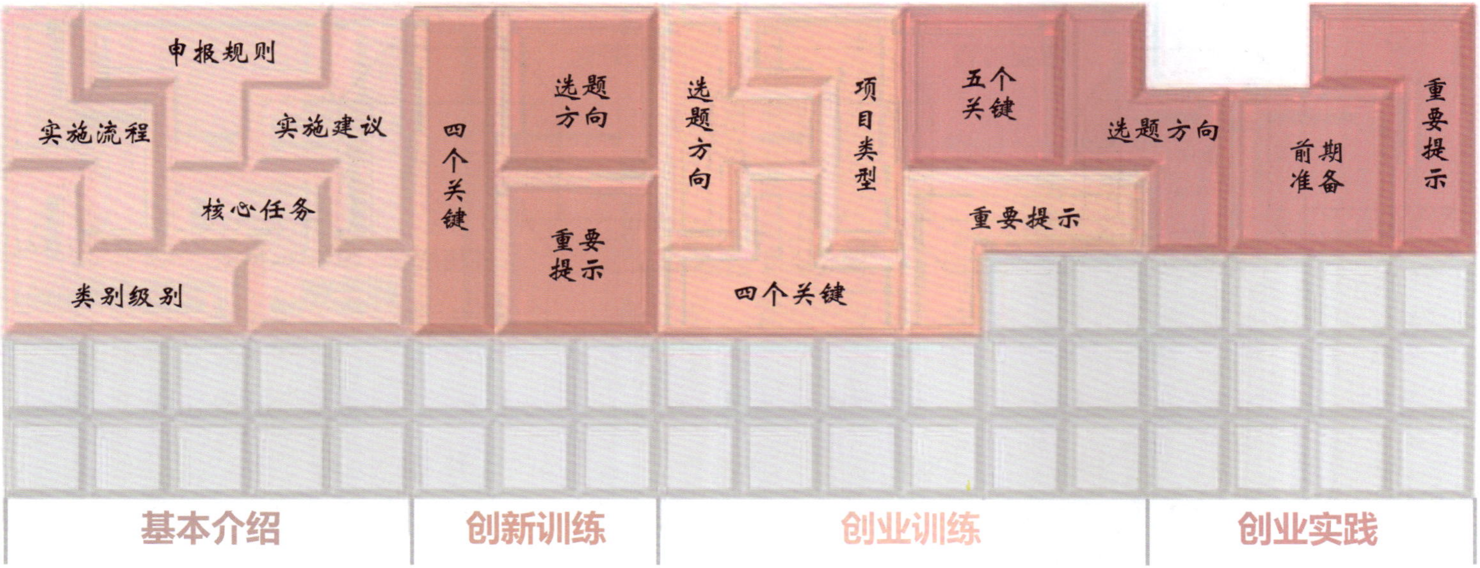
申报规则
实施流程
实施建议
核心任务
类别级别
四个关键
选题方向
重要提示
选题方向
项目类型
四个关键
五个关键
重要提示
选题方向
前期准备
重要提示
基本介绍
创新训练
创业训练
创业实践

第1节 基本介绍

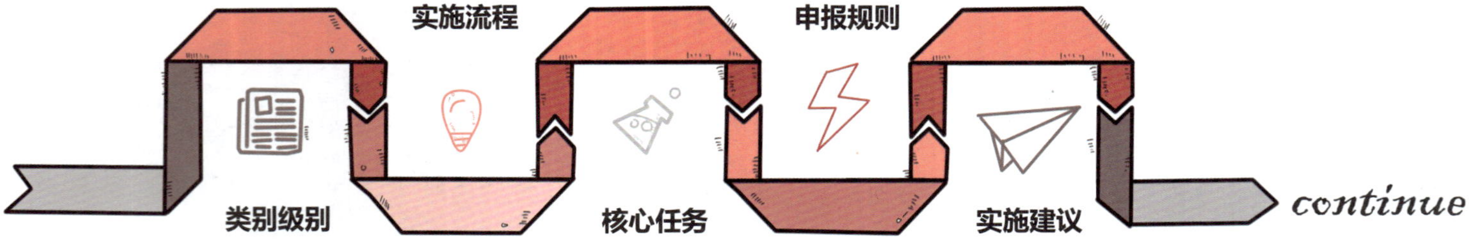

“国创计划”全称为国家级大学生创新创业训练计划，是国家教育部在 2007 年为提升高校创新创业人才培养质量、转变教育思想观念、改革人才培养模式，增强学生的创新能力和在创新基础上的创业能力，而面向在校学生开展的创新创业能力训练项目。它处于创新创业教育全价值链育人体系的第二环节。

三类三级

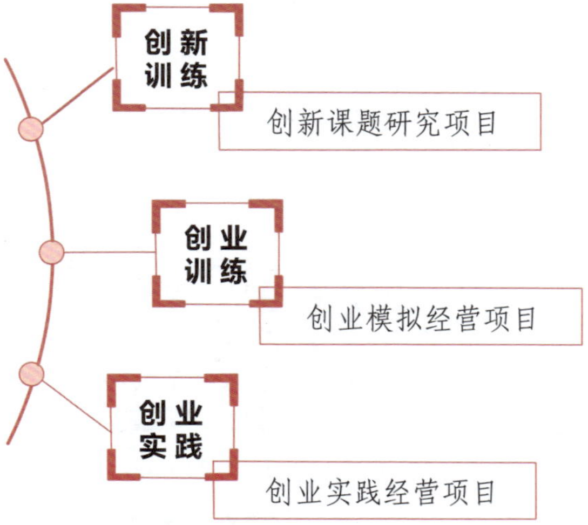

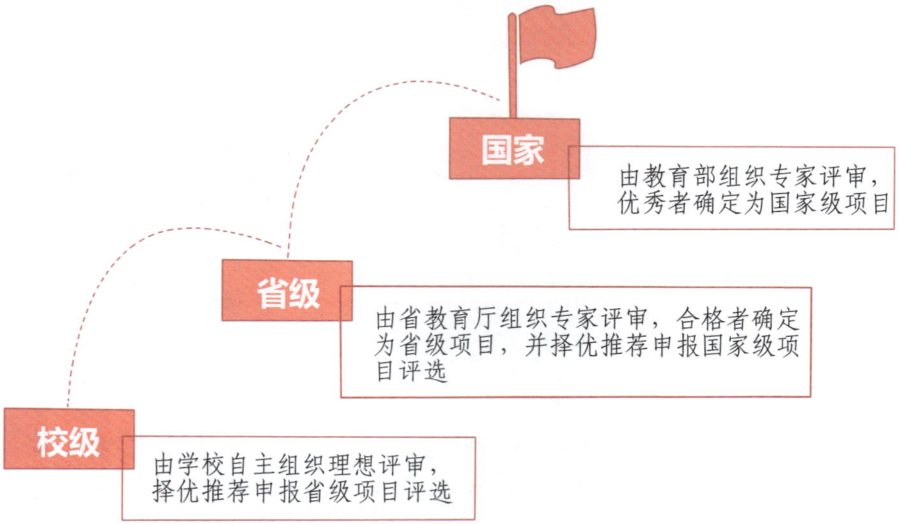

创新训练项目和创业训练项目，要求学生将所掌握的知识、技能进行特定的练习与模拟，强化本领；创业实践项目重在“实践”，意指改造社会和自然的有意识的活动，即展开创业行动。

实施流程

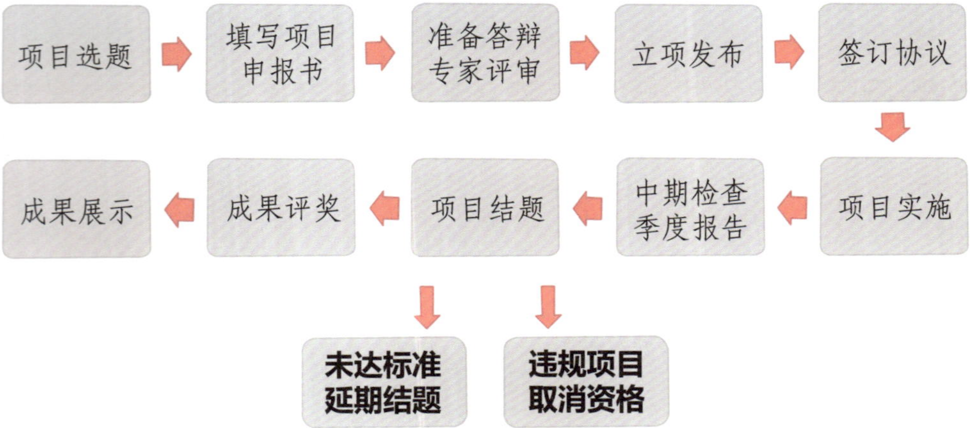

- 国创计划有专门的管理平台（网址：http：//gjcxcy. bjtu. edu. cn），各省也有省级的管理平台，个别学校还有校级的管理平台。获批项目须遵照要求完成网上填报和各阶段项目研究进程情况。
- 一般来说，项目的研究期为1年。在项目的研究和实施过程中，特别要注意项目的研究进度规划和时间管理，避免学生由于学业任务重等因素导致项目无法按时按质完成。

FOCUS

教学视频：国创计划绪论

教学视频：大学生创新创业训练计划是什么？

核心任务

项目申报

项目申报主要包括项目选题和申报书填写两个工作，指导教师要进行相应指导。

一般来说，项目选题在很大程度上影响着立项结果，多倾向于三个角度：①基于学科专业，立足学科前沿理论或专业交叉领域；②关注产业发展，立足解决市场经济运行和企业生产经营过程中的实际问题；③着眼大众生活，立足学科专业与现实社会生产生活的紧密联系。三类项目的选题要点有所区别，具体详见本章第2、3、4节相关内容。

项目申报书要严格遵照填写和提交要求完成，注意申报时间和提交事宜。

中期检查

根据项目管理相关要求，按时完成并提交《大学生创新创业训练计划项目中期检查表》，主要包括项目计划执行情况、研究进展、阶段性成果、存在的问题、下一步工作安排、经费使用情况等内容。指导教师要指出《中期检查表》的具体修改建议，并对项目推进提出建议和意见。

项目获批后，项目负责人、项目名称与内容、项目人数与成员、时间进度、预期成果、指导教师等一般不允许变更。如有特殊情况，须由项目负责人提交书面申请，阐明变更原因，并由相应管理部门组织专家进行审批。

项目结题

根据项目管理相关要求，按时完成并提交结题成果和《大学生创新创业训练计划项目结题验收书》。《结题验收书》主要包括项目简介、研究过程、研究成果、创新之处、经费使用情况、未来发展计划、成果附件材料等内容。指导教师要指出《结题验收书》的具体修改意见，并对项目研究过程和成果给予客观评价。

三类项目的结题成果要求有所不同。一般来说，创新训练项目的结题成果包括公开发表论文、专利、著作、调查报告、软件系统、实物、图纸等；创业训练项目的结题成果包括市场调研报告、创业计划书等；创业实践项目的结题成果包括市场调研报告、创业计划书、企业运营报告等。

项目无法如期结题者，须提交延期结题书面申请，延期时间一般不得超过1年，由相应管理部门组织专家进行审批。

申报规则

第一，项目申报每年组织一次，通常时间为5月中旬，如果有意愿参与，一定要做好前期准备。

第二，项目申请人为普通高等学校的本科学生个人或团队，鼓励以跨学科、跨专业、跨年级的形式组队申报项目。

第三，项目的指导教师和项目主持人不得超过2人，项目组成员人数应控制在5人以内，且有明确的任务分工。

第四，在一个年度内，每名学生只能以负责人身份申报一项，教师作为第一指导教师仅限指导一项。

第五，项目有相应的研究支持经费，每个省份、学校的具体情况不一样，可查阅学校和所在省教育厅的立项通知，一般情况下，省属高校的研究经费由省级财政支持，部属高校的研究经费由教育部支持。

实施建议

第一，鼓励全体学生申报创新训练项目，部分具有创业潜质的学生申报创业训练项目，少数已创办企业或已有较成熟创业项目或拥有前期研究成果（如创新训练项目或创业训练项目成果）的学生申报创业实践项目。这与我们设定的创新创业课程培养目标是一致的。

第二，鼓励学生将创新创业类课程中产生的创新想法和创业项目进一步完善后，申报国创计划，以提高学生的实操能力，更好地掌握课程教学内容。部分高校将申报国创计划作为课程考核的一部分，进而丰富了创新创业类课程的实践教学活动。

第三，国创计划对于学生的培养是分层次的：创新训练项目是产生成果阶段，创业训练项目是虚拟运营阶段，而创业实践项目是市场转化阶段。教师可引导学生围绕某一选题方向进行持续性申报，易形成核心竞争力，同时会增加项目落地转化的机率。

第四，教师应协助学生制定合理的项目研究计划，并根据目标制定时间结点，有效进行时间管理，确保各阶段任务按时保质完成。

第五，优秀项目结题后，有机会入选国创计划年会，具有明显优势的项目将获得相应奖励。

第六，国创计划项目形成成果后，鼓励学生参加各类双创竞赛。

第 2 节　创新训练

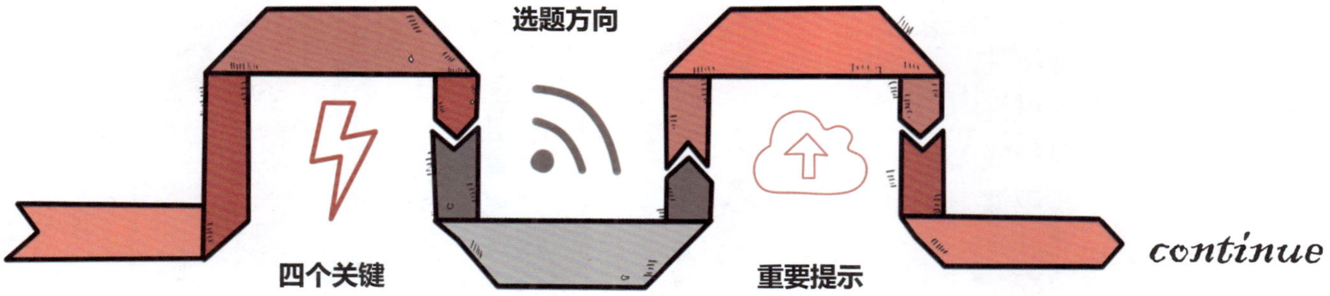

创新训练项目是学生个人或团队在导师指导下，自主完成创新性研究项目设计、研究条件准备、项目实施、研究报告撰写和成果（学术）交流等工作。

四个关键

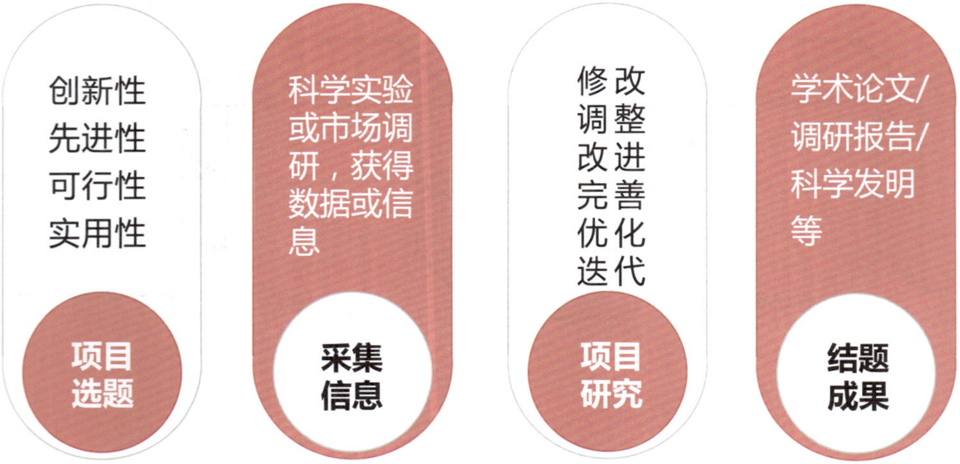

选题方向

方向一：所学专业的前沿课题研究项目

方向二：参与开放实验室、实习基地或实训活动中综合性、设计性、创新性的实验与训练项目

方向三：基于焦点或难点问题导向的社会调查项目

方向四：与区域社会经济发展、与区域产业行业发展密切结合的研究项目

方向五：预期可完成的制作项目（如发明、创作、设计、论文等）

方向六：导师的在研项目或技术研发/技术服务课题中的子项目

方向七：其他具有研究与实践价值的项目（如企业横向应用性课题）

注意事项

- 研究内容要从具体的问题入手，避免“大而空”；
- 避免过于抽象的选题，尽量选择描述性的研究选题；
- 从学科专业和感兴趣的领域进行选题；
- 要考虑选题进行实施研究和训练的可行性；
- 明确提出研究内容或欲解决的问题；
- 要对解决现实问题有指导作用。

教学视频：全面的创新训练

选题样例：论大数据时代下城市土地集约利用的创新与长远发展

项目简介：随着城市工业化、商业化的进一步加剧，对土地资源的合理配置也提出了更高的要求。结合当今国家“十三五”倡导的大数据时代，在资源逐步开放共享的条件下，树立大数据意识，促进相关数据完全共享，将少量的“样本数据”转变为海量的“全体数据”，使得政府能够依据数据进行土地决策：在现有的土地利用方式基础上，结合各城市具体数据情况加以整合（通过研究关于城市土地集约利用的大数据类型和收集方式方法，以及数据可视化的处理平台，将数据的分析内容结合起来做预测判断），提出新的更为高效的城市土地集约利用方法。

点评：选题紧跟社会热点，符合政策需求方向，具有较强的时效性、针对性和现实性；选题紧密结合专业理论知识，运用模型分析、提出最优解决方案，体现了较强的专业综合性、实验性；利用“大数据”互联网思维开展测试分析，形成可视化的处理平台，对电子政务的发展和科学合理的预测判断有十分重要的应用价值。

重要提示

第一，具有学术研究背景的选题，需要配备相关专业导师；

第二，在项目实施过程中，建议采用 PDCA 循环模型进行项目管理（主要包括 4 个阶段：Plan—计划、Do—执行、Check—检验、Action—行动）；

第三，项目取得成果后，鼓励学生参加创新竞赛，如“挑战杯”全国大学生课外学术科技作品竞赛、全国“TRIZ”杯大学生创新方法大赛等，也可围绕该选题根据所取得的成果情况继续申报创业训练项目或创业实践项目。

第3节 创业训练

创业训练项目是学生团队在导师指导下，完成创业项目选择，并对所选创业项目进行可行性研究、创业计划书编制和企业模拟运营等工作。

四个关键

项目选题
创新性
先进性
可行性
实用性

市场调研
通过市场调研，形成可行性研究报告

创业计划
根据可行性研究，编制创业计划书

结题成果
市场调研报告、创业计划书等

选题方向

方向一：具有明显商业应用价值的创新训练项目

方向二：基于已有实验成果、原创设计、创意产品、发明专利等的项目

方向三：与区域经济发展密切结合且前期形成研究论文或研究报告的项目

方向四：社会生活调查研究发现的“痛点”问题的解决方案成果可进行转化的项目

方向五：拥有所学专业社会实践技能且这种技能可应用在新兴细分领域的项目

方向六：在一定区域进行试验了的商业模式创新项目

方向七：与新兴信息技术（如移动互联网、云计算、大数据、人工智能、物联网等）紧密结合且有一定实践积累的项目

方向八：校友企业等其他企业资源中亟待解决实际问题的项目

方向九：创业类课程中产生且得到专业人士认可的项目

项目类型

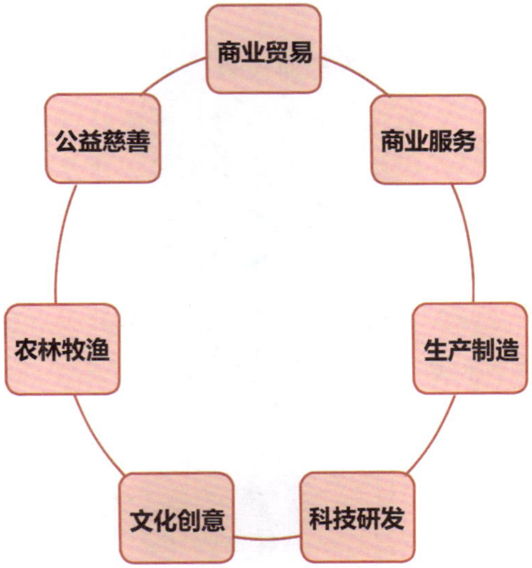

不同类型的创业项目，具有不同的特征。训练时，应选择适合自己兴趣爱好、技能擅长的项目类型。

教学视频：部分的创业训练

选题样例：惠农生物农药科技有限公司

项目简介：惠农生物农药科技有限公司是拟建一家从事新型混合生物农药杀虫剂研究、生产与贸易的高科技企业，其核心产品是基于阿维菌素与苏云金杆菌及其他辅料复配混合剂的专利技术，并将成果进行产业化，从而解决现阶段我国农药杀虫剂所面临的重要“痛点”问题。

点评：项目选题具有较强的针对性和应用性。第一，我国耕地面积广阔，用于防治病虫害的农药年需求量巨大且产量明显不足，因此市场空间巨大；第二，使用的农药大多为化学农药，对土壤、水源、微生物产生的破坏作用明显，而生物农药对改良土壤有显著的作用；第三，积极响应国家“生态农业”“绿色农业”号召，生产的不污染环境的生物农药必将成为未来农业生产中防治病虫害重要的产品，符合农业发展趋势。

重要提示

第一，教师要协助项目负责人组建优质的项目团队，必要时还要帮助团队配备相关专业导师；

第二，帮助学生了解项目经费支持额度及经费的使用、管理和报销的操作细则与流程，确保经费的有效使用；

第三，创业训练项目结题后，鼓励学生围绕该项目继续申报创业实践项目和参加各创业计划或创意类竞赛。

第4节　创业实践

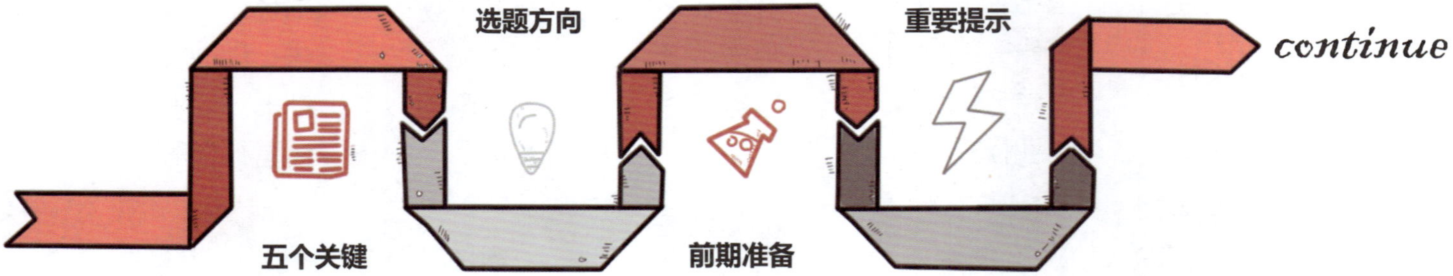

创业实践项目是学生团队在学校导师和企业导师共同指导下，基于前期的研究成果，开发具有市场前景的创新性产品或者服务，开展创业实践活动。

五个关键

- **项目选题**：基础性、成长性、复制性
- **确定模式**：结合前期的研究成果构建与优化商业模式
- **产品开发**：开发新产品或设计服务流程
- **市场推广**：找准市场切入点，进行市场营销
- **结题成果**：市场调研报告、创业计划书、企业运营报告等

选题方向

方向一：前期已经完成的创新训练项目或创业训练项目（通过创业模拟训练证实，具有较大成长空间和易于复制）

方向二：科技转化类项目（最好拥有相关技术发明专利与 B 端市场签订了销售意向协议）

方向三：文化创意类项目（构建了新的商业模式，依托校园环境，并且已经明确拥有一定规模的用户群体）

方向四：公益创业类项目（致力于解决社会问题，开展过多次的社会实践活动，具有成功案例，且商业性得到了证实）

方向五：师生同创类项目（指导教师能够提供资金、市场、技术、社会关系等关键创业资源的支持）

方向六：优势学科类项目（借助学校优势学科的科研力量、师资队伍等关键资源服务于地方经济建设）

方向七：校友企业等其他企业资源中亟待解决的实际问题或内创项目

前期准备

- 组建一支跨专业的多元化团队，明确人员在团队内的分工，且核心团队已设计初步的股权结构；
- 产品或服务设计完成，创业必备资金准备就绪；
- 通过向学校相关部门申请或出租了合适的办公经营场所，购买或租赁了必要的生产经营设备；
- 聘请相关教师/企业家/创业者作为创业导师，创业导师在创业过程中可起到积极的助推作用，为创业实践提供支持和帮助；
- 已经清楚了解所在地市对大学生创业的相关扶持政策。

教学视频：精英的创业实践

选题样例：基于 AR 技术的儿童玩教产品的研发与应用

项目简介：哈尔滨越泰科技发展有限公司以增强现实技术为核心，打造高科技的 AR 儿童玩教产品，主要以儿童课程体系 + 八大智力开发为主，是打破传统玩教具的创新性产品，也是在"十三五"规划中提出发展 AR 行业落地的新应用方式，越泰科技将 3D 模型、三维动画、游戏引擎结合传统玩教，开创玩教市场新模式，同时也提升传统行业附加值，公司目前拥有多项专利及软件著作权，在 AR 行业中具备良好的技术积累与技术开拓实力。同时，公司也为商业地产、展览展示等行业提供 AR 的定制化技术解决方案。

点评：首先，该项目选题符合现实市场的需求和趋势，一是 AR 产业迅猛增长的趋势，预计到 2020 年，全球的 AR 的市场规模将达到 1200 亿美元；二是儿童玩教产品市场空间巨大，两者的紧密结合带来无限的商机。其次，通过 AR 技术的引入，让原本平面、静态化的儿童图书、卡片变成了有声音、有图像、有动画的多维度立体模式，对信息技术的传达也变得更加直观，更适合于孩子们在轻松和快乐的环境中学习和成长，项目可持续性、成长性显著。

重要提示

第一，学生在学业与创业之间存在着各种矛盾，教师要根据具体情况给出合理化建议；

第二，对于学生出现的技术难题，可协调校内教师给予指导，必要时可聘请相关专业人士作为企业顾问；

第三，学生在创业实践中最难突破的就是销售问题，要利用一切资源助力学生搭建平台，实现艰难的跨越；

第四，借助学校平台或校友资源为学生配备企业导师，对学生在创业实践过程中进行指导与帮扶；

第五，熟知创业相关政策，积极协助学生申请科技部门、人社部门等提供各类优惠政策和政策补贴；

第六，项目取得成果并已登记注册，鼓励学生参加创业实践类竞赛，根据竞赛通知选择具体赛道。

第 10 章　双创竞赛

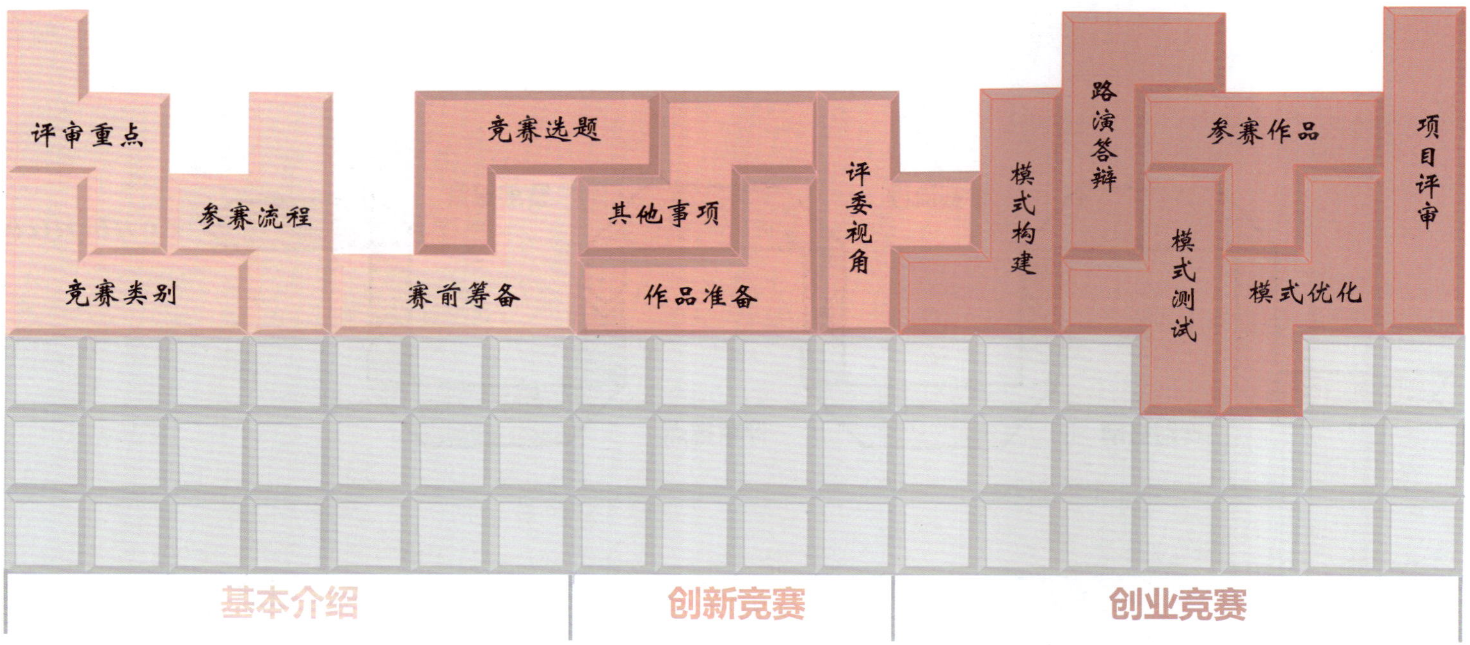
评审重点
参赛流程
竞赛类别
赛前筹备
竞赛选题
其他事项
作品准备
评委视角
模式构建
路演答辩
模式测试
参赛作品
模式优化
项目评审
基本介绍
创新竞赛
创业竞赛

第1节 基本介绍

“双创竞赛”是大学生创新创业竞赛的简称，是国家各部委为提升创新创业人才培养质量、深化教育综合改革，增强学生的创新精神、创新能力、创业意识、创业精神与创业能力，培养造就“大众创业、万众创新”的生力军，而面向在校学生或一定时间年限内的毕业生举办的创新创业赛事，分为创新竞赛和创业竞赛两大类。它处于创新创业教育全价值链育人体系的第三环节。

两类三级

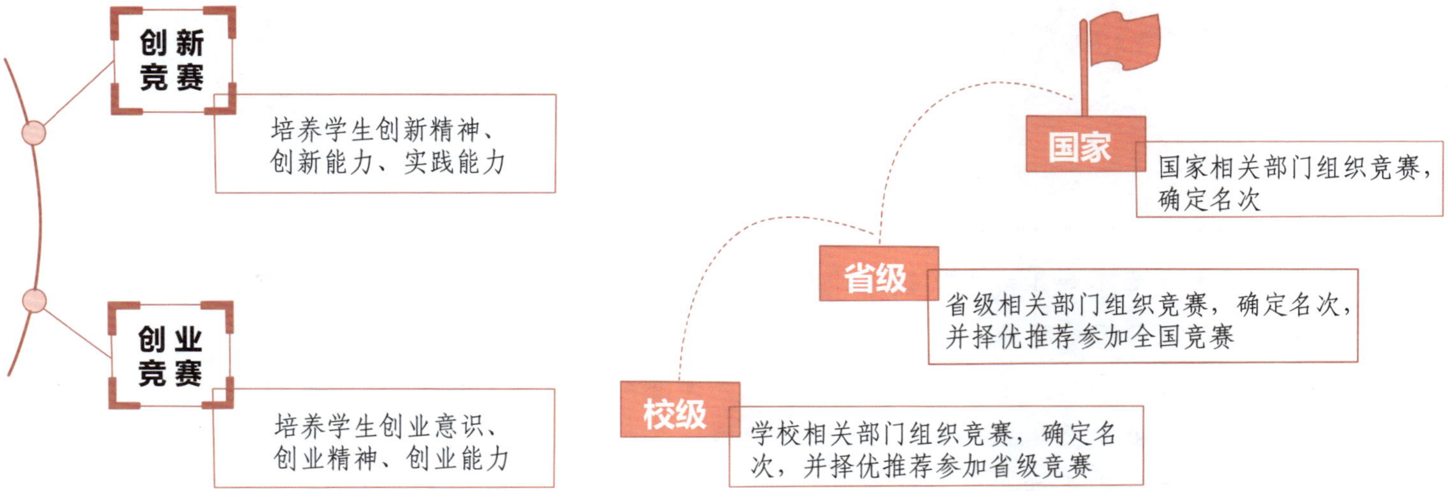

中国“互联网+”大学生创新创业大赛、创青春全国大学生创业大赛、全国“学创杯”大学生创新创业综合模拟大赛、中国青年创新创业大赛、“创客中国”大赛、中国大学生服务外包创新创业大赛、全国大学生“创新、创意及创业”挑战赛、大学生“微创业”行动大赛、“中国创翼”青年创新创业大赛、互联网大学生创业大赛、全国大学生生命科学创新创业大赛、全国大学生移动互联网创业挑战赛、IDG中美校园创业大赛、诸神之战全球创客大赛……

创新竞赛的具体赛事

“挑战杯”全国大学生课外学术科技作品竞赛、全国“TRIZ”杯大学生创新方法大赛、全国大学生电子设计竞赛、“博创杯”全国大学生嵌入式设计大赛、全国大学生机器人大赛、中国大学生计算机设计大赛、全国信息安全大赛、全国大学生数学建模竞赛、全国高校商业经营挑战赛、全国三维数字化创新设计大赛、全国大学生基础力学实验竞赛、全国大学生光电设计竞赛、全国大学生结构设计竞赛、全国大学生节能减排社会实践与科技竞赛、全国大学生工程训练综合能力竞赛、全国大学生生命科学联赛、全国大学生化工设计大赛、全国大学生水利创新设计大赛、“共享杯”大学生科技资源共享服务创新大赛、全国大学生网络商务创新应用大赛....

创业竞赛的具体赛事

- 教师要鼓励学生参加各类各级创新创业竞赛，这是对成果作品检验的机会，更是提升学生创新创业素质与能力的有效路径。
- 对于参赛资格的界定，两类竞赛有所不同。一般来说，创新竞赛获奖项目不可参加其他创新类赛事；创业竞赛获奖项目可参加其他创业类赛事。
- 赛事信息请关注“大学生比赛信息网”：http：//bisai. 172xiaoyuan. com。

FOCUS

具体类别

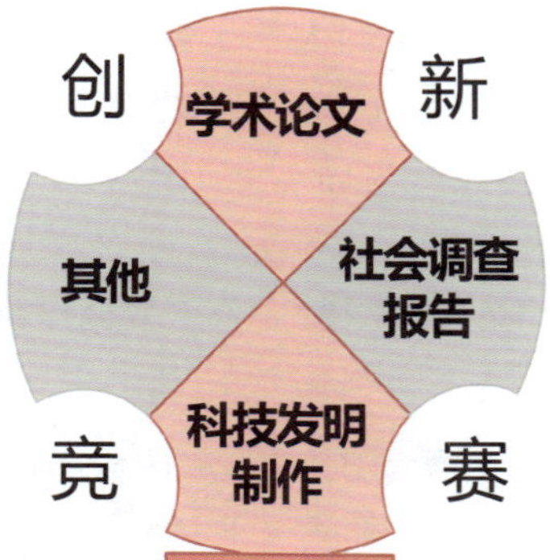

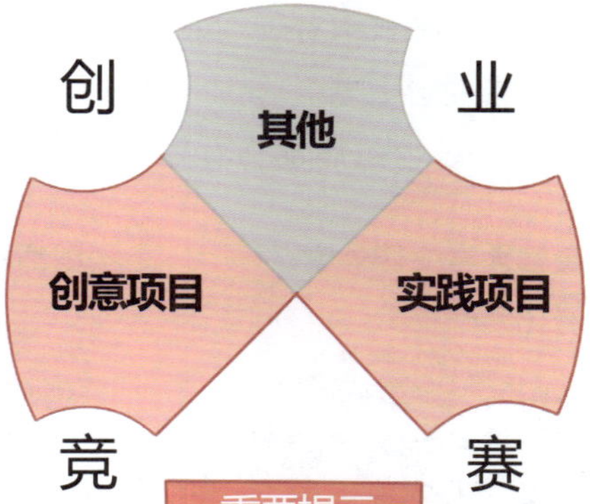

重要提示

第一，学生论文分为自然科学、哲学和社会科学两类，撰写思路与逻辑会用所差别；

第二，学术论文、社会调查报告、科技发明制作是创新竞赛的主要类别，此外，还有如文学作品、CI设计等不同竞赛类别（归为“其他”），具体相关事宜参照竞赛通知；

第三，教师要协助学生结合前期积累情况、各参赛类别的具体要求和各参赛类别的报名数量，选择参赛类别。

重要提示

第一，一般来说，创意项目和实践项目以是否工商登记注册作为界定，个别竞赛有所不同，需要认真阅读通知要求；

第二，针对创意项目来说，参赛主要经历“想-做-讲”三个阶段，强调从想法构思到落地实践再到灵活展现，而针对实践项目来说，则经历“选-跑-讲”三个阶段，强调从综合择优到快速成长再到清晰呈现；

第三，创意项目和实践项目是创业竞赛的主要类别，还可进一步细分，如将实践项目分为初创组和成长组，此外，根据创业项目的不同性质，可分为公益创业、科技创业、农业创业、带动就业创业等不同参赛类别（归为“其他”），具体相关事宜参照竞赛通知；

第四，教师可以参照左侧第三点协助学生选择参赛类别。

三大重量级赛事

在众多双创竞赛中，“‘挑战杯’全国大学生课外学术科技作品竞赛”“‘创青春’全国大学生创业大赛”和“中国‘互联网＋’大学生创新创业大赛”参加人数较多，影响范围较广。前者属于创新竞赛，后两者属于创业竞赛。三大赛事的具体要求、评审规则等，每届都会有不同程度的调整和变化，必须以主办单位的权威通知为准。

“挑战杯”全国大学生课外学术科技作品竞赛

由共青团中央、中国科协、教育部、全国学联和地方政府共同主办，国内著名大学、新闻媒体联合发起的一项具有导向性、示范性和群众性的全国竞赛活动。自1989年首届竞赛举办以来，“挑战杯”竞赛始终坚持“崇尚科学、追求真知、勤奋学习、锐意创新、迎接挑战”的宗旨，在促进青年创新人才成长、深化高校素质教育、推动经济社会发展等方面发挥了积极作用，在广大高校乃至社会上产生了广泛而良好的影响，被誉为当代大学生科技创新的“奥林匹克”盛会。（官网：http://www.tiaozhanbei.net）

“创青春”全国大学生创业大赛

由共青团中央、教育部、人力资源社会保障部、中国科协、全国学联共同主办，国内著名大学承办。“创青春”大赛是“挑战杯”中国大学生创业计划竞赛的改革提升，自2014年起正式更名为“创青春”全国大学生创业大赛，它与“挑战杯”竞赛交叉轮流开展，每两年举办一次。大赛以“中国梦，创业梦，我的梦”为主题，以增强大学生创新、创意、创造、创业的意识和能力为重点，以深化大学生创业实践为导向，着力打造权威性高、影响面广、带动力大的全国大学生创业大赛。（官网：http://www.chuangqingchun.net/）

中国“互联网＋”大学生创新创业大赛

由教育部、工业和信息化部、人力资源和社会保障部、国家知识产权局、国家发展和改革委员会、共青团中央等国家重要部门和地方政府共同举办，国内著名大学承办。“互联网＋”大赛旨在深化高等教育综合改革，激发大学生的创造力，培养造就“大众创业、万众创新”的生力军；推动赛事成果转化，促进“互联网＋”新业态形成，服务经济提质增效升级；以创新引领创业、创业带动就业，推动高校毕业生更高质量创业就业。“互联网＋”大赛被称为“全球最大最好的路演平台”。（官网：https://cy.ncss.org.cn）

参赛流程

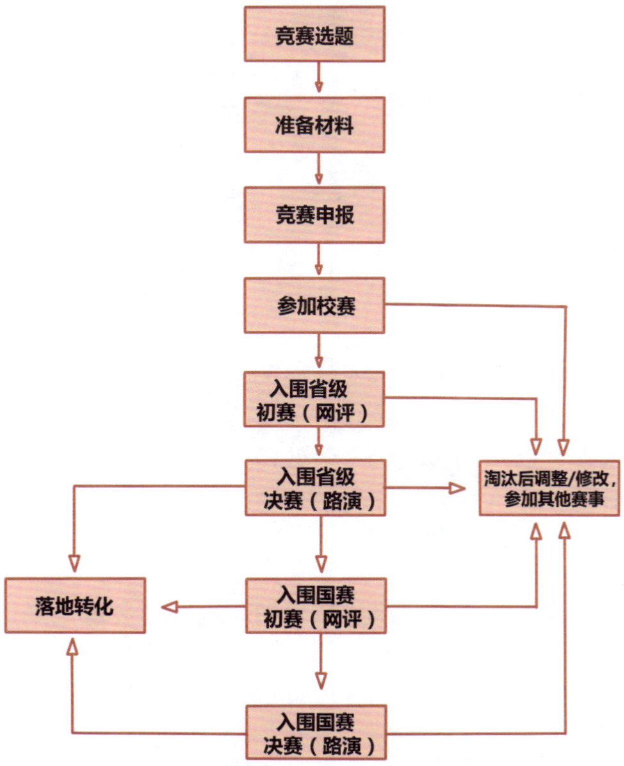

参赛选题：前期的积累与竞赛的要求相结合进行筛选

准备材料：将前期积累的素材按照评审规则重新组合

竞赛申报：按照竞赛的相关要求认真填写竞赛申报表

参加校赛：反复练习，按照要求参加学校各阶段竞赛

参加省赛：改良优化，按照要求参加省级各阶段竞赛

参加国赛：升级迭代，按照要求参加国家各阶段竞赛

- 决心指导项目的教师，要做到全程陪伴。
- 竞赛结果固然重要，但在参加竞赛的过程中，学生创新创业能力的提升更值得关注。
- 成果作品经多次打磨与检验后，要引导学生考虑成果转化或创业孵化的相关问题。

FOCUS

评审重点

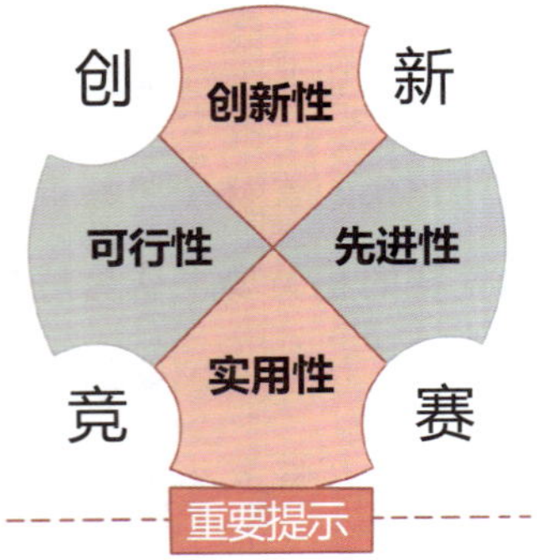

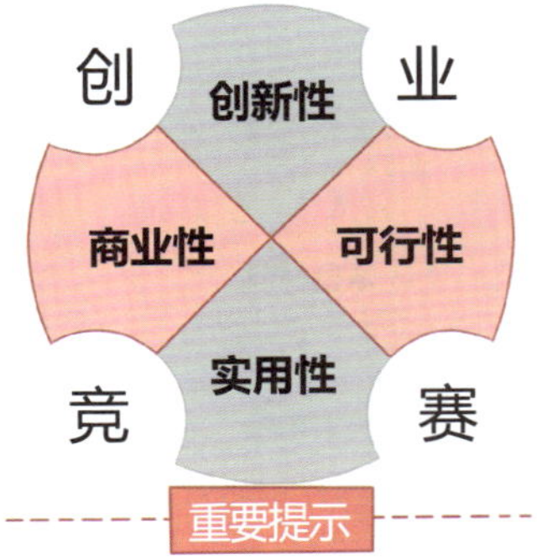

第一，选题构思具有新颖性，研究思路具有独特性，最好能够弥补某一领域的技术空白；

第二，针对前沿焦点问题有较高的理论认知与学术价值，或参赛作品与已有产品相比设计的更加优质与精致；

第三，可操作性强，与同类相似作品相比具有明显竞争优势；

第四，具有较强的实际运用价值和现实社会意义；

第五，参赛类别不同，这四个关键评审点的权重也会有所变化；

第六，与创业竞赛相比，创新竞赛更注重是否创造了有价值的成果作品。

第一，选题要新颖，存在明显的技术创新或商业模式创新，最好弥补某一领域的市场空白；

第二，能够产生较大的经济效益，持续创造高额的投资回报率；

第三，呈现的企业运营逻辑简明清晰，可操作性强，能够达到创业目标；

第四，具有较强的实际运用价值和现实社会意义，能够解决贫富差距、生态环保、带动就业等社会问题，或满足大众衣食住行等方面的生活需求，易推广、复制；

第五，参赛类别不同，这四个关键评审点的权重也会有所变化；

第六，与创新竞赛相比，创业竞赛更注重成果落地转化的可能性和应用的广泛度。

赛前筹备

初选方向

•可参见第9章国创计划的相关内容；

•前期有积累，同时契合当下国家重点发展方向，可提高选题的含金量；

•一般来说，创新竞赛选题着眼于专业发展，创业竞赛选题则着眼于市场需求。

团队组建

•要尊重所有团队成员的个人意愿，考虑其愿意投入的时间和精力，人数不在多，但要精；

•个人的能力与资源能够加强团队竞争力；

•根据竞赛需要，跨专业、跨学科，跨年级、跨学校进行组队；

•一般来说，创新竞赛要专业技术趋于一致，相关成果作品作为支撑，创业竞赛则要求能力互补；

•创新竞赛要有研究能力较强的专业导师，创业竞赛则要有较全面的外部支持，包括专业导师、创业导师和企业导师/顾问。

协作分工

•具体工作围绕着竞赛进程进行分配，包括填写报名表、关注竞赛动态、往届竞赛作品收集、市场调研、撰写文案、对外联络、作品设计、视频制作、PPT制作、路演答辩等；

•分配工作时，要均衡考虑个人意愿、能力资源和团队需要三个方面；

•具体工作要有牵头人，谁牵头谁负责；

•要始终注意各项工作的相互衔接与配合。

形成计划

•提前了解往届竞赛的时间安排和本届竞赛大致的时间规划，协助学生制定详细的竞赛工作推进表，包括具体事项、负责人、参与人、完成时间；

•竞赛工作推进表要根据竞赛进程不断调整，如根据评委的意见即时对作品进行修改与优化等；

•定期召开团队会议，对照工作推进表，检查工作完成情况；

•对于完成情况不理想的事项，团队讨论并制定解决方案。

第 2 节　创新竞赛

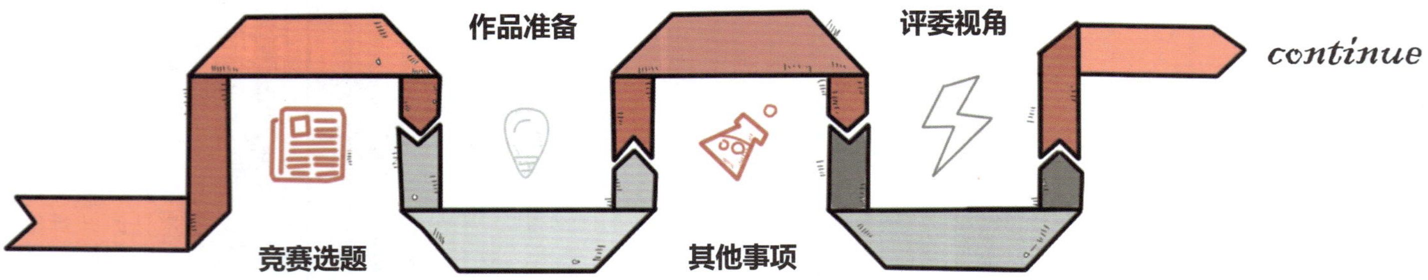

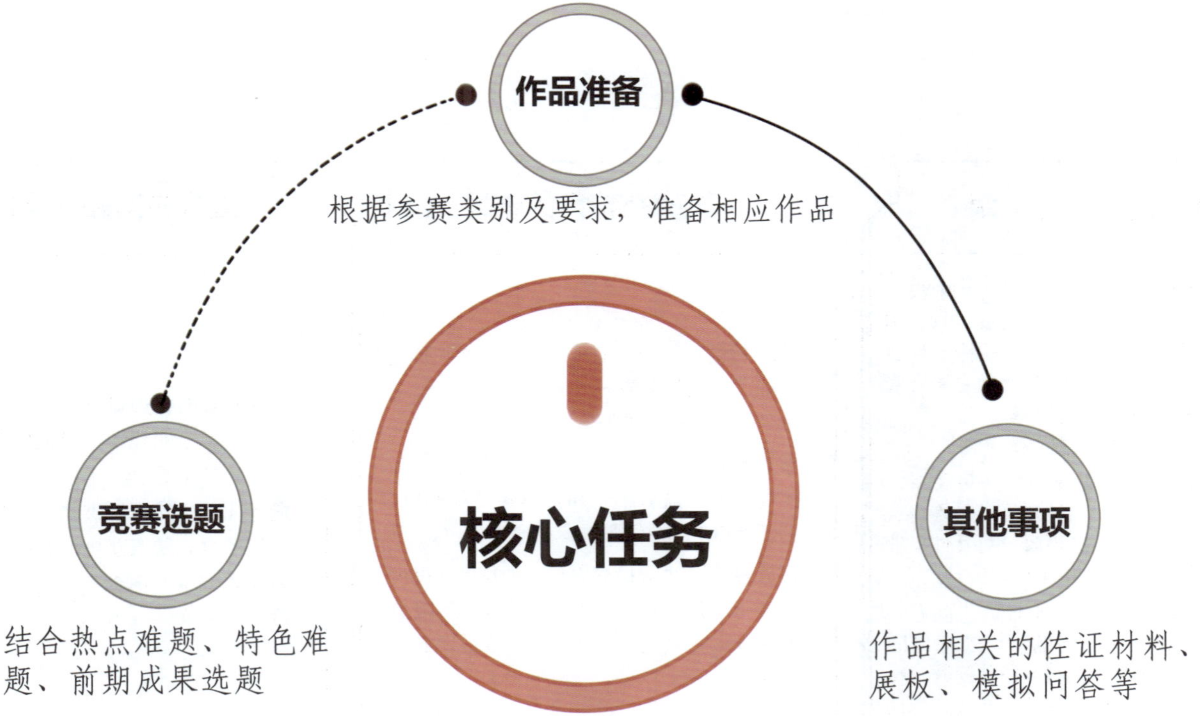
作品准备
根据参赛类别及要求，准备相应作品
竞赛选题
结合热点难题、特色难题、前期成果选题
核心任务
其他事项
作品相关的佐证材料、展板、模拟问答等

竞赛选题

选择最热点的难题

政府通告的难题：国家五年规划、中央一号文件、政府工作报告、产业发展规划、国家自然科学基金项目、国家社科基金项目（如《“一带一路”框架下高等教育国际吸引力提升路径探究——一项基于“一带一路”沿线国家来苏留学生教育的调查》）

媒体关注的难题：智慧城市、医患关系、社会道德、绿水青山、二孩政策、新零售、流动摊贩等（如《全面二孩政策对女性就业的影响——基于江浙沪地区的调查》）

长期存在的难题：农民的土地流失问题、雾霾问题、农民工服务问题、交通拥堵问题、养老保障服务问题、精准扶贫问题、振兴乡村问题、留守儿童问题等（如《开源还是节流——山西省贫困地区居民收入与消费结构调查》）

选择有特色的难题

地缘特色：区域产业特点、区域文化特点（如《挣扎与期盼——采煤沉陷区人民生活现状的调查与思考》）

学校特色：学校学科优势、学校资源优势（如《基于血管再生和骨折修复双重功能的新型EGFL6重组蛋白产品研发》）

民族特色：少数民族文化、少数民族民生（如《“精准扶贫”典型、经验与贫困户满意度调查研究——基于南疆少数民族集中连片特困区》）

选择有前期积累的成果

公开发表的**各类论文**、课程中形成的**优质成果**、社会实践中形成**调研报告**、前期申请过的**各类专利**、生活中的**小发明或小创造**等（如《境遇与选择：当代大学生的休闲生活方式及满意度研究——基于天津市高校大学生的调查》《电动并联式轮足机器人》）

作品准备

参赛类别不同，需要准备的作品也会不同，主要包括发明类作品和论文类作品。

发明类作品

申报材料

第一，繁简适当，说明文档最好为20~40页左右；

第二，重点突出，说明项目背景、创新之处、取得成效与推广价值等；

第三，格式规范，尤其要注意表格和图片的排版；

第四，一般科普性原理的叙述可以省略；

第五，“科学性”要有具体说明，不能仅提供参考文献目录或抽象、空泛的评价。

实物作品

第一，必须有实物，初评上报材料中要提供照片和视频，而不是图纸或计算机模拟图；

第二，必须说明成果所属阶段，是实验室阶段，还是小试阶段，还是中试阶段；

第三，必须说明实验结果或实际使用效果，如果已交付使用，需要出具证明或销售订单，说明可达到的性能、可取得的经济效益等；

第四，必须说明专利情况，是发明专利还是实用新型专利，发明人中需包含参赛团队成员；

第五，必须提供制作工艺精良的实物作品，切忌线路零乱、外表粗糙的半成品；

第六，能够市场化的作品应当在结构、形状、性能、使用人性化等方面尽量具备商品所应具有的特点。

论文类作品

重要评审点	关键性要求
作品题目	高屋建瓴，以点带面 如：《我国 XXX 的研究——基于 XXX 的实例分析》《关于 XXX 的研究——以 XXX 为例》
作品摘要	要点明确、引人入胜
现状分析	样本数量足够、抽样方法合理、调查手段丰富、分析方法科学、分析视角独特
深度挖掘	对比分析、揭示规律
作品目录	逻辑清晰、精准归纳
研究背景	政策依据、数据呈现、案例说明
建立常模	基本要求：针对性、科学性、推广性 呈现方式：图文并茂、简单易懂
参考资料	权威期刊引用、原始调查文件、公信机构背书、相关应用反馈

其他事项

参赛资料准备　专利证书附件

研究原始记录　(意向)合作协议

(意向)投资协议　(意向)销售订单

展板设计：标题醒目、图文并茂、突出重点，避免罗列文字

展示环节：口头陈述开门见山，尽快将作品要点介绍清楚，表达自然

问答环节：听清楚问题，回答语言简短精准、内容切题

其他支撑材料：

政策文件　论文发表　应用证明　使用反馈

……

评委视角看作品

科技含量较高、投入较大的科技发明制作

①具备原始创新特征+能代表学科领域发展方向+学科领域中处于先进地位

②处于国际领先水平+填补国内技术空白+多项发明专利形成高技术壁垒

③能够解决当前社会热点问题，尤其是公共领域和大型项目领域

④原型产品已在实际场景中有所应用+拥有具备公信力的机构出具试用报告

⑤有实物呈现+有量产可能+已获意向投资或意向订单

科技含量较低、投入较小的科技发明制作

①创新思想可延展至多个应用领域

②有创新点+能够有效带动关联领域技术革新与关联产品迭代升级

③应用领域广泛+应用场景丰富

④着力解决日常生活的痛点和难点+发明有专利保护

⑤有商业化可能+已有销售订单或购买合同

⑥在经济效应的基础上兼具社会效应

自然科学类学术论文

①选题为国家自然科学基金或重大科研项目的子课题

②交叉学科领域的新理论和新思路

③有详实的实验数据和图表呈现

④研究方法新颖或研究成果突出

哲学社会科学类社会调查报告和学术论文

①选题为国家社科基金项目或重大横向课题的子课题

②关注中央文件、国家规划、政府报告、社会热点等问题

③用新的视角或研究方法进行的问题分析

④有效提出基于问题分析的落地解决方案

⑤样本数据有足够的代表性，研究成果可推广或已有机构采纳研究方案

⑥附件材料对研究过程的原始资料或相关证明进行呈现

第 3 节　创业竞赛

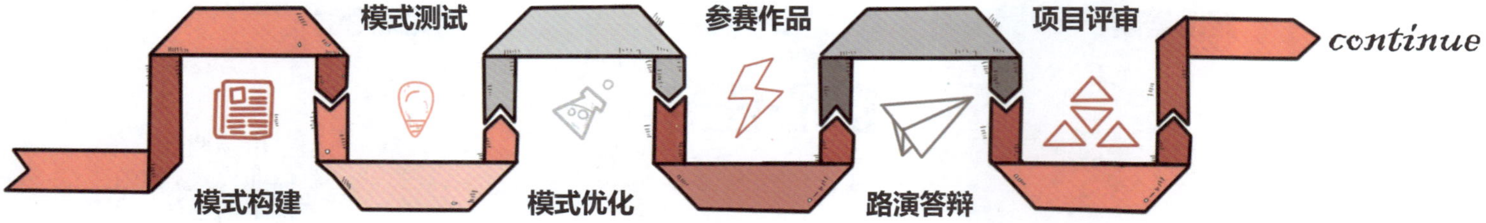

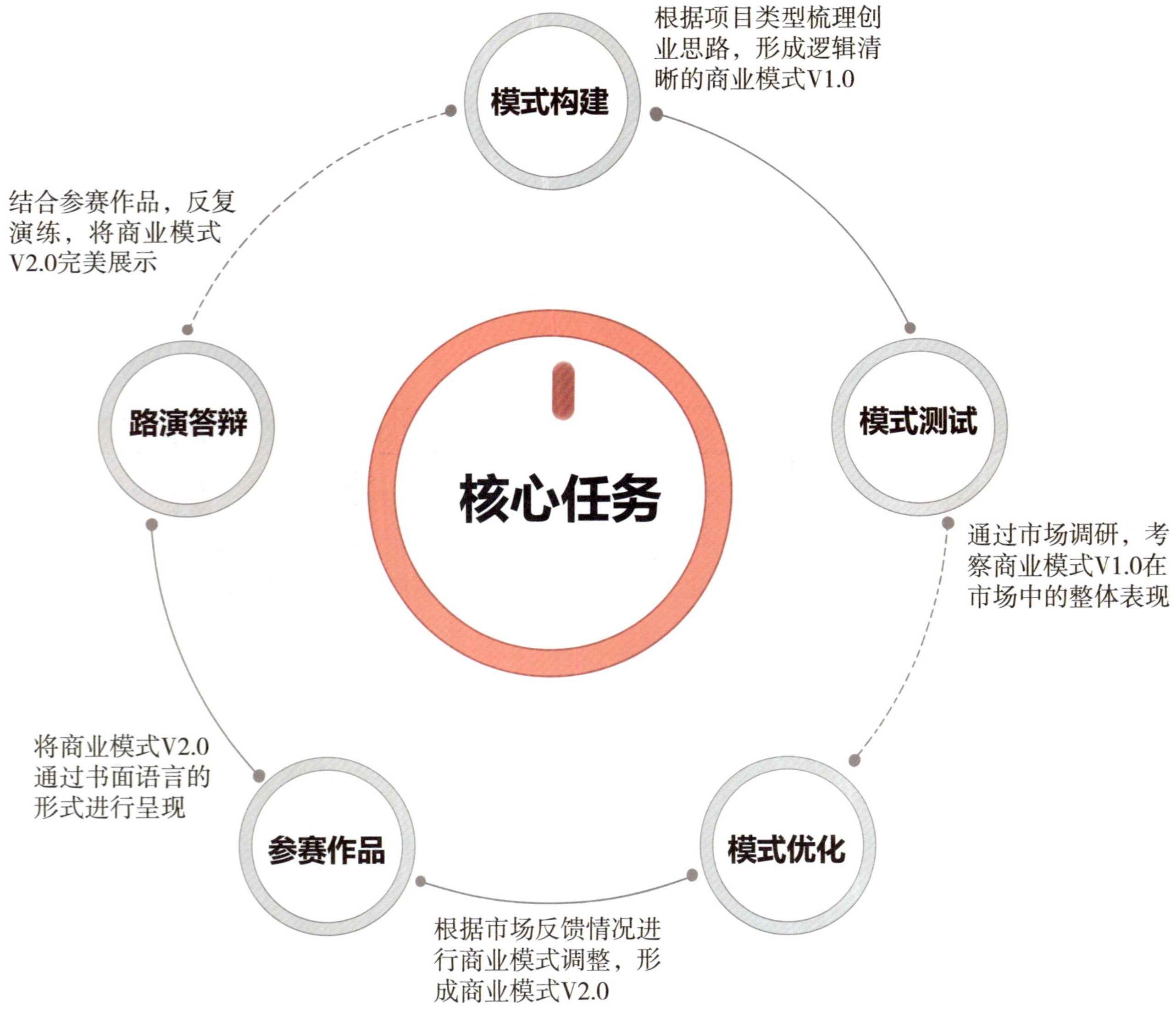
模式构建
根据项目类型梳理创业思路，形成逻辑清晰的商业模式V1.0
模式测试
通过市场调研，考察商业模式V1.0在市场中的整体表现
模式优化
根据市场反馈情况进行商业模式调整，形成商业模式V2.0
参赛作品
将商业模式V2.0通过书面语言的形式进行呈现
路演答辩
结合参赛作品，反复演练，将商业模式V2.0完美展示
核心任务

商业模式构建

商业模式构建就是结合创业项目思考如何实现价值创造、价值传递、价值获取的过程。在这一过程中，主要解决做产品、卖产品、得利润三个问题。

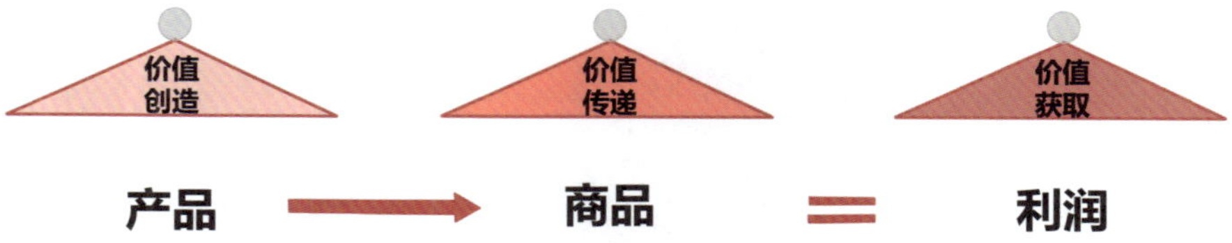

创业项目类型不同，构建商业模式的核心要点也会有所差别。这里列举了创业竞赛中常见的三种项目类型。

科技研发类

这类项目的最大特点在于具备了较强的技术研发能力，一般是为B端市场提供技术解决方案。在构建商业模式时需要侧重以下几个方面：

第一，技术在某一领域具有明显优势，并且建立了技术壁垒，有专利、背书；

第二，明确了具体的应用领域或者应用场景，可以进行“降维”处理；

第三，获得了下游的有效对接，采用B2B2C的销售渠道。

文化创意类

这类项目的最大特点在于提出了尚未出现的创意，在构建商业模式时需要侧重以下几个方面：

第一，在价值创造、价值传递、价值获取中的某一方面进行了颠覆式创新；

第二，以较低的成本快速开发客户，在某一区域建立行业门槛；

第三，用户数量足够大，可以建立闭环模式，增加客户粘性。

公益创业类

这类项目的最大特点在于关注了亟需解决的社会问题，在构建商业模式时需要侧重以下几个方面：

第一，开发的产品能够有效解决社会问题或帮扶某一弱势群体，并已经过实践证明；

第二，前期通过第三方的资源支持，可逐渐实现持续性自我造血功能；

第三，受益人群数量较大，模式易推广、复制。

模式市场测试

对初步形成的商业模式 V1.0 进行市场测试，主要针对价值创造的载体、价值传递的对象、价值获取的方式三个方面。

产品　价值创造的载体

核心产品
形式产品
期望产品
附加产品
潜在产品

测试对产品的满意程度

客户　价值传递的对象

简单市场
标准市场
高难市场

测试市场竞争地位

盈利　价值获取的方式

销售收费
使用收费
订阅收费
租赁收费
授权收费
经济收费
广告收费

测试对盈利模式的接受程度

- 模式市场测试主要有三个作用：一是评估商业模式被市场的接受程度，二是查找商业模式的薄弱环节，三是明确商业模式的调整方向。
- 模式市场测试三个方面的测试结果会形成多种组合，每一种组合都会有不同的优化方案，并在众多优化方案中做出选择。

FOCUS

商业模式优化

结合市场测试结果针对薄弱环节进行调整，针对核心内容进行强化，我们把这一过程称为商业模式优化。

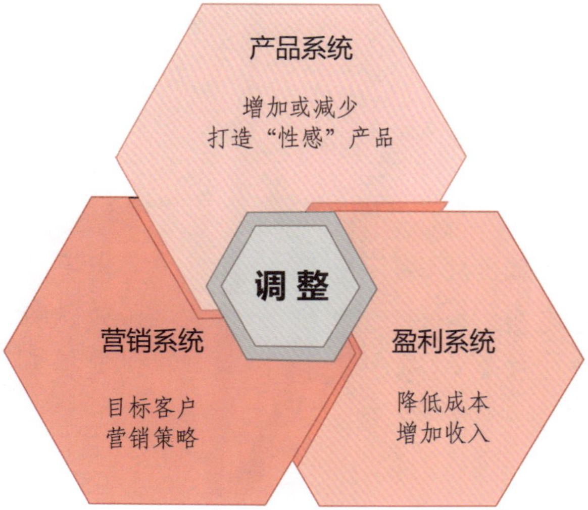

薄弱环节调整的三个方面

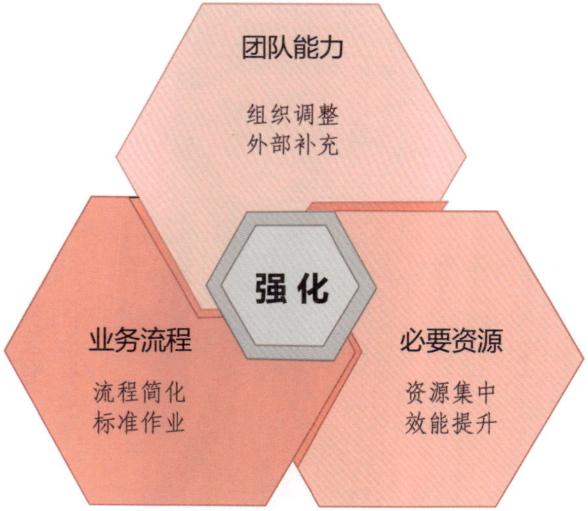

核心内容强化的三个方面

➲ 薄弱环节调整是对于模式市场测试反馈结果不理想之处进行针对性调整，核心内容强化是对于反馈结果较理想之处进行全面性优化。二者结合运用可达到优化商业模式的作用。

➲ 商业模式优化这一过程需要持续进行下去，市场测试后会形成商业模式 V2.0，随着项目的推进，还会有 V3.0、V4.0……其目的只有一个，就是让项目的执行路径越来越清晰。

FOCUS

参赛作品

创业竞赛一般要求提交三件作品，分别是项目计划书、项目展示 PPT、项目展示视频。

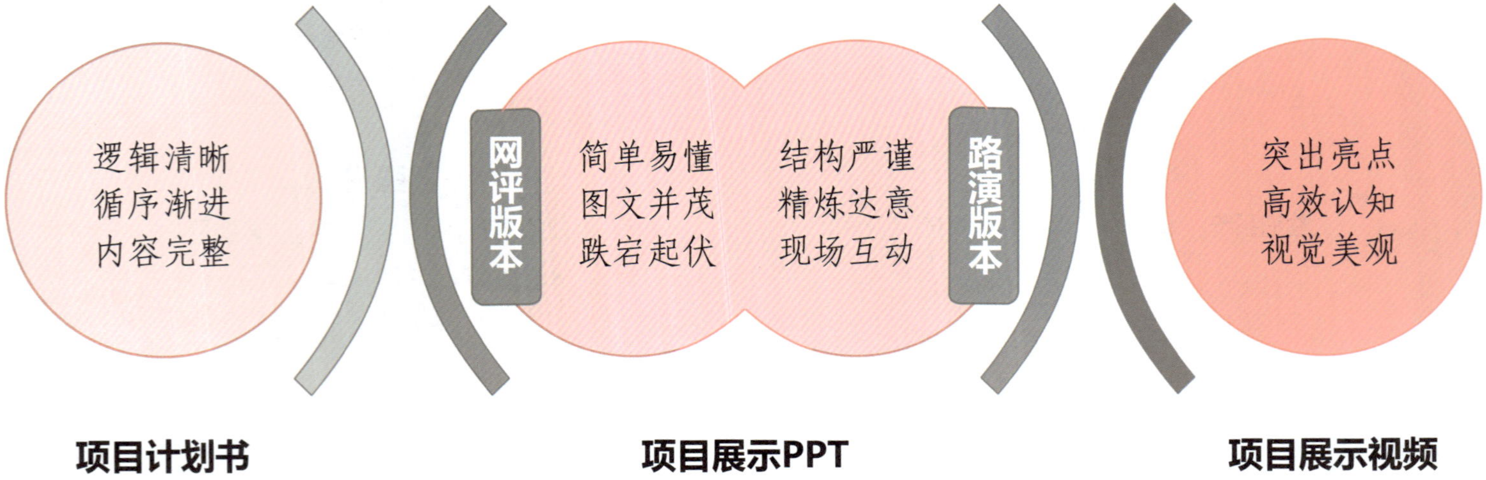

作品Ⅰ——项目计划书

项目计划书是最基础的作品，即参赛项目的创业计划书。通过阅读计划书，评委能够较全面地了解参赛项目的具体计划细节。

创业计划的形成过程是创业者和团队成员共同梳理创业思路的过程，最终将构建的商业模式有逻辑地使用书面语言形式进行准确表达，从而形成计划书。因此，在撰写创业计划书前，必须先要理清创业计划的基本逻辑。

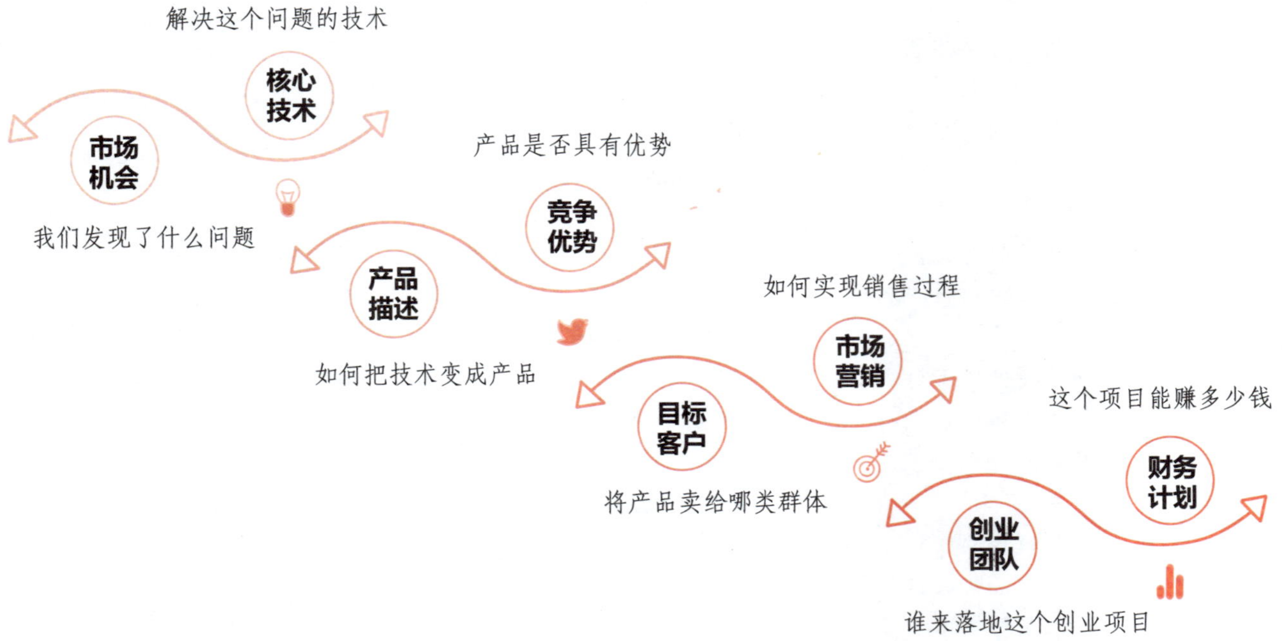

创业计划的基本逻辑

撰写要点

撰写创业计划书的相关教学内容请参见第8章第2节，这里只是针对竞赛强调需要格外注意的五个方面论证。

市场需求论证

第一，用相关真实案例论证市场需求的紧迫性；

第二，用相关真实数据论证市场需求的客观性；

第三，用相关数据图表、权威报告等论证市场需求的潜在广阔性与规模性。

技术优势论证

第一，用通俗易懂的语言文字阐释技术的实现原理；

第二，用科学有效的指标对比论证技术的先进性；

第三，用专利证明或业内专家评价背书技术的竞争力。

产品服务论证

第一，用精准凝练的词语定义产品的核心价值；

第二，用行业关键特点的对比论证产品的差异化，即通过竞品分析突出产品的优势；

第三，用市场反馈的数据评估产品的功能成效。

市场营销论证

第一，用明确详细的关键要素勾勒目标客户的画像轮廓；

第二，用具体可行的策略组合说明营销计划的执行效果；

第三，用销售（意向）实例证明市场反馈的真实可靠性。

财务预测论证

第一，用时间和产品销售额相对应的表格证明收入来源的明确性；

第二，用明细列表具体说明成本构成的合理性；

第三，用包含总收入、总支出、研发成本、市场成本、人力成本、利润的财务预测表格展示项目的收益性，一般不同组别的参赛项目需要列出的预测年限有所不同。

内容模板

首页——项目名称＋一个解释项目核心价值的金句

保密协议——保护知识产权

项目摘要——计划书核心内容的精华体现

目录——方便查阅

市场分析——包括商机分析（用数据和实例描述痛点）和行业分析（项目背景、市场趋势、市场规模）

项目描述——包括企业情况（已注册项目需写明企业名称、logo、经营范围）、运营模式（画图说明如何进行价值传递）、项目价值（从国家或社会、区域或地方经济、企业或机构、大众群体四个方面阐述）、关键业务（主营业余、兼营业务）、发展战略（短期、中期、长期）、消费者分析（通过市场调研情况把握消费行为）、竞争者分析（与最具代表性的企业做行业关键要素对比）和 SWOT 分析（用图/表呈现）

产品概况——包括关键技术（实现原理、国内外研究情况、指标对比）、生产计划（怎样实现产品生产，自产/代工/外包）和产品服务（名称、性能、价值、差异性、迭代计划、竞品分析）

市场营销——包括目标市场（主要的目标群体，明确天使市场）、产品定价（具体价格、定价策略）、渠道策略（传统渠道、电商平台、B/G 端战略合作）和促销策略（广告媒介、人员推销、营业推广、公关活动）

创业团队——核心成员（专业特长、相关经验、职责分工）、组织结构（组织形式、结构图）和外部支持（学校资源、指导教师、企业顾问、合作单位）

财务预测——收入来源（主营业务收入、兼营业务收入）、成本构成（固定资产、流动资金、机动资金）和财务计划表（6 个月或按季度 1 年的销售额、总成本、利润），历史财务数据和 5 年的财务预测表（已注册企业的提供）

资本结构及融资计划——包括项目总资金需求（总资金需求＝投资资金＋一个月的流动资金×n＋抵抗风险资金）、现有资金及来源、资本结构（饼状图）和融资计划（需要多少资金、释放多少股份、资金用途）

风险分析——风险预测及规避措施

附件——包括市场调研问卷及报告、可行性分析报告、成果鉴定证书、专利证明书、专利转让书、检验报告、与供应商之间的合同、与经销商之间的合同、与合作者之间的合同、公司章程/合伙协议、管理制度、产品样品图片及说明、合作意向书、专家评价、前期成果说明等

尾页——项目名称＋一个升华项目核心价值的金句

重要提示

第一，文中提供的创业计划书内容模板仅供参考，使用时要结合具体要求和自身情况调整结构和具体内容；

第二，多运用数据、图片、表格等形式进行描述或论证，增加可读性和说服力，引用的数据或资料要有可信来源；

第三，没有具体字数或页数要求，一般在40页以上，应该经历一个先厚后薄的过程，去其糟粕留其精华，要让评委准确理解内容所要表达的含义；

第四，结构设计和表述形式可以适当创新，以缓解评委的视觉疲劳；

第五，1～2页出色的项目摘要至关重要，要用简短的篇幅吸引评委，让他对项目产生极大的兴趣，可以是中规中矩计划书正文归纳总结的精华，也可以是将关键内容贯穿于创业故事的精彩讲述，但如果“故事”讲的不好，可能会影响评委对项目的整体认识；

第六，注意排版等细节问题，以免因小失大；

第七，初稿形成后，要请专业人士试读，并根据反馈意见反复修改后定稿。

作品Ⅱ——项目展示 PPT

参加创业竞赛，一般需要准备网评和路演两个环节分别使用的项目展示 PPT。网评环节的项目展示 PPT 要将通俗易懂的书面语言和各种强调重点或关键内容的表现形式并用，不断冲击评委的视觉和内心，使评委保持耐心，有兴趣持续阅览，保证在无法交流沟通的情况下，评委能够清楚项目的价值和亮点；而路演环节的项目展示 PPT 要做到简约而不简单，文档中的文字形式少而精，内容表述的逻辑顺而强，并适当留白、有悬念，引发评委思考，以强化印象。因此，两个环节要准备两个不同版本的项目展示 PPT。具体区别见下表：

网评版本 PPT	路演版本 PPT
30页左右	10~15页
没有动画，要有目录	较少动画，没有目录
只通过阅览就能理解项目	通过观看与路演者讲解理解项目
用简单文字语句进行解释	用关键词进行解释
同一页中不可叠加文字、图片等内容	同一页中可叠加文字、图片等内容
不可插入视频、音乐或者超链接	可插入视频、音乐或者超链接
通过文字、数据、图片等吸引评委注意力	通过路演者的语言和非语言表达吸引评委注意力
通过阅读浏览寻找答案	通过提问互动获取答案

制作要点

——基本结构

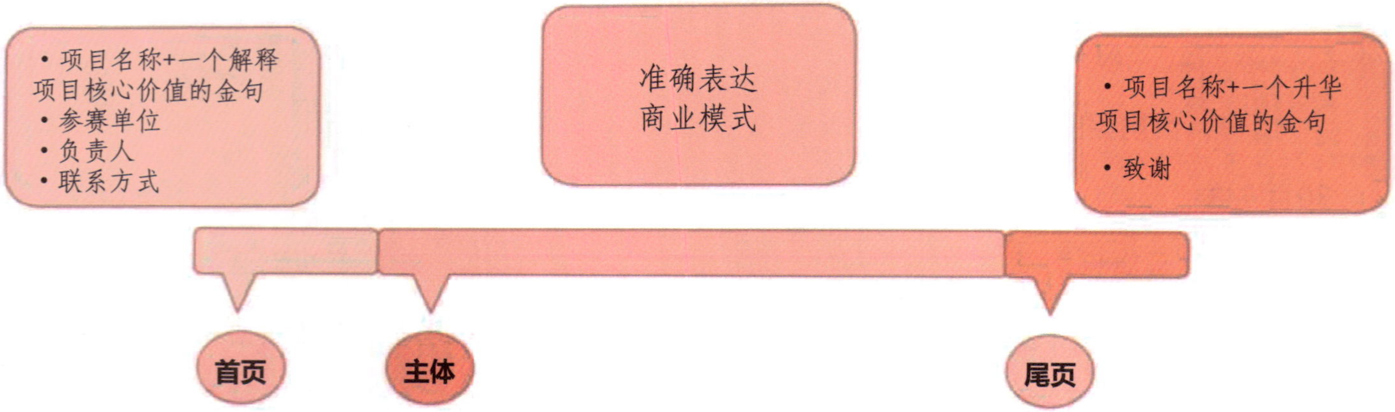

• 项目名称+一个解释项目核心价值的金句
• 参赛单位
• 负责人
• 联系方式
准确表达商业模式
• 项目名称+一个升华项目核心价值的金句
• 致谢
首页
主体
尾页

——主体部分重点内容

市场机会

➢ 通过数据或实例阐述欲解决的痛点问题

➢ 通过政策或趋势说明市场规模和未来发展空间

项目介绍

➢ 用一句话概括清楚创业项目

➢ 用项目运营模式图说明研发、生产、营销三者间的商业逻辑

核心产品

➢ 用最直观的方式呈现出产品及其突出特点

➢ 与最具代表性的产品做关键指标对比

市场营销

➢ 目标顾客明确、清晰、具体，并有具体的数量规模

➢ 科学具体的营销计划，并已经具有成功的销售实例

创业团队

➢ 通过技能互补、搭配合理的团队构成，突显竞争优势

➢ 强大的外部资源支持，尽显项目的可行性和风险抵御能力

财务情况

➢ 用表格或数据图形等形式呈现未来一段时期收入、成本、利润的预测情况

➢ 用饼状图呈现股权结构

参考页数

网评版本 PPT	路演版本 PPT
市场机会（3~4）	市场机会（1）
项目介绍（2~3）	项目介绍（1~2）
核心产品（3~5）	核心产品（2~3）
市场营销（3~5）	市场营销（2~3）
创业团队（1~2）	创业团队（1~2）
财务情况（2~3）	财务情况（1~2）

重要提示

第一，通过非正式调研了解到，评委普遍对项目展示 PPT 更加关注，尤其是在网评环节，其逻辑架构必须通顺清晰；

第二，精美的项目展示 PPT 作品能够持续吸引评委注意力，要注意对比色的使用，既要风格统一，又要突出重点；

第三，重视标题，标题是每一页 PPT 内容的高度提练概括，最好有主语和谓语，突出这一页 PPT 最想传递的信息；

第四，需要重点强调的内容文字可加大加粗，或改变字体，或用横线标出，或用醒目颜色等方式加以区别；

第五，多用清晰的高质量实例图片、表格、数据图形等不同表现形式论证项目，体现可信度，增加说服力；

第六，要注意“两分钟原则”，即尽可能在最短的时间抓住评委的“心”，多学习苹果、小米、华为、罗辑思维等产品发布会的展示 PPT；

第七，整体页数或各项内容的页数范围没有明确要求，可结合项目的特色之处和重要亮点进行调整；

第八，核心技术和融资计划没有在主体内容中体现，根据需要可分别增加至核心产品内容前和财务情况内容后；

第九，项目历程和发展规划/未来展望也是很重要的内容，可分别增加至项目介绍中和尾页之前；

第十，创意项目与实践项目展示 PPT 的个别主体内容的侧重点有所不同，如财务情况；

第十一，根据竞赛的具体要求和不同身份评委的需求偏好适当增减调整内容设置；

第十二，首页和尾页的金句，可与创业计划书首尾金句一致；

第十三，展示 PPT 初步完成后，要征询专业人士的意见，不断修改打磨。

作品Ⅲ——项目展示视频

项目展示视频主要有两个重要作用：一是通过动态画面呈现语言难以表达的项目信息，它是对项目计划书和展示 PPT 的补充；二是有维度、有深度、有温度地呈现项目亮点，直击内心，它是对项目计划书和展示 PPT 的完善。

制作要点

重要提示

第一，视频时长一般在 1 分钟或 2 分钟以内，格式为 MP4 等，配有字幕，要严格符合竞赛通知中的相关具体要求；

第二，视频内容要明显区别于项目计划书和展示 PPT；

第三，视频可选择产品展示、应用场景呈现、产品应用效果、CEO 高端访谈等角度撰写剧本，可参考优质广告、短视频等的拍摄方式策划制作；

第四，文字、图片、声音、音乐、动画等组合运用，保证作品品质，条件允许的情况下，可借助外部专业力量；

第五，视频每一帧都很珍贵，尽量去除无用信息，提高播放作用；

第六，视频配合路演展示使用，精心设计播放时段；

第七，视频初步形成后，要请专业人士试看，探讨细节，确保其能够为参赛项目加分。

路演答辩

第一，路演答辩环节是将前期所有的准备进行全面展示，直接影响竞赛结果；

第二，切忌选用对项目不了解的演讲协会成员或校主持人等作为项目路演者；

第三，路演者 + 展示 PPT + 视频，三者紧密搭配，选出最优的组合，将项目精彩呈现；

第四，路演答辩环节要求团队成员共同作战，路演者主要负责路演的语言展示和问辩部分，其他成员要配合路演者进行产品或成果展示，以及对评委问题的补充回答；

第五，路演过程中，巧妙设计互动环节，尤其是可以展现产品亮点的互动，以提升展示效果；

第六，善用沟通技巧，如手势动作、语音语调等；

第七，着装整洁，搭配合理，赛前可针对不同参赛阶段设计不同款式的文化衫；

第八，做好一切突发事件的应急预案，如遇电子笔故障、电脑死机等突发状况，尽量冷静继续路演，使项目的展示效果不受影响；

第九，提醒学生提前实地勘察路演场地，减少陌生感，以免影响发挥；

第十，演练、演练、演练……

- 教师在关注参赛作品质量的同时，还要始终抓项目的落地，直到路演的前一刻都有可能改变竞赛结果。
- 项目指导是从粗到细、从空到实、从面到点的过程，教师要根据竞赛不同阶段的特点，调整和变化指导方式。
- 任何一个细节问题都可能会影响结果，教师要不断自问：还有什么做的不（够）好？还有什么需要准备？还可以从哪方面提高？还可以……
- 教师要意识到复盘的重要性，结果背后的经验、教训、方法、感触……比结果本身更让人感到满足。
- 观看中国“互联网＋”大学生创新创业大赛金奖项目路演答辩视频及相关案例介绍、点评等，请关注光明校园传媒和筑梦虚拟创新空间公众号。

FOCUS

项目评审

创业竞赛，终究是创业项目质量的比拼。

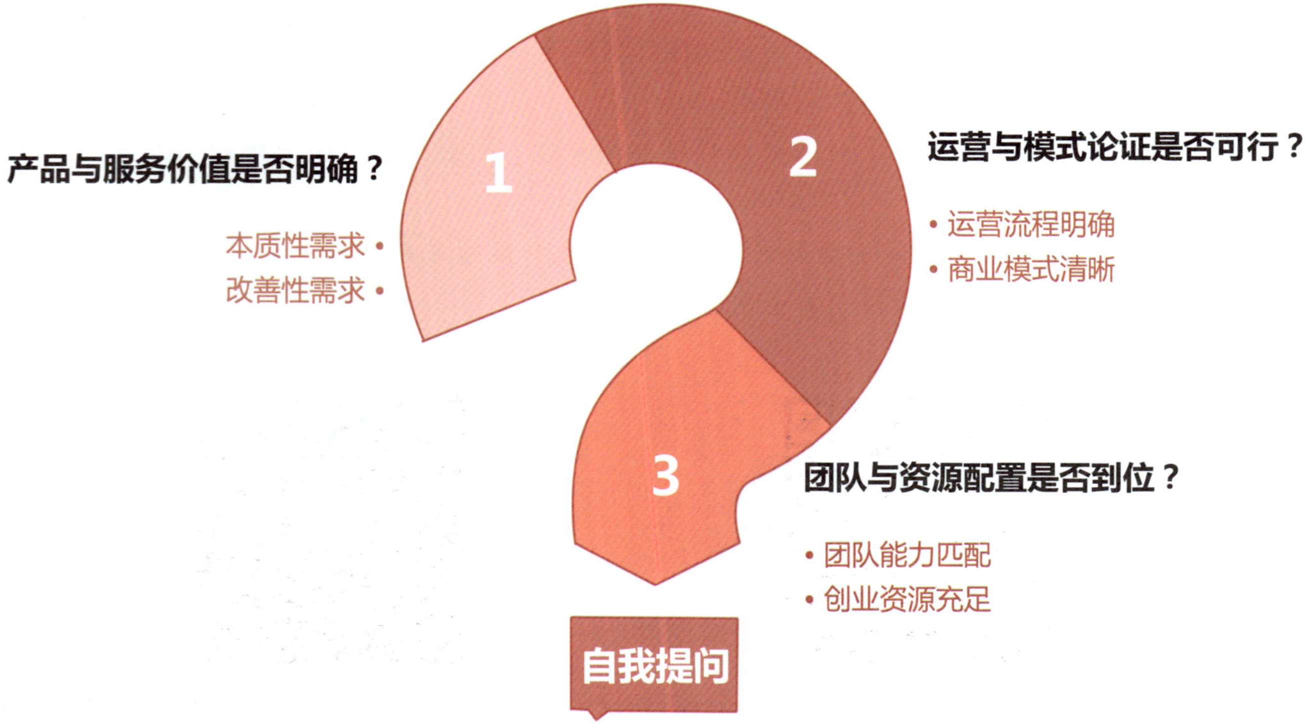

投资人视角看项目

评估维度	项目优势	典型问题
行业机会	标准 1：客户需求增长 标准 2：高频或者高价 标准 3：垄断的可能性	标准 1：产品缺少市场 标准 2：缺乏数据展现 标准 3：空间想象不足
市场痛点	标准 4：特定人群刚需	标准 4：痛点程度不深 标准 5：缺乏实际验证
竞争格局	标准 5：现有方案不足 标准 6：市场格局未定 标准 7：存在外来搅局	标准 6：竞争分析不足 标准 7：差异化不明显
产品形态	标准 8：被超越有难度 标准 9：网络递增效应 标准 10：用户转移门槛	标准 8：缺乏核心优势 标准 9：价值展现不足 标准 10：不可规模生产

评估维度	评价标准	典型问题
商业模式	标准 11：合理盈利模式 标准 12：清晰业务流程	标准 11：盈利不够清晰 标准 12：盈利不够聚焦 标准 13：业务流程繁琐
运行现状	标准 13：高效获取用户 标准 14：已经获得订单 标准 15：市场反馈较好	标准 14：缺乏实证展现 标准 15：获客成本过高
团队合作	标准 16：团队互补完善 标准 17：创业资源支撑	标准 16：股权分配不合理 标准 17：团队构成不互补 标准 18：对外依存度过高
战略规划	标准 18：规划合理清晰	标准 19：缺少政策支持 标准 20：3～5 年发展限制

第 11 章　模拟训练

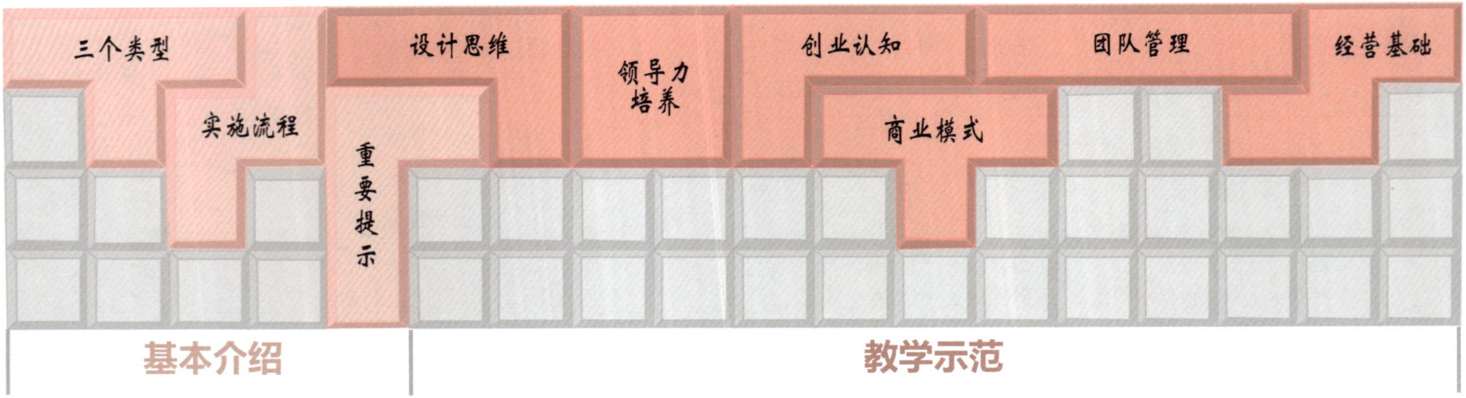

第 1 节　基本介绍

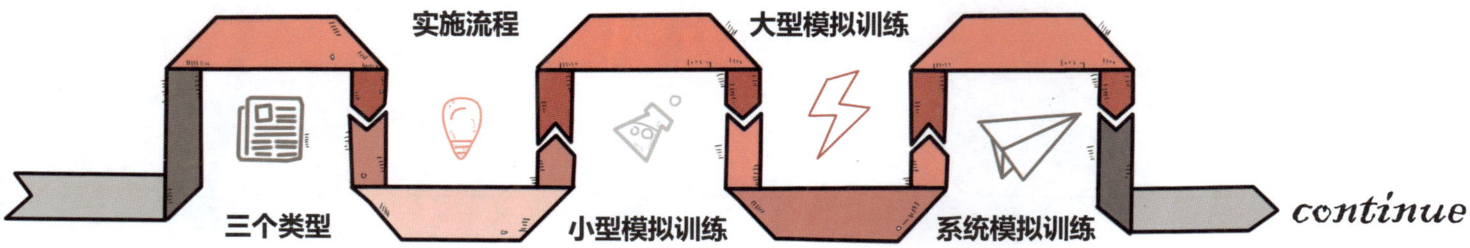

创新创业模拟训练，是教师紧密围绕教学或指导目标，运用相应教学道具或教学软件，组织学生模拟创新创业关键过程，通过“做中学”的教学方式，让学生掌握从事创新创业活动所需的基础理论、基本知识、基本方法和基本流程。

三个类型

小型模拟训练

用时较短，一般3小时以内，单一模块，设置灵活，覆盖教学知识点较少

如：沙漠掘金、创业者沙盘、创客人生

大型模拟训练

用时较长，一般3至30小时，多个模块组合或融合，逐渐深入，覆盖教学知识点较多

如：SIYB游戏模块、创业虚拟仿真平台

系统模拟训练

用时比较灵活，模块丰富，与理论教学灵活组合，覆盖教学知识点较全面

如：创业总动员

实施流程

关键介绍：教学目标、模拟规则、模拟流程、注意事项等

教学实施：把握正确引导、教学控制等

总结分享：学生分享、教师点评、教学复盘等

小型模拟训练

沙漠掘金

《沙漠掘金》是一款经典体验式培训内容，通过模拟训练，学生体验并实践确立团队目标、制定团队计划、进行团队决策、执行团队计划、进行团队沟通等教学内容。

创业者沙盘

《创业者模拟演练沙盘》可以让学生体验并实践明确自己与创业的距离，描述创业各阶段的特点，直面创业对自己的压力，融合想到、知道、做到，提高学以致用的能力等。

重要提示

➢ 小型模拟训练的每个模块内容一般不具有连结性，都是独立的模拟训练模块。教师要根据理论教学内容选择合适的模拟训练模块补充创业课程的实践环节。

➢ 模拟训练模块的选择要充分考虑学生人数、实践学时、道具经费、教学场地等因素。

➢ 把握好模拟训练的复盘环节，提炼重要的教学知识点，结合学生所做，加深学生对知识的理解与内化。

➢ 在开展模拟训练前，要演练教学道具，反复练习组织流程，准备突发事件预案，做到熟能生巧。

➢ 教师要参与学生模拟训练的全过程，精力不足，可配备助教。

大型模拟训练

SIYB游戏模块

SIYB游戏模块是国际劳工组织开发的一种培训工具，为学生提供了在教室中经营企业的“实践”经历。通过模拟训练，学生体验并实践产品采购与产品生产、市场调研与市场预测、成本核算与产品定价、团队分工与团队管理、库存管理与财务管理、企业计划与战略管理等教学内容。

创业虚拟仿真平台

《创业虚拟仿真平台》是线上线下一体化模拟训练平台。通过模拟训练，学生体验并实践企业团队组建、竞职演说、创业计划制定与执行、项目市场调研、项目路演、股权分配、组织架构设立、企业工商注册、工商年检、纳税申报、资金贷款、产品采购、产品研发、市场营销、人资管理、财务管理、商务谈判等教学内容。

重要提示

➢ SIYB游戏模块具有连续性，包括企业基本周期、供给与需求、赢得顾客、应对多元化市场四个子模块，循序渐进，步步深入，学生将体验企业的成长过程。每个模块一般用时3小时，教师要结合教学内容合理穿插使用各游戏模块。

➢ 创业虚拟仿真平台是将众多教学内容进行了融合，主要分为两大模块：一是企业注册全流程，一般用时6小时；二是企业经营全流程，一般用时6小时。由于模拟训练时间较长，教师可以在理论教学结束后开展集中模拟训练，并结合教学安排选择部分或全部模块进行模拟训练。

➢ 大型模拟训练包含较多的教学知识点，不仅适合通识教育，也适合针对创业者的专项培训。条件允许的情况下，可以向学校申请单独开设创业实践类模拟训练课程。

系统模拟训练

创业总动员

创业总动员是杭州贝腾科技有限公司自主开发的创新创业实训平台，基本涵盖了我国高校开设的各创业类课程中的教学知识点，可补充理论教学中的实践环节。模块合理组合后，可构成创业认知、创业基础、初创企业管理、创业综合管理四类实践课程。

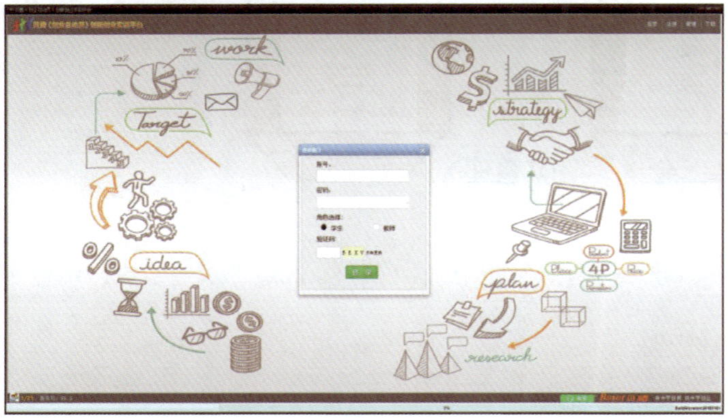

重要提示

教师要结合开设的双创课程自由选择相应的模拟训练，可单独使用，也可组合使用。系统模拟训练与前两种模拟训练相比，更加具有灵活性，完整性。

创业认知

创新能力评估、设计思维应用、政策达人应用、案例达人应用、职业性格评估、职业兴趣评估、创业能力评估、创业计划应用、企业开办应用

创业基础

认知创业应用、创业能力评估、创业团队管理、领导力训练应用、商机筛选应用、商业模式应用、资源整合管理、企业开办应用、创业计划应用、人资基础模拟、营销基础模拟、财务基础模拟

初创企业管理

企业开办应用、财务基础模拟、营销基础模拟、人资基础模拟、税务基础模拟、电商基础模拟、连锁基础模拟、物流基础模拟、酒店基础模拟、经营基础应用、创业计划应用

创业综合管理

创业之星

第 2 节 教学示范

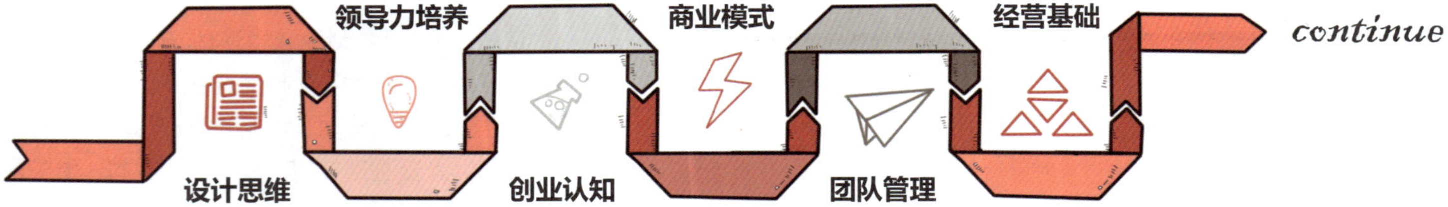

设计思维模拟训练

介　绍

设计思维发源于设计界，后来被各行各业借鉴，斯坦福大学设计学院把它归纳成一套科学方法论后，迅速风靡全球高校和中小学，使得教育教学效果显著提升。

设计思维模拟训练是围绕设计思维综合实践模拟训练的创新创业教育环节。在教师的统一带领下，学生将在课堂中经历洞察痛点、分析需求、构建创意、设计原型、检验原型等一系列实践环节，这些实践环节可以围绕教师指定的背景开展，也可以围绕学生自己产生的创意开展。

目　标

学生能够：

➢ 运用设计思维方式开展设计实践；

➢ 洞察、分析、描述痛点需求的技能，并能将需求进行整理分析，在未来的生活、工作或创业过程中应用；

➢ 围绕确定的需求开展产品或服务的创意设想，运用精益产品原型的方法描述产品原型的设计理念、核心特点及应用价值；

➢ 使用最小化原型（MVP）进行市场测试，结合市场测试情况改进、优化、迭代原型。

扫码免费获得教学账号

操作流程

内容	时间
教师讲解规则	10 分钟
教师发放（学生阅读）背景材料	5 分钟
教师开启（学生开始）洞察痛点	20 分钟
教师开启（学生开始）分析需求	20 分钟
教师开启（学生开始）构建创意	20 分钟
教师开启（学生开始）设计原型	35 分钟
教师开启（学生开始）验证原型	20 分钟
学生分享	10～20 分钟
教师评价结果及教学解析	10～30 分钟
总时长	150～180 分钟

重要提示

➢ 创新思维模拟训练可与创新认知理论教学知识点配合使用；

➢ 设计思维模拟训练包含洞察痛点、分析需求、构建创意、设计原型、检验原型等较多的模拟训练环节，在每一个环节都要正确引导学生快速进入模拟角色，根据指导流程的时间安排，结合学生的实际情况，把握训练进程；

➢ 设计思维模拟训练时间要求较长，教师要结合实际情况合理安排；

➢ 在完成所有模拟训练后，公开呈现学生成果；

➢ 鼓励学生分享设计理念和设计过程；

➢ 若多个班级围绕相同背景开展，可将多个班级成果同时呈现，进一步启发学生，提高创新设计能力。

领导力培养模拟训练

介　绍

领导力培养模拟训练通过学生参与一个计算机七巧板拼图比赛游戏的形式，经过沉浸式模拟训练，直观深刻感受领导力的组织、协调、引领、凝聚等要素。

模拟训练开始时，教师引导学生在电脑上通过抽签的形式，确定所属竞赛小组，小组人数由系统固定在 5～7 人之间，同一个竞赛小组的学生通过讨论选举出一个中间协调人，剩余的学生都是参赛选手，需要与小组内其他同学展开拼图竞赛。

目　标

学生能够：

➢ 体验领导力对项目和团队的影响；

➢ 通过扮演领导者或被领导者的角色，激发个人发展潜力；

➢ 通过观察数据分析报表，辨识各小组之间的领导力差异，并归纳总结出领导力的具体表现；

➢ 锻炼领导力和组织能力，发挥各自的聪明才智面对问题、分析问题与解决问题，培养思维习惯；

➢ 开阔视野，理解更多与领导力相关的其他知识。

操作流程

内容	时间
教师讲解规则	10 分钟
教师开启（学生进行）教学分组	10 分钟
学生选举组内中间协调人	10 分钟
教师开启（学生开展）拼图竞赛游戏	60 分钟
学生分享	20 分钟
教师评价结果及教学解析	20 分钟
总时长	130 分钟

重要提示

➢ 领导力培养模拟训练可与创业者理论教学知识点配合使用；

➢ 模拟训练开始前，向每位同学强调领导力不是一种职位，人人都可以具备领导力；

➢ 模拟训练进行中，每位学生在完成一个拼图任务后，将获得该任务相应的奖励积分，系统界面上可以实时看到每位学生获得的累计拼图积分及小组内与全班范围内的排名情况，鼓励落后的小组积极调整计划，制定应对方案；

➢ 模拟训练结束后，教师将根据教师端自动生成的数十个分析报表及图表展开领导力相关知识点解析与点评，可邀请不同学生进行更多知识主题分享；

➢ 教师要结合学生的表现及现实案例示范补充知识点，强化学生对领导力的全面认识；

➢ 不将最后的结果作为各小组是否具备领导力的评估标准，要提示学生领导力可以随着实践经历的增加而提升。

创业认知模拟训练

介　绍

创业认知模拟训练是基于计算机网络的交互式创业 3D 模拟游戏，充满趣味性。

开始时，学生将随机获取不同类型但相同价值的创业资源，在创业模拟中，可以选择将自己手中的资源售卖或出借给其他人，也可以选择从其他人手中购买或借取资源，购买或借贷的类型、价格及数量完全取决于学生协商的结果。

在教师的统一引导下，进行若干个周期的模拟，每位学生在每一个周期都有机会体验资源交易、机会识别与确认、价值创造的过程。

目　标

学生能够：

➢ 理解创业的本质，总结自己对创业的认识；

➢ 理解在创业资源不足的情况下，如何对现有资源合理利用与管理，完成价值创造；

➢ 体验创业过程中各种机会的把握与利用过程；

➢ 体验创业过程中时刻存在的高度不确定性和模糊状况；

➢ 描述创业过程中资源、机会、价值等核心要素之间的关系；

➢ 描述创业过程中价值创造的本质与内涵；

➢ 描述无形资源在创业过程中的影响及作用。

操作流程

内容	时间
教师讲解规则	5 分钟
教师开启模拟训练	1 分钟
教师分配资源	3 分钟
教师开始模拟训练	1 分钟
学生开始第一轮模拟训练	10 ~ 20 分钟
教师评价结果及教学解析	10 ~ 30 分钟
学生开始第二轮模拟实验	20 ~ 30 分钟
教师评价结果及教学解析	10 ~ 30 分钟
学生开始第三轮实训	20 ~ 30 分钟
教师评价结果及教学解析	10 ~ 30 分钟
总时长	90 ~ 180 分钟

重要提示

➢ 创业认知模拟训练可与创业认知理论教学知识点配合使用；

➢ 教师要对学生强调无需关注游戏的最终结果，要关注过程，调动学生积极参与训练并主动分享；

➢ 在训练过程中，不要对创业给出标准定义，引导每位学生形成自己对创业的认识，教师不评论对与错；

➢ 鼓励学生主动发言分享，避免少数较活跃的学生占用过多分享时间；

➢ 在每一轮结束后，教师可以做出相应的点评和教学解析，也可以在完成全部模拟训练后，留出足够时间做集中点评和教学解析；

➢ 课时允许的情况下，组织学生完成 3 轮以上的模拟训练，以提高学生对创业课程学习兴趣；

➢ 教师要将学生模拟训练过程的具体表现作为考核模拟训练的重要指标。

商业模式模拟训练

介　绍

商业模式模拟训练是一个多人参与、线上线下结合的体验式训练项目。整个模拟训练由教师使用计算机统一引导控制，完成围绕商业模式的一系列完整实践过程的演练。

通过精巧的设计，能够让学生初步认识商业模式的概念及一般分类，并研究教师给出的确定项目，使用商业画布设计工具开展自己的商业模式设计与完善。随后的路演环节，学生还需要向其他学生进行商业模式的演示讲解，以获得其他学生的投资认可。

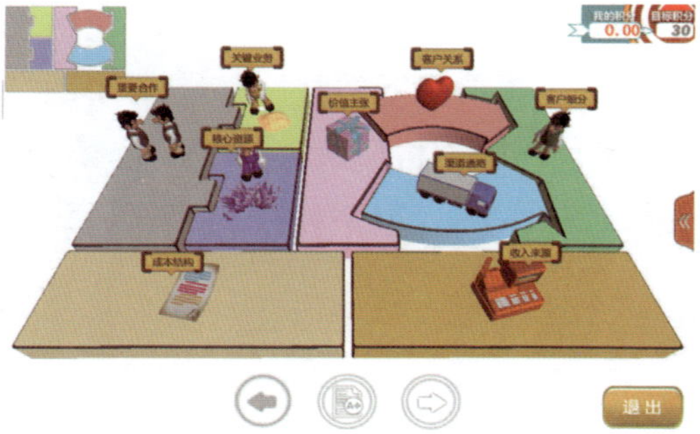

目　标

学生能够：

- 体验商业模式设计和投融资过程；
- 描述商业模式的基本概念及核心要素；
- 描述常见通用商业模式，拓展知识面，并能在现实创业项目中做出正确辨识；
- 通过对现有创业项目的商业模式工具化提取与分析，总结商业模式设计的精髓与要点；
- 运用一种常见且有效的商业模式设计工具与方法；
- 应用所学习的商业模式分析方法及具体实用工具应用到日后的创业过程中。

操作流程

内容	时间
教师讲解规则	10 分钟
学生自主学习	10 分钟
教师发布（学生阅读）项目	5 分钟
教师开启（学生开始）设计名称	5 分钟
教师开启（学生开始）设计模式	25 分钟
教师开启（学生开始）项目路演	20～40 分钟
教师开启（学生开始）投融资	5 分钟
学生分享	5 分钟
教师评价结果及教学解析	15 分钟
总时长	100～120 分钟

重要提示

➢ 商业模式模拟训练可与商业模式理论教学知识点配合使用；

➢ 整个过程涉及学生之间、师生之间的互相配合，建议采用集中式模拟训练；

➢ 教师在训练的过程中，避免对学生做出的各种决定、结论等给出对与错的评判，应该注重启发学生思考，创新性参与整个训练过程，该训练对过程的关注与体验重于对结果的追求；

➢ 可以以小组的形式来开展模拟训练，建议把学生以 5 人组成一个小组，每个小组使用一台计算机，并由小组推选一名代表来负责计算机的登录与操作，所有训练结果均由小组团队讨论产生，并录入到计算机中，最终通过小组之间的互相比较竞争，进一步激发学生的主动性与参与性；

➢ 该模拟训练的实践学时没有严格规定，实际所需学时由教师给予学生设计商业模式的时间、参加项目路演的数量、教师评价结果及教学解析的时间决定。

团队管理模拟训练

介　绍

团队管理模拟训练是一个围绕创业团队中成员个人能力、团队意识、组织分工、优势互补、合作意识、竞争意识等诸多角度设计的一个综合性模拟训练。

初期，学生都将作为独立个体在游戏中被置身于一个荒岛上，荒岛的深处有一座失落王国的宝藏。寻找宝藏之前，给学生随机分配资源，学生之间可以自由交换，用时最短到达藏宝地的学生将获得丰富的奖励。第一阶段完成后，学生可以自由组队，完成团队的团队名称、组织分工、团队愿景设计等任务，并在教师引导下进行团队展示，其他团队给予评价。

目　标

学生能够：

➢ 深刻体验并描述创业团队对团队成员的个人能力、团队意识、团队精神的要求；

➢ 体验创业团队与个人发展的共盈共损关系，辨识高效团队的主要特征；

➢ 体验不同创业团队之间的竞争与合作共存的实际现状；

➢ 体验创业团队成员的选择、组建、管理的全过程，运用沟通技巧，建设高效创业团队；

➢ 理解创业团队内部的组织分工与实际工作的协调，运用与其他人合作、分享、多赢的做事原则与方法技巧。

操作流程

内容	时间
教师讲解规则	5 分钟
教师开启（学生进行）个人闯关	30 分钟
教师评价结果及教学解析	5 分钟
教师开启（学生进行）团队组建	10 分钟
教师开启（学生进行）团队展示	20～40 分钟
教师开启（学生进行）团队闯关	30 分钟
教师评价结果及教学解析	5 分钟
学生分享	5 分钟
教师整体评价与教学总结	10 分钟
总时长	120～140 分钟

重要提示

➢ 团队管理模拟训练可与创业团队理论教学知识点配合使用；

➢ 在全程参与式模拟过程进行中，教师只负责组织、观察与引导，并不给予明确的决策判断依据和建议，让学生在参与过程中享有完全开放自由且充分的分析判断裁量权；

➢ 该模拟训练对理论教学的团队组建与管理具有深刻检验的效果，建议教师可尝试使用。

经营基础模拟训练

介　绍

经营基础模拟训练是通过模拟一个初创企业的经营过程，使学生了解企业经营相关的基础知识和各种行为。在模拟训练中体验经营实体的整个流程，让非经管类学员也能很好的掌握并理解企业经营涉及的相关知识，并在企业经营活动时会灵活运用，提升学生的创业与就业能力。

模拟训练中，学生以虚拟周为时间单位，通过连续若干周模拟经营一家小型企业，系统的学习企业经营过程中所需的各项知识与基本技能。学生需要仔细认真分析模拟环境中五花八门的经营风格，确定不同的资金来源，最终根据自己的创业计划开始经营自己的企业。

目　标

学生能够：

➢ 体验计划、组织、控制、协调等企业生产经营活动的全流程；

➢ 运用创业理论知识，使供、产、销各个环节相互衔接，人、财、物各种要素科学组合，生产出更多符合社会需求的产品；

➢ 体验企业经营的基本流程，整体认识企业经营过程；

➢ 描述企业经营准备工作和企业的经营形式；

➢ 制定企业战略目标与企业计划，并按照计划进行经营活动，积极面对创业过程中出现经营问题，并不断调整与修正计划；

➢ 运用企业经营成果分析方法对企业进行诊断。

操作流程

内容	时间
教师实训前规则讲解	10 分钟
市场调研及开业准备	10 分钟
教师开启（学生进行）企业经营	60～120 分钟
学生分享	20 分钟
教师评价结果及教学解析	20 分钟
总时长	120～180 分钟

重要提示

➢ 经营基础模拟训练可与新企业管理理论教学知识点配合使用；

➢ 经营基础模拟训练前，教师要将学生的相关信息录入创业总动员平台中，并将模拟训练的具体规则及相关理论知识发给学生，以便学生在课前做好相关的准备；

➢ 经营基础模拟训练开始时，正确引导学生完成经营风格选择、确定资金来源、制定创业计划、租用店铺等创业准备工作，多用“为什么”引发学生思考，但不要进行暗示等行为干扰学生的决策；

➢ 每一周模拟训练结束后，提供足够的时间进行学生之间的讨论、分享及调整、修正计划，教师要对学生的经营决策及经营行为结合教学知识进行评价与总结；

➢ 整个模拟经营结束后，组织学生针对经营情况进行讨论，教师也可为学生提供讨论的主题，鼓励部分学生分享他们的理解与感受，最后教师做整体性评价与总结；

➢ 经营基础模拟训练的最终成绩由学生课堂表现、完成流程情况、经营模拟成绩、模拟训练报告四个部分构成。

- 这里仅选取了创业总动员实训平台中的部分模块做以示范，更多内容请登录 http://www.bster.cn。
- 有效的模拟训练既可以弥补教学实践环节的欠缺，又能够使学生将所学知识外化和应用到模拟情景中，帮助学生做好面对各种不确定性的准备。这要求教师必须准确把握模拟训练各模块的内容，进行甄选。
- 教师可结合教学内容自行设计模拟训练形式，如人物访谈、市场调研、企业参观、广告拍摄、产品试销等。
- 至此，我们完成了双创教学中的教学技能、理论教学、实践指导的全过程训练，走过了创新创业教育全价值链育人体系的前三个环节。作为双创人才培养的主力军，唯有不断练习实践、打磨升级，才能将自己塑造成“内容专家和过程专家的结合体”，做一名合格的双创导师。
- 创新创业教育全价值链育人体系的最后一个环节是成果转化与创业孵化，包括场地支持、基金扶持、咨询指导、相关培训、平台对接、项目推广等综合服务，多是双创教育管理者的职能。但建议双创教师适当融入其中，在贡献自己专业才能，助力学生迎接新世界带来的机遇与挑战，实现创新创业梦想的同时，成长自我、提升自我。

FOCUS

后　记

信息大爆炸的今天，教师可以通过多种途径获得最新的教学理论与实践研究的相关内容和方法。然而，由于一些原因，却难以将重要信息消化和吸收，更无法形成系统的方法论。近年来，我们以主讲教师的身份参与了众多各类双创教育师资培训的工作。我们发现，通过短暂的培训，参训教师能获取的培训内容和能力提升都非常有限。这使我们意识到，基于我国双创教育的教学实践系统框架是缺失的。

因此，我们从 2018 年 3 月初开始，拿出一部分精力，历时近一年的时间，将自己的所思、所想、所为、所悟进行系统地梳理和复盘，形成了这本融合了思辨的教育理念、鲜活的教学案例、实用的方法工具、有效的实施路径和全面的指导经验的双创教师成长画布。希望本书能够为奋力拼搏在创新创业大潮中的双创教育工作者带来启发和帮助。

《如何教创业：双创教师成长画布》是《“创课”系列丛书》的第二本书籍，是黑龙江大学双创教育教学团队的经验总结，是教学理论与实践研究的成果体现，承载着我们对创新创业教育事业的热情与执着。丛书主编刘文勇布置了编写工作的具体事宜，主审工作由刘玉峰负责，第一篇由李海东独立完成，第二篇由李海东、吴昊、郑远见、徐霄、葛遵峰、吕兴群共同完成，第三篇由吴昊独立完成，统稿工作由李海东、吴昊、徐霄、郑远见完成，最终校稿工作由李海东、吴昊完成。

本书得到了杭州贝腾科技有限公司和中国财政经济出版社等众多为双创教育发展而奋斗和贡献的部门、单位、机构及同仁们的大力支持与帮助，在此谨表衷心的谢意。同时，要特别感谢中国高等教育学会副会长、教育部高等教育司原司长张大良先生为本书作序。

我们以创新的勇气、创业的实干、创造的能力自律，我们以提高新时代青年内在创业素养为己任，我们以强者之姿创新创造、攻坚克难，我们争做合格的双创教育主力军，书写人生精彩！

黑龙江大学双创教育教学团队

2019 年 8 月